Elogios a *Viva sem Mentiras*

"Este é o livro pelo qual eu vinha esperando e um dos mais importantes que um seguidor de Jesus terá lido. Vai se tornar um clássico."

Christine Caine, fundadora da A21 e da Propel Women

"Eu me vi rapidamente virando as páginas e sublinhando muitas frases. Este livro é uma joia."

Rich Villodas, pastor líder da New Life Fellowship e autor de *The Deeply Formed Life*

"Se sua alma está exaurida e perturbada, *Viva sem Mentiras* é o livro que precisa ler. Agora mesmo. É brilhante, profundo, fiel às Escrituras, e vai prepará-lo para enfrentar o inimigo e lutar."

Jennie Allen, autora do best-seller *Liberte-se da Sua Mente*, fundadora e visionária do IF:Gathering

"John Mark Comer tem uma habilidade rara e notável de aplicar a sabedoria antiga às questões contemporâneas, selecionando ideias complexas e tornando-as transformadoras em nosso cotidiano. Dizem que a viagem mais longa é a da cabeça ao coração, mas este livro foge à regra. Repetidas vezes seu coração será tocado pela clareza do *insight*."

Pete Greig, fundador da 24-7 Prayer International, pastor sênior da Emmaus Rd e autor de *How to Pray: A Simple Guide for Normal People*

"Em um tempo que parece cheio de contradições e confusão, John Mark faz um trabalho magistral de expor o que é verdade e por que é tão importante que a conheçamos. Este é o livro para a atualidade."

Annie F. Downs, autora best-seller do *New York Times* de *That Sounds Fun*

"John Mark Comer é um comunicador inspirado que fala com honestidade, sabedoria e discernimento sobre os desafios do nosso tempo."

Nicky Gumbel, vigário da Holy Trinity Brompton e pioneiro da Alpha

"Devorei cada palavra deste livro e me senti profundamente comovido e nutrido. John Mark fala à mente e à alma ao revelar, com seu habitual modo cuidadoso, os três grandes inimigos da nossa paz: o diabo, a carne e o mundo. Você se expressará melhor depois de ler estas páginas."

Bryan Loritts, autor de *Insider Outsider*

"Lidamos diariamente com tentações em múltiplas formas, que nos afastam da fidelidade ao Caminho de Jesus. Neste trabalho convincente, John Mark dá uma visão da beleza de Jesus em uma cultura de mentiras."

Jon Tyson, pastor da Church of the City New York e autor de *The Intentional Father*

"Em *Viva sem Mentiras*, John Mark Comer nos dá um livro incrivelmente importante e oportuno para cada seguidor de Cristo que está saindo do discipulado em uma sociedade mutável e furiosa, com novos ecos da velha pergunta de Pilatos: 'O que é a verdade?' Esta é uma estrutura psicológica, filosófica e teológica robusta o suficiente para se engajar na formação espiritual e reconhecer a deformação da era moderna. E, talvez, o mais emocionante é um argumento convincente e, ouso dizer, irrefutável para a liberdade bíblica."

Brooke Ligertwood, compositor vencedor do Grammy, cofundador da Creatr e chefe da Hillsong Worship

"Como poucos em nosso tempo podem fazer, Comer pega o desconhecido e incompreendido e simplifica a história para que possamos ver o ativo papel que devemos desempenhar para não apenas sobreviver, mas também prosperar."

Gabe Lyons, presidente da Q Ideas e coautor de *Good Faith*

"Este livro é uma dádiva de Deus. Ele expõe nosso inimigo espiritual da mentira — um inimigo que impacta nossa sociedade em uma escala global. Dentro de um mundo onde todos tentam viver sua própria 'verdade', este livro revela e desafia as muitas mentiras que se tornaram comuns, normais e aceitas em nossas conversas diárias e decisões. Esta é uma leitura obrigatória."

Albert Tate, pastor líder da Fellowship Church

"O que amo em John Mark é que ele sabe falar de Jesus e Suas palavras. Nossa cultura tende a gostar de Jesus (ou de suas ideias sobre Ele), mas não de Suas palavras. Autores como John Mark me dão esperança para a igreja do futuro."

Nathan Finochio, fundador da TheosU

"Comer me ajudou em minha jornada de fé, e acredito que ele seja um dos maiores professores de nossa geração. Ao ler *Viva sem Mentiras*, seu coração se fortalecerá e seus olhos se abrirão para a guerra diária travada contra nossa paz pessoal."

Rich Wilkerson Jr., pastor da VOUS Church

"Em uma época em que o engano parece ter se estabelecido na terra como uma densa neblina, *Viva sem Mentiras* nos oferece uma clareira para ver como fomos enganados, para aprender como nos enganamos e fugir daquele que engana. À medida que a neblina se dissipa, a luz radiante de Cristo atravessa, oferecendo-nos um caminho estreito, mas verdadeiro. Um guia essencial para o discernimento em nossa época contestada."

Mark Sayers, líder sênior da Red Church em Melbourne, Austrália, e autor de vários livros, incluindo *Strange Days* e *Reappearing Church*

VIVA SEM MENTIRAS

John Mark Comer

VIVA SEM MENTIRAS

Reconheça e Resista aos Três Inimigos que Sabotam a Sua Paz

ALTA BOOKS
GRUPO EDITORIAL
Rio de Janeiro, 2023

Viva Sem Mentiras

Copyright © 2023 da Starlin Alta Editora e Consultoria Eireli.
ISBN: 978-85-5081-737-8

Translated from original Live No Lies. Copyright © 2021 by John Mark Comer. ISBN 9780525653127. This translation is published and sold by permission of Random House, a division of Penguin Random House LLC, the owner of all rights to publish and sell the same. PORTUGUESE language edition published by Starlin Alta Editora e Consultoria Eireli, Copyright © 2023 by Starlin Alta Editora e Consultoria Eireli.

Impresso no Brasil — 1ª Edição, 2023 — Edição revisada conforme o Acordo Ortográfico da Língua Portuguesa de 2009.

Dados Internacionais de Catalogação na Publicação (CIP) de acordo com ISBD

C732v   Comer, John Mark
           Viva sem mentiras: reconheça e resista aos três inimigos que sabotam a sua paz / John Mark Comer ; traduzido por Michela Korytowski. - Rio de Janeiro : Alta Books, 2023.
           320 p. ; 16cm x 23cm.

           Tradução de: Live No Lies
           Inclui índice.
           ISBN: 978-85-5081-737-8

           1. Autoajuda. I. Korytowski, Michela. II. Título.

2022-2655   CDD 158.1
                              CDU 159.947

Elaborado por Odilio Hilario Moreira Junior - CRB-8/9949

Índice para catálogo sistemático:
1. Autoajuda 158.1
2. Autoajuda 159.947

Todos os direitos estão reservados e protegidos por Lei. Nenhuma parte deste livro, sem autorização prévia por escrito da editora, poderá ser reproduzida ou transmitida. A violação dos Direitos Autorais é crime estabelecido na Lei nº 9.610/98 e com punição de acordo com o artigo 184 do Código Penal.

A editora não se responsabiliza pelo conteúdo da obra, formulada exclusivamente pelo(s) autor(es).

Marcas Registradas: Todos os termos mencionados e reconhecidos como Marca Registrada e/ou Comercial são de responsabilidade de seus proprietários. A editora informa não estar associada a nenhum produto e/ou fornecedor apresentado no livro.

Erratas e arquivos de apoio: No site da editora relatamos, com a devida correção, qualquer erro encontrado em nossos livros, bem como disponibilizamos arquivos de apoio se aplicáveis à obra em questão.

Acesse o site www.altabooks.com.br e procure pelo título do livro desejado para ter acesso às erratas, aos arquivos de apoio e/ou a outros conteúdos aplicáveis à obra.

Suporte Técnico: A obra é comercializada na forma em que está, sem direito a suporte técnico ou orientação pessoal/exclusiva ao leitor.

A editora não se responsabiliza pela manutenção, atualização e idioma dos sites referidos pelos autores nesta obra.

Produção Editorial Editora Alta Books	**Coordenação Comercial** Thiago Biaggi	**Assistente Editorial** Caroline David	**Equipe Editorial** Beatriz de Assis Betânia Santos
Diretor Editorial Anderson Vieira anderson.vieira@altabooks.com.br	**Coordenação de Eventos** Viviane Paiva comercial@altabooks.com.br	**Produtores Editoriais** Illysabelle Trajano Maria de Lourdes Borges Paulo Gomes Thales Silva Thiê Alves	Brenda Rodrigues Gabriela Paiva Henrique Waldez Kelry Oliveira Marcelli Ferreira Mariana Portugal Matheus Mello
Editor José Ruggeri j.ruggeri@altabooks.com.br	**Coordenação ADM/Finc.** Solange Souza		Milena Soares
Gerência Comercial Claudio Lima claudio@altabooks.com.br	**Direitos Autorais** Raquel Porto rights@altabooks.com.br	**Equipe Comercial** Adenir Gomes Ana Carolina Marinho Daiana Costa Everson Rodrigo Fillipe Amorim Heber Garcia Kaique Luiz Luana dos Santos Maira Conceição	**Marketing Editorial** Amanda Mucci Guilherme Nunes Jessica Nogueira Livia Carvalho Pedro Guimarães Talissa Araújo Thiago Brito
Gerência Marketing Andréa Guatiello andrea@altabooks.com.br			

Atuaram na edição desta obra:

Revisão Gramatical
Carolina Palha
Denise Himpel

Diagramação
Hellen Pimentel

Capa
Rita Motta

Tradução
Michela Korytowski

Copidesque
Luciere Souza

Editora afiliada à:

ALTA BOOKS
GRUPO EDITORIAL

Rua Viúva Cláudio, 291 — Bairro Industrial do Jacaré
CEP: 20.970-031 — Rio de Janeiro (RJ)
Tels.: (21) 3278-8069 / 3278-8419
www.altabooks.com.br — altabooks@altabooks.com.br
Ouvidoria: ouvidoria@altabooks.com.br

Sumário

A guerra contra as mentiras — 11
Um manifesto por exílio — 17

Parte 1: O DIABO — 31

A verdade sobre as mentiras — 35
Ideias, usadas como armas — 51
Dezinformatsiya — 77
E, tendo vencido tudo, permaneça inabalável — 99

Parte 2: A CARNE — 129

A escravidão da liberdade — 133
"Suas paixões forjam seus grilhões" — 151
A lei do retorno — 171
Digo, porém, o seguinte: vivam no Espírito — 193

Parte 3: O MUNDO — 219

A honestidade brutal sobre o normal — 223
Um remanescente — 249

Epílogo: Renúncia em uma era de autossatisfação — 273
Apêndice: Um manual monástico para combater demônios — 285

Agradecimentos — 289
Notas — 293
Índice — 311

John Mark Comer é pastor fundador da Bridgetown Church, de Portland, Oregon, diretor e professor da Practicing the Way, e autor do best-seller *Elimine a Pressa Definitivamente* e de quatro livros anteriores.

Grande parte dos seus textos enfoca o trabalho de formação espiritual na cultura pós-cristã. As questões que o inquietam e fazem com que ele se levante da cama todas as manhãs são: *Como experimentamos a vida com Deus na era digital? E como mudar para nos assemelharmos mais a Jesus em uma cultura onde a saúde emocional e a maturidade espiritual são raras?*

Com esse objetivo, ele gosta de ler os eremitas do deserto, antigos santos, meditadores obscuros, psicólogos e cientistas sociais modernos, filósofos como Dallas Willard e os artigos opinativos semanais. Quando não está lendo, está tentando aprender a cozinhar para a sua esposa e seus filhos, tomando café Heart, e levando o cachorro da família para passear na floresta.

John Mark se formou no Western Seminary e tem mestrado em estudos bíblicos e teológicos.

johnmarkcomer.com
Facebook, Instagram e Twitter:
@johnmarkcomer

Durante esta peregrinação na terra, nossa vida não pode ser livre de tentações, pois nenhum de nós pode conhecer a si mesmo exceto pela experiência da tentação, nem podemos ser coroados até que tenhamos saído vitoriosos, nem podemos ser vitoriosos até que tenhamos estado na batalha, nem podemos lutar ou combater, a menos que tenhamos um inimigo e tentações para superar.

— **Santo Agostinho, 418**

De todos os enganos do mundo, da carne, do diabo: Que o bom Deus nos livre.

— **Livro de Oração Comum, 1549**

Como um experimento psicológico, o instinto básico e o efeito da propaganda não podem ser superados!

— **Emmet Riordan para Orson Welles, 30 de outubro de 1938**

A guerra contra as mentiras

Talvez você não conheça esta história, mas ela de fato aconteceu.

Toda ela.

Logo após o pôr do sol do dia 30 de outubro de 1938, alienígenas invadiram os EUA; os precursores de uma avançada civilização marciana vieram para escravizar a terra da liberdade.

A primeira leva aterrissou na inofensiva cidade rural de Grovers Mill, não muito distante da Universidade de Princeton, em Nova Jersey, e bem próximo de Manhattan. O professor Richard Pierson estava no observatório de Princeton. Ele tinha detectado erupções de chamas azuis na superfície de Marte uma hora antes, presumira que fosse uma rara chuva de meteoros, correu para o local para investigar. Porém, ao chegar, em vez de detritos de rochas espaciais, ele encontrou um cilindro de metal enorme em um campo aberto, ainda fumegando e emitindo ruídos estranhos de dentro de sua estrutura.

Enquanto os repórteres, socorristas e curiosos examinavam o local do acidente, o cilindro começou a se abrir, e uma monstruosidade assustadora de violência alienígena se revelou.

No local, o repórter Carl Phillips transmitiu ao vivo aquela reportagem pela CBS:

> Senhoras e senhores, esta é a coisa mais terrível que já vi... Posso ver ao espiar por uma fresta dois discos luminosos... São olhos? Talvez um rosto... Mas aquela face é...
>
> Senhoras e senhores, é indescritível. Mal consegui olhar. Os olhos são pretos e brilhosos como os de uma serpente. A boca tem um formato de V com saliva pingando de seus lábios sem contorno, que parecem tremular e pulsar...
>
> O que é aquilo? Tem um jato de fogo vindo [dos alienígenas], e suas chamas estão alcançando os homens que estão lá na frente. Atingiram suas cabeças! Meu Deus, eles estão em chamas!
>
> Agora todo o campo está em chamas... A floresta...
>
> Os celeiros... Os tanques de combustível dos carros...
>
> Estão se espalhando por todo lado. Está vindo nessa direção.[1]

Neste momento, a voz de Phillips é cortada abruptamente, seguida de um ruído estranho de estática de rádio.

Cinco longos segundos mais tarde, o repórter voltou e declarou o maior temor dos norte-americanos: alienígenas pousaram na Costa Leste. A Guarda Nacional foi chamada, e sirenes alertaram as pessoas a evacuar Manhattan. O Secretário do Interior pediu a todos os norte-americanos que se juntassem à luta e defendessem "a preservação da supremacia humana".[2]

Então, veio a notícia da chegada de mais alienígenas — primeiro Chicago, e depois St. Louis.

As ruas ficaram um pandemônio. Os habitantes fugiram aterrorizados. Pessoas se refugiaram nas igrejas. As grávidas começaram seu trabalho de parto antes da hora. Pessoas cometeram suicídio. Saques eclodiram nas ruas. E, sendo nos EUA, as pessoas pegaram suas armas e se prepararam para o combate final.

Uma mulher entrou correndo num culto de oração numa igreja em Indianápolis e gritou: "Nova York está sendo destruída. O fim do mundo está vindo… Vocês deveriam ir para casa morrer."[3]

A vida, como conhecemos, acabou.

Por mais que meus amigos da teoria da conspiração adorassem que essa história fosse verdadeira ("O pouso na lua aconteceu na verdade na Islândia! A família real é de reptilianos! A terra é plana!"),[4] a história toda foi uma mentira.

Eu sei, eu sei — chocante.

Não houve invasão alienígena. Mas todo o restante aconteceu.

Não foi totalmente mentira, foi mais uma ficção que deu errado.

Eis os bastidores…

O final da década de 1930 foi uma época tumultuada nos EUA. Muitos cientistas não só especularam que havia vida alienígena em Marte,[5] mas também, mais perto de casa, as pessoas viveram num auge de ansiedade. Os EUA estavam na iminência de uma guerra contra a Alemanha. A economia ainda estava se recuperando da Grande Depressão, e a escassez de comida estava aumentando de maneira perigosa. Apenas algumas semanas antes, as pessoas que viviam no Nordeste enfrentaram o Grande Furacão de 1938, a tempestade mais devastadora que já atingiu a Nova Inglaterra, deixando mais de 700 mortos e aproximadamente 63 mil desabrigados.[6] Acrescente a isso a confusão que acontece nas noites de Halloween e você tem um barril de pólvora de emoções prestes a explodir.

Apresento-lhes Orson Welles, o ator de 23 anos e diretor de *The Mercury Theatre on the Air*, um novo programa de rádio na CBS. O rádio ainda era uma nova forma de arte, e estava na sua era de ouro, pronto para explorações criativas. Esse foi o primeiro programa a confundir as linhas entre fato e ficção, notícias e entretenimento. E Welles era um prodígio. O seu *Mercury Theatre* estava no ar há apenas 17 semanas e já era o favorito dos críticos. Mas como era muito alternativo não tinha conquistado o grande público. Welles ainda não tinha patrocinador e era transmitido no mesmo horário do programa mais popular da época, *The Chase and Sanborn Hour*.

Welles sabia que tinha que fazer algo drástico para que o seu *Mercury Theatre* não fracassasse, então ele comprou os direitos do livro de H. G. Wells, *A Guerra dos Mundos*, e pediu que o seu roteirista o simplificasse, de uma crítica literária do colonialismo ocidental para uma história de ficção científica com uma hora de duração, apenas para entreter.[7] Então ele trocou o cenário da Inglaterra vitoriana para o atual estado de Nova Jersey.

Pelo que sabemos, Welles não tinha más intenções.[8] Eis a teoria mais plausível de como tudo deu errado: a maioria dos norte-americanos não estava ouvindo o programa do Welles quando começou; eles estavam ouvindo o programa mais popular *The Chase and Sanborn Hour*. O episódio daquela semana de *Chase and Sanborn* começou com um pequeno esquete de comédia e acabou às 20h15. Então, por volta de 20h16, uma multidão de norte-americanos trocou de estação e ficou chocada com os alertas de notícias, que soavam realistas, de uma invasão que ocorria em toda a Costa Leste, incluindo uma transmissão de emergência feita por um ator que imitava a voz do então presidente Franklin D. Roosevelt quase com perfeição.[9] Devido à agitação na Europa, as pessoas estavam acostumadas a terem seus programas de rádio interrompidos com transmissões de novos acontecimentos, todos ruins. Muitos dos recém-chegados interpretaram aquilo como uma invasão alemã com algum tipo de armamento avançado. O horror dos alemães usando gás tóxico na Primeira Guerra Mundial ainda estava recente na memória das pessoas.

Como você pode imaginar, as pessoas surtaram.

Não há como saber exatamente a extensão da histeria. Na manhã seguinte, o *New York Times* publicou um artigo de primeira página descrevendo a situação como uma "onda de histeria em massa".[10] A manchete do *New York Daily News* dizia: "'Guerra' Falsa no Rádio Incita Terror pelos EUA" nas mesmas fontes usadas para anunciar uma guerra real.[11] Até Adolf Hitler se aproveitou do conflito emocional, mencionando que o suposto pânico era uma "evidência da decadência e da condição corrupta da democracia".[12]

Welles temeu pelo fim da sua carreira. Em vez disso, toda a publicidade lhe rendeu um contrato dos sonhos com Hollywood. É como dizem: "Toda publicidade é uma boa publicidade." Três anos mais tarde, Welles escreveu, dirigiu e estrelou *Cidadão Kane*, um filme que para alguns críticos é o melhor já feito.

Mas, por que contei a vocês essa história bizarra?

Porque acho que ela é uma boa metáfora para captar a tese deste breve livro. Eu sei que o seu tempo é precioso, então vou direto ao ponto.

Estamos em guerra.

Não com marcianos, mas com um inimigo muito mais perigoso: *mentiras*. Porém, diferente da *Guerra dos Mundos*, nosso inimigo não é produto de uma imaginação hiperativa. Neste caso, não é uma pegadinha. O nosso inimigo é real.

Um manifesto por exílio

Ok, espere um momento. Depois de uma introdução repleta de metáforas militares, você está esperando uma discussão raivosa sobre o declínio da civilização ocidental e sobre o iminente apocalipse secular, um chamado às armas de "nós contra eles", minha incursão na guerra da cultura...

Respire fundo.

Não é bem assim.

Nossa nação está mais dividida do que estava durante a Guerra Civil, e a última coisa de que precisamos é colocar mais lenha na fogueira. E tudo o que quero é falar sobre a sensação vivenciada ao seguir Jesus no nosso momento cultural, e não consigo pensar numa metáfora melhor: *Parece uma guerra pela alma.*

Sentimos esse conflito constante não apenas "lá fora" na cultura ou nas nossas postagens, mas também dentro da essência de nossa mente e corpo. Como um cabo de guerra que é emocionalmente exaustivo e espiritualmente desgastante, um abalo na essência da paz de nossa alma.

Teoricamente, está tudo bem. Vivo em uma bela casa em uma cidade grande com o melhor café do mundo. Tenho um trabalho como pastor. Tenho liberdade para ensinar o Caminho de Jesus, pelo menos até agora. Poxa, meus filhos e eu até costumamos levar o cachorro para passear no parque e paramos ao longo do caminho para tomar sorvete.

Mas por que me sinto tão cansado? Exausto? Não no corpo, mas na mente?

Por que me sinto tão abatido e magoado?

Por que todos os dias parecem uma batalha apenas para me manter firme, para seguir Jesus?

Eis uma ideia: Talvez por que tenha que ser assim.

A nossa geração fica pouco confortável com metáforas militares e fé. Preferimos pensar em seguir Jesus como sendo uma jornada ou estilo de vida, em vez de uma guerra. Mas os nossos ancestrais espirituais não compartilhavam do nosso silêncio em relação ao imaginário da guerra. Eles eram muito mais hábeis em nomear a realidade do conflito espiritual do que nós hoje. Por séculos, professores do Caminho de Jesus usavam um paradigma que foi perdido na era moderna, o dos "três inimigos da alma".

O mundo.

A carne.

E o diabo.[1]

Eles viam os três inimigos da alma como estranhos invasores do inferno e um tipo de contra-ataque à trindade do próprio Deus.

Embora a expressão exata *o mundo, a carne e o diabo* não seja usada por Jesus ou pelos autores do Novo Testamento, a linguagem e os conceitos são.[2] Se você já leu o apóstolo Paulo, sabe que ele costumava comparar seguir Jesus a uma guerra.[3] Uma das frases mais famosas de Paulo é: "Lute o bom combate da fé."[4] Ele disse aos Efésios: "Vistam toda a armadura de Deus, para que possam permanecer firmes contra as estratégias do diabo"[5] e rezou para que seu pastor Timóteo "lutasse o bom combate".[6] Tendo o cuidado de observar que "nós não lutamos com inimigos de carne e sangue, mas... contra espíritos malignos"[7] e que "usamos as armas poderosas de Deus, e não as armas do mundo", ele, todavia, afirmou que temos poderes divinos "para derrubar fortalezas"[8].

Essa era uma linguagem inesperada para uma igreja que cresceu em torno da vida e dos ensinamentos de um rabino que era totalmente contra a violência. Que escolheu morrer por seus inimigos por amor, e não os matar em uma batalha.

Mesmo assim, os autores do Novo Testamento e os primeiros padres e as primeiras freiras — que até o século quarto eram quase todos pacifistas[9] — constantemente usavam essa imagem da guerra para descrever a dinâmica interna da alma. Apesar de agora parecer antiquado, eu acredito que eles estavam nomeando o desafio da experiência humana de um modo difícil de expressar em uma era secular.

Honestamente, muitos de nós, até mesmo da igreja, deixamos essas ideias para trás como relíquias do mundo pré-moderno.

Rimos do diabo como se ele fosse um mito pré-moderno, parecido com o martelo de Thor ou o Papai Noel.

Ficamos em dúvida com a linguagem do Novo Testamento sobre a carne em uma cultura sensual em que as pessoas associam sentir-se bem com ser bom.

E quando ouvimos o mundo, imaginamos um pregador de rua com um megafone cuspindo palavras em um parque público, criticando ferozmente os perigos de ouvir AC/DC e falando sobre o arrebatamento iminente.

Consciente ou inconscientemente, somos rápidos em ignorar esses conceitos todos juntos. No entanto, perguntamo-nos por que sentimos um cabo de guerra incessante em nosso peito sabotando a nossa paz. E ficamos perplexos com o caos em nossos *feeds* de notícias. Por que o mundo é uma bagunça? Por que eu também sou?

Minha intenção com este livro é elucidar o antigo paradigma dos três inimigos da alma para a era moderna. Embora seja fácil zombar dos conceitos antigos, eu acredito que o mundo, a carne e o diabo estão vivos, passam bem, são ajudados por nosso ceticismo, e estão causando estragos em nossas almas e na sociedade.

Mas prestem atenção: Nossa guerra contra os três inimigos da alma não é uma guerra com armas e bombas. De maneira alguma é contra as outras pessoas. É uma guerra contra as mentiras. E o problema é menos sobre *contar* mentiras e mais sobre *vivê-las*; deixamos narrativas falsas sobre a realidade tomar conta de nossos corpos, e elas causam estragos em nossas almas.

Eis minha teoria funcional: como seguidores de Jesus, estamos em guerra com o mundo, a carne e o diabo, e o estratagema desses três inimigos é o seguinte:

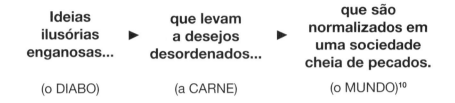

Há dois milênios e meio, no livro *A Arte da Guerra*, o sábio militar chinês Sun Tzu deu um conselho sagaz: "Conheça o seu inimigo."[11] Esse é o objetivo desse livro: desmascarar os nossos inimigos e desenvolver uma estratégia para contra-atacar. *Vive la résistance.*

Para aqueles de vocês que já estão procurando a nota fiscal para devolver este livro, peço apenas que esperem um pouco. Deem-me mais algumas páginas para convencê-los.

Certamente, concordamos que o nosso mundo não está evoluindo. Os últimos anos no meu país têm sido marcados por distúrbios sociais, indignações online e uma desilusão generalizada com o *status quo*. A dor gerada no ano 2020 ocasionou um dos maiores movimentos de protestos na história dos EUA. E por mais que adoremos colocar a culpa "nos outros" — sejam eles liberais, conservadores, Antifa, ou Proud Boys, ou quem quer que odiemos ou temamos — todos nós sabemos que há algo de errado dentro de *nós*, dentro de nossas almas.

A guerra está aí, embora muitos de nós nos sintamos como soldados traumatizados, perdidos e confusos no caos do campo de batalha. A nossa geração está passando por três mudanças tectônicas na cultura ocidental.[12]

A primeira *é da maioria para a minoria*.

Embora 49% dos millenials e 65% dos norte-americanos adultos, como um todo, identifiquem-se como "cristãos" em pesquisas nacionais (mesmo perdendo milhões de jovens a cada ano),[13] uma pesquisa recente detalhada do Barna Group, uma *think tank* cristã, revela que o número de jovens adultos que são "discípulos praticantes" é de 10%.[14]

Sim, 10%.

E isso em todo o país. Em cidades seculares como Portland, onde eu moro, provavelmente é *bem* mais baixo.

Embora a igreja não seja uma minoria étnica (é importante eu deixar isso claro), somos o que os sociólogos chamam de minoria cognitiva. Ou seja, como seguidores de Jesus, nossa visão de mundo e sistema de valores e práticas e normas sociais estão cada vez mais em conflito com os de nossa cultura de acolhimento. Enfrentamos pressão constante dos dois lados, tanto da esquerda quanto da direita, para assimilar e seguir a maioria.

A segunda é que o nosso lugar na cultura está mudando *de um lugar de honra para um lugar de vergonha*.

Ande pelo centro histórico de qualquer grande cidade norte-americana e olhe para os prédios: neles está gravada a linguagem das Escrituras. A visão cristã está tão incutida na imaginação inicial da nossa nação que está literalmente esculpida nas pedras da nossa arquitetura mais antiga.

E embora muitos líderes de pensamentos seculares tivessem dado forma à nossa nação, os seguidores de Jesus estavam no centro da formação da cultura. Muitos líderes governamentais eram cristãos, a maioria das Ivy League começou como escolas de treinamento pastoral, e muitos intelectuais, cientistas e artistas acreditavam em Jesus. Os pastores eram pessoas respeitadas. A igreja tinha um lugar de honra na cultura em geral.

Esse tempo agora não passa de uma lembrança distante, e olhe lá.

Hoje em dia a maior parte das pessoas não quer saber da fé publicamente. A igreja é vista como parte do problema, não a solução. Além do mais, com a inversão moral radical em torno da sexualidade humana, do gênero e da vida de um feto, agora nós é que estamos errados aos olhos de muitos. A visão de Jesus sobre a sexualidade humana é vista como imoral por uma boa parte da população.

Em uma reviravolta surpreendente, hoje não somos mais os bons cidadãos de classe média vestindo nossa melhor roupa de domingo, somos os James Deans, somos a contracultura dos anos 1960, somos Straight Edge dos anos 1980.

A terceira mudança tectônica é a de *espalhar tolerância para aumentar a hostilidade.*

Um número crescente de amigos e vizinhos seculares não nos considera apenas esquisitos — por evitarmos sexo antes do casamento, doarmos uma porcentagem das nossas rendas e nos recusarmos a ser reféns de qualquer partido ou ideologia política — mas também perigosos. Como uma ameaça à visão alternativa secular da prosperidade humana.

Nas palavras do autor da Epístola aos Hebreus: "Na luta contra o pecado, vocês ainda não resistiram até o sangue",[15] então evito dizer que sofremos perseguições. Mas existe um tipo de perseguição cultural e socioemocional em que vivemos e cujo peso carregamos. É exaustivo. O estigma. A difamação. A ferida em nossos corações.

Correndo o risco de misturar metáforas, o tema literário usado pelos autores das Escrituras para esse tipo de experiência cultural é o do exílio.

O apóstolo Pedro abre sua primeira carta no Novo Testamento com: "Aos escolhidos que vivem como, *estrangeiros*…" e encerra com: "Aquela que está na Babilônia… lhe envia saudações."

O escritor Walter Brueggemann definiu *exílio* como "a experiência de saber que se é um estrangeiro, e talvez de que se está em um ambiente hostil em que os valores dominantes se opõem aos seus".[16] Wendy Everett e Peter Wagstaff acrescentaram que essa "sensação de exílio, ou alienação, pode surgir para o indivíduo que é marginalizado, está sem rumo, incapacitado ou relutante para se conformar com a tirania da opinião da maioria".[17]

O escritor Paul Tabori definiu *exílio* como "ser um excluído dentro do seu próprio país".[18] Isso significa ser um cidadão dos EUA, do Reino Unido ou da Alemanha, mas mesmo assim se sentir como um estranho.

O Barna Group chamou nosso momento cultural de "Babilônia digital".[19] No mundo pré-digital para vivenciar a dissonância cognitiva do exílio, você tinha que cursar uma universidade de esquerda ou viver em núcleos urbanos de cidades seculares como Portland ou

LA (ou Londres ou Berlim). Agora tudo o que você precisa é ter um celular e Wi-Fi.

Estamos todos agora na Babilônia.

E a Babilônia não é um lugar fácil para viver, não se parece com estar em casa. Daí a designação de *exílio*. Às vezes é terrível, até traumático. Nós nos sentimos deslocados e sem equilíbrio. Uma incerteza sobre o futuro.

Cada dia pode parecer como uma guerra em nossas almas. Um ataque espiritual à nossa fé. Uma luta apenas para ficarmos salvos. Ou ao menos ortodoxos, fiéis a Jesus, e nos mantermos sãos, muito menos ficarmos felizes e em paz.

Quando você é uma minoria cognitiva sob constante pressão para assimilar, você acaba pensando: *Será que sou louco por acreditar no que acredito? Por viver como vivo?* Quando essas questões vierem à mente, lembre-se de Orson Welles. Agora é fácil dar risada do fiasco da *Guerra dos Mundos*. Em retrospecto isto está claro. Porém, é mais difícil admitir que inúmeros norte-americanos inteligentes e instruídos se deixaram levar por uma mentira.

Ou perceber que, do outro lado do Atlântico, alemães também instruídos e inteligentes estavam capturando judeus e os colocando em incineradores nos campos de concentração.

Ou que políticos no sul dos EUA estavam obrigando uma jovem, Rosa Parks, a sentar-se no fundo do ônibus apenas por ser negra.

Ou que a elite de Hollywood fumava um monte de cigarros por dia porque as grandes empresas de tabaco pagavam para que eles fizessem propaganda de seus produtos.[20]

Sem citar todos os norte-americanos que honestamente acharam que havia alienígenas em Marte.

É tentador pensar: Como eles foram tolos! *Tão incautos e ingênuos. Deixando se levar pelo fervor das mentiras!*

Nós, não.

Somos muito mais sofisticados para sermos enganados, bem mais esclarecidos para nos deixar confundir.

Nunca deixaríamos que pessoas no poder como, digamos, políticos ou a mídia, aproveitassem de nossas emoções jogando com nossos desejos e medos a fim de nos manipular para o fim desejado.

E nós — individualistas que somos — *nunca* faríamos algo só porque alguém está fazendo.

Como se os ouvintes incautos de Welles fossem habitantes das cavernas do período neolítico, e não nossos *avós*, há menos de um século.

Esse é um ótimo exemplo do que C. S. Lewis chamou de "esnobismo cronológico"[21], a inclinação humana inata de pensar que somos mais espertos do que as pessoas que vieram antes de nós, dessa forma as novas ideias são naturalmente melhores ou mais verdadeiras do que as antigas.

Acrescente a isso o que os sociólogos chamam de "o mito do progresso", o dogma quase religioso do Ocidente de que os seres humanos estão evoluindo para um futuro utópico, no qual vamos nos libertar das últimas amarras da religião e superstição (que são a mesma coisa) e abraçar o nosso destino como individualistas iluminados, finalmente livres para aproveitar nossas vidas, um café no

Starbucks e um encontro do Tinder de cada vez (isto se a IA não nos eliminar antes de desenvolvermos a tecnologia para carregar nossa consciência para a nuvem e viver para sempre na singularidade).

É óbvio que as coisas não estão melhorando: existem montanhas de dados para afirmar que estão *piorando*. E um pequeno tour pelo Twitter irá revelar que muitas pessoas estão simplesmente surtando.

Quando a utopia secular chegará?

No meu ponto de vista, tanto a direita quanto a esquerda parecem ter algo a dizer. Mas ambas possuem um tipo de ingenuidade intencional em seus pontos de vista sobre a condição humana, e eu não acho atraente nenhuma dessas visões.

Sou um pastor, não um guru, aqui não existe nenhuma agenda política.

Mas acredito profundamente que:

Eu tenho uma alma.

Você também tem uma alma.

E a sua alma, assim como a minha, está trancada em uma guerra de mentiras.

Assim como os antigos espartanos que foram alimentados e criados pelos soldados, e que não tinham nenhuma outra opção, nós também não temos, a não ser lutar.[22] Por favor prestem atenção, não estou bravo ou ansioso. Escolhi falar sobre isso em um livro porque conduz à quietude e ao pensamento crítico. Mas sem dúvida: Estou convocando você, meu querido leitor, para a guerra.

Posso estar delirando agora. Ou pior, estar enganando-o apenas para vender livros. (Afinal de contas, escrever sobre o diabo é a melhor alternativa para entrar na lista de best-sellers, certo?) Mas aposto que você não pode deixar de se perguntar...

Por que minha mente está sob tanta pressão?

Por que me sinto afetado pelas ideologias do nosso tempo?

Por que sinto esse cabo de guerra dos desejos em meu peito?

Por que sempre volto para o modo de autodestruição?

Por que existe um fluxo constante de notícias ruins pelo mundo?

Por que a injustiça se alastra quando muitos de nós a condenamos como maléfica?

Por que não podemos consertar os problemas mais sérios do mundo, mesmo com todo o dinheiro, tecnologia e talento político?

E por que eu me importo? Por que isso me aflige?

Considere isto: Nossas almas poderiam estar em guerra com outro mundo?

Para não começar com um tom negativo, pense na seguinte pergunta: E se o exílio for *bom* para nós? William Faulkner, amplamente considerado um dos maiores romancistas, disse certa vez: "É difícil acreditar, mas parece que o desastre faz bem para as pessoas."[23]

E se o exílio for um convite à batalha e não ao medo?

E se em vez de nos separarmos, nos unirmos?

E se em vez de perdermos nossas almas, nós as descobrirmos?

Este é um livro sobre como não perder a sua alma na Babilônia digital.

Este é um manifesto pelo exílio.

Este é um brado pela guerra contra as mentiras.

Parte 1

O DIABO

Vocês pertencem ao pai de vocês, o diabo, e querem realizar o desejo dele. Ele era homicida desde o princípio e não se apegava à verdade, pois não há verdade nele. Quando ele mente, fala sua própria língua, pois ele é um mentiroso e o pai da mentira.

— **Jesus Cristo, em João 8:44**

Estejam alertas e vigiem. O diabo, inimigo de vocês, anda ao redor como leão rugindo e procurando alguém para devorar. Resistam-lhe.

— **O apóstolo Pedro, em 1 Pedro 5:8–9**

Ninguém acreditava que ele fosse real...
Esse era o seu poder. O maior truque já realizado pelo diabo foi o de convencer o mundo de que ele não existia.

— **Keyser Söze (personagem interpretado por Kevin Spacey), no filme *Os Suspeitos***

A verdade sobre as mentiras

No final do século quarto d.C., um jovem intelectual chamado Evágrio do Ponto partiu para o deserto para lutar contra o diabo.

Assim como você.

Evágrio também leu a história de Jesus que tinha ido para o deserto enfrentar o diabo, e ele pretendia seguir o Seu exemplo.

Logo a notícia se espalhou: havia um monge no meio do nada em guerra com o diabo. Aparentemente, havia boatos de que o monge estava ganhando. Ele se tornou um guia espiritual requisitado. Discípulos espirituais enfrentariam os perigos das intempéries em uma tentativa de localizar Evágrio e aprender suas táticas.

Antes da morte de Evágrio, um monge amigo chamado Loukios pediu a ele que escrevesse suas estratégias para vencer o diabo. Como resultado, Evágrio escreveu um pequeno livro de nome *Talking Back: A Monastic Handbook for Combating Demons* [Reagindo: Um Manual Monástico para Combater Demônios, em tradução livre].

O melhor subtítulo de todos.

Recentemente, eu voltei a ler o livro, e ele me impressionou. Com toda a sinceridade, eu esperava uma lista de encantamentos mágicos no estilo cristão e devaneios incoerentes de um introvertido pré-moderno que passou muito tempo sob o sol do norte da África. Mas, em vez disso, encontrei uma mente erudita que era capaz de expressar processos mentais de maneiras que só agora os neurocientistas e importantes psicólogos estão alcançando.[1]

Evágrio produziu o estudo sobre demônios mais sofisticado do antigo cristianismo. E a característica mais impressionante do paradigma de Evágrio está na sua afirmação de que a luta contra as tentações demoníacas é uma luta contra o que ele chamou de *logismoi* — uma palavra grega que pode ser traduzida como "pensamentos", "padrões de pensamentos", suas "narrativas internas" ou "estruturas de crenças internas". Eles são o conteúdo dos nossos pensamentos e os indicadores mentais pelos quais navegamos na vida.[2] Para Evágrio, esses *logismoi* não eram *apenas* pensamentos; e sim pensamentos com um desejo maligno por trás deles, uma força do mal sombria e animadora.

Na verdade, Evágrio organizou seu livro em oito capítulos, cada um classificado de acordo com um *logismoi* básico. Os oito pensamentos de Evágrio, mais tarde, tornaram-se a base dos "sete pecados capitais" da antiguidade.[3]

Cada capítulo começa com as palavras: "Contra o pensamento de que..."[4]

Voltaremos a falar sobre Evágrio no final da parte 1, porque acho — mais de um milênio e meio depois — que após Jesus, ele ainda é o mais brilhante tático que temos na batalha para dominar as tentações demoníacas. (Sim, eu acredito em tentações demoníacas. Continue a leitura...)

Por enquanto, vamos começar com sua ideia polêmica: a nossa luta com o diabo é acima de tudo uma luta para voltar a ter o controle das nossas mentes prisioneiras das mentiras e libertá-las com as armas da verdade.[5]

Essa ideia pode ser encontrada em qualquer lugar nos ensinamentos do próprio Jesus?

Pergunta importante. A resposta: sem dúvida.

Um dos ensinamentos mais famosos de Jesus é:

Conhecereis a verdade, e a verdade vos libertará.[6]

No contexto, Jesus disse a Seus seguidores que "se vós permanecerdes na minha palavra, verdadeiramente sereis meus discípulos", e como resultado, "conhecereis a verdade, e a verdade vos libertará".

Os fariseus, líderes religiosos daquela época, imediatamente responderam com hostilidade: "Somos descendentes de Abraão e nunca servimos a ninguém."

Que é uma declaração um tanto irônica considerando a história do povo Hebreu. Leia o *Êxodo*.

Jesus generosamente explicou que não estava se referindo à escravidão socioeconômica nem mesmo à espiritual, pois todo "aquele que peca é escravo do pecado".

O que deixou os fariseus ainda mais furiosos, e eles prosseguiram fazendo um comentário depreciativo sobre como "não somos filhos ilegítimos". Um comentário nada sútil sobre a paternidade de

Jesus. (Exceto no original grego, que não é tão sutil assim; pois está mais para: "Não somos bastardos como você.") Cheios de desdém, eles protestaram: "O único Pai que temos é o próprio Deus."

Jesus não deixou barato. Tão enérgico quanto afetuoso, Ele respondeu com uma afirmação fascinante dizendo quem realmente era "pai" deles.

> Vocês pertencem ao pai de vocês, o diabo, e querem realizar o desejo dele. Ele era homicida desde o princípio e não se apegava à verdade, pois não há verdade nele. Quando ele mente, fala sua própria língua, pois ele é um mentiroso e o pai da mentira.[7]

Logo de início, observe três coisas dos ensinamentos de Jesus sobre esta criatura enigmática que Ele chamou de diabo.

Vamos começar com o óbvio: para Jesus, *existe um diabo*.

Em grego, a palavra que Jesus costumava dizer era διάβολος (*diabolos*), que vem de uma palavra de raiz verbal que significa "difamar" ou "acusar". Ela também pode ser traduzida como "o acusador".[8] Mas esse é apenas um dos muitos nomes para essa criatura. As Escrituras também o chamam de...

- o satanás
- o maligno
- o tentador
- o destruidor
- o impostor
- o grande dragão... que engana o mundo inteiro
- a antiga serpente... que desencaminha o mundo inteiro

Repare, cada exemplo que acabei de listar é um título, não um nome.[9] Alguns estudiosos da Bíblia afirmam que isso é uma alfinetada sutil de Jesus, uma ofensa deliberada; o Seu rival nem tem um nome. Outros interpretam como um sinal do quão perigoso Ele achava que era essa criatura — o equivalente de Jesus para "aquele que não deve ser nomeado".

Mas para Jesus, o diabo não é um vilão ficcional retirado do livro de Harry Potter; ele é real, uma fonte astuciosa do mal e a criatura mais influente na terra.

Jesus o chamou três vezes de "o príncipe deste mundo".[10] A palavra para "príncipe" é *archōn* em grego, que era uma palavra ligada à política na época de Jesus, usada para designar o oficial romano de mais alto escalão em uma cidade ou região. Jesus estava dizendo que esta criatura é a coisa mais poderosa e influente *no mundo*. Em outra história, quando o diabo alegava que daria "todos os reinos do mundo", Jesus não discordou dele.[11]

Agora, uma teologia bíblica detalhada do diabo e suas origens está além do alcance deste livro, mas vamos separar uns minutos e delinear um resumo.

Como um referencial, muitos estudiosos têm comparado o conjunto das Escrituras a um mosaico de fotos. Ou seja, é uma coleção de fotos — poemas, profecias, histórias, mitologias, provérbios sábios, cartas etc. — que quando colocadas juntas formam a composição de uma imagem. Se você associar essa maneira de ler a Bíblia à criatura chamada diabo, chegará ao seguinte perfil:

- Ele foi criado por Deus.[12] Isto é fundamental; ele não é igual e oposto a Deus, mas uma criação com um começo. E um fim.

- Seu papel original parece ter sido a formação espiritual de seres humanos por meio de provações. Pensem em como um professor testa seus alunos para fazê-los amadurecer. Mas (como observamos na história de Jó) ele começou a se desviar de sua função e usar suas habilidades para induzir os seres humanos a um desvio espiritual.[13]
- Ele era membro do concílio divino de Deus, um grupo de seres espirituais selecionados a dedo, cujo trabalho era colaborar com o governo de Deus sobre o mundo.[14] Mas ele escolheu se rebelar contra o governo de Deus, para apossar-se ele mesmo do trono do mundo, e aliciar quantas criaturas pudesse na sua insurgência violenta.[15] Alguns estudiosos afirmam que o Éden foi criado em uma zona de guerra, como uma base para o reino de Deus.[16] Porém, mais tarde quando os humanos se juntaram à rebelião do diabo, a terra caiu sob seu domínio.[17]
- Por milhares de anos, ele dominou como o "príncipe deste mundo",[18] conduzindo grandes fileiras de humanos e criaturas não humanas em seu objetivo permanente de tomar a autonomia de Deus e redefinir o bem e o mal da maneira que lhes aprouvesse (mais sobre isso à frente).
- Ele foi a energia inspiradora por trás de muitas das maiores atrocidades da história e, alguns dizem, que até envolvido no próprio processo evolucionário.[19]
- Jesus veio "para destruir o trabalho do diabo".[20] Para unir "o homem forte"[21] e libertar a humanidade.[22] Ele fez isso primeiramente quando o derrotou no deserto, e por meio de Seus ensinamentos e exorcismos e finalmente mediante Sua morte e ressurreição e exaltação, em que Ele "desarmou os

governantes e as autoridades espirituais", e "envergonhou-os publicamente ao vencê-los na cruz".[23]

- A vitória de Jesus sobre o diabo foi como o Dia D na Segunda Guerra Mundial — uma batalha decisiva que marcou o começo do fim da guerra. O destino do diabo estava selado na primeira Páscoa, assim como o de Hitler em 6 de junho de 1944. Mas ainda existem muitos quilômetros a percorrer para alcançar o nosso equivalente a Berlim. Enquanto isso, o diabo é como um animal ferido, um dragão agonizando, mais perigoso do que nunca. Ao contrário da imaginação artística popular, o diabo não está no inferno, ele está aqui, na terra. Se as palavras de Jesus são: "Assim na terra como no céu", as do diabo são: "Assim na terra como no inferno."

- O reino de Jesus era, e ainda é, sem violência. No entanto, Jesus comparou o reino a um ataque bélico "às portas do inferno".[24]

- Nesta guerra permanente, danos — espirituais, mentais, emocionais, e até mesmo físicos — são possibilidades muito verdadeiras. Os seguidores de Jesus não estão imunes. Sangramos vermelho; sofremos e morremos assim como o resto da humanidade; somos vulneráveis às tentações e aos enganos. Embora saibamos o final da história, somos alertados a ficar "sóbrios e vigilantes", já que "o diabo, inimigo de vocês, anda ao redor como leão rugindo e procurando alguém para devorar".[25]

- Nossa grande esperança está no retorno de Jesus para que Ele termine o que começou. Neste dia, o diabo e sua laia serão "jogados no lago de fogo" e todo o mal será erradicado da boa criação de Deus, para sempre. Então assumiremos nosso lugar governando junto com Jesus, o Rei, no Seu belo mundo.

Neste momento, tenho certeza de que estou me esquecendo de algumas coisas neste resumo, ou mesmo, errando alguns detalhes, mas a conclusão fundamental é que: para Jesus, o diabo é *real*.

Não é um mito.

Não é uma invenção de uma imaginação fértil ou uma superstição remanescente de uma era pré-científica.

E definitivamente não é um personagem de desenho animado falando no seu ombro ou o Will Ferrell no programa *Saturday Night Live* tocando *death metal* em sua guitarra elétrica.

Não, o diabo é uma inteligência imaterial, *mas é real*, operando no mundo com mais poder e influência do que qualquer outra criatura no universo depois de Deus.

Ele é o maligno *por trás* de tanto mal em nossas almas e na sociedade.

Para Jesus, as teorias seculares que tentam explicar o mal como uma simples falta de educação, ou redistribuição de riqueza inadequada, análise de poder marxista, ou até mesmo como uma toxicidade da religião que deu errado, falham em explicar a realidade. A única maneira de dar sentido ao mal em toda a sua malevolência — desde grandes sistemas globais do mal, tais como o racismo sistêmico ou colonialismo econômico até o mal mais discreto em escala humana, como nossa incapacidade de parar com nossas bebedeiras autodestrutivas ou evitar comentários mordazes aos nossos amigos — é ver uma força animadora por trás disso e adicionar combustível ao fogo proverbial. Dividir a humanidade contra si mesma é um tipo de suicídio social.

Agora, se fôssemos honestos — e frequentemente não somos — para muitos de nós isso soa duvidoso.

Um diabo, sério?

Não venha com essa.

Voltamos à ideia de Lewis sobre o esnobismo cronológico. É o século XXI. Não acreditamos mais em serpentes que falam, muito menos em demônios invisíveis agindo por trás de acontecimentos no mundo.

"Agora sabemos mais."

Regularmente, ouço pessoas mencionarem o efeito Flynn como justificativa para a tendência cada vez mais popular do "agora sabemos mais". James Flynn, um psicólogo da Universidade de Otago, na Nova Zelândia, declarou que os resultados dos testes de QI têm tido um aumento constante em países industrializados do Ocidente, desde a década de 1950, com uma curva de crescimento de cerca de três pontos por década.[26] Sua tese original: somos mais inteligentes do que nossos avós. Este fenômeno foi chamado de efeito Flynn, e, por motivos óbvios, foi impulsionado pelo novo *single* do Childish Gambino. Caiu como uma luva na ideia difundida — ou realmente, na crença — de que os progressistas estão, por definição, à frente do arco evolucionário da história humana, são líderes intelectuais (leia-se, superiores) da humanidade, e que os conservadores estão, por definição, atrasados na trajetória Darwiniana.

Assim como todas as boas mentiras, a ideia é cheia de verdades.

Estou escrevendo este capítulo do topo do mundo, na Islândia, que deve ser um dos lugares mais bonitos da terra. Ontem, alguns amigos locais me levaram para conhecer Þórsmörk ("O domínio de Thor") e me mostraram formações rochosas, com formatos estranhos, que os antigos Vikings acreditavam que eram trolls que viraram pedras quando foram pegos pelo raiar do sol.

Sim, hoje estamos um pouco mais espertos.

Sabemos agora que os trolls são um mito e as rochas com formatos estranhos são criadas por forças geotérmicas e mudanças tectônicas, e não monstros com péssimas habilidades de gerenciamento de tempo.

Porém, com frequência as pessoas citam o efeito Flynn como prova de que estamos ficando mais inteligentes, não apenas em algumas coisas, mas em tudo. Por essa lógica, as pessoas que acreditam em ideias antigas como a do diabo e, também, em Jesus são vistas com desprezo e tratadas com a mesma incredulidade intelectual daqueles que acreditavam em trolls.

Não importa o fato de que o efeito Flynn tenha sido provado um acaso.[27]

Até mesmo o próprio Flynn acabou percebendo que suas descobertas não mostravam o quadro geral. Pelo seu cálculo original, os formados no ensino médio em 1900 tinham um QI de aproximadamente 70, porém nossos avós não eram portadores de deficiência mental; eles apenas pensavam diferente do que pensamos hoje (menos conceitual, mais concreto).[28] Sem mencionar que, se a tendência que ele descobriu tivesse continuado, neste momento estaríamos todos dando crédito ao personagem de Bradley Cooper no filme *Sem Limites*.

Dados mais recentes na verdade sugerem que a média do QI tem *caído* no Ocidente — e não aumentado — desde a década de 1990.[29]

Outra pesquisa mostra que os seres humanos não estão mais inteligentes do que há trinta mil anos.[30] O nosso conhecimento acumulado tem crescido muito rapidamente, sim, especialmente quando se trata de trolls e formações rochosas, mas conhecimento não é a mesma coisa que inteligência, que não é a mesma coisa que sabedoria.

Isso tudo para dizer que, se a sua reação instintiva à ideia de um diabo é a de que *parece algo antigo e sem sentido,* eu compreendo. Não estou desdenhando. Às vezes, minha mente quase secular do Ocidente não acredita na visão de mundo de Jesus.

Mas pense nisso: E se Jesus conhece a verdadeira natureza da realidade melhor do que nós? E se a percepção dEle for mais aguçada do que a de Steven Pinker? Ou de Sam Harris? Ou Stephen Hawking? E se Ele for o professor mais inteligente que já viveu e Sua visão sobre os problemas (e as soluções) da condição humana for a mais profunda até os dias de hoje?

E se o nosso mundo ocidental estiver realmente cego para ver toda uma dimensão da realidade? Ignorantes do que muitos consideram como senso comum? E se estivermos tentando resolver os problemas do mundo sem lidar com as causas básicas? E se, apesar de toda a nossa ciência, tecnologia e teorias políticas, na verdade estivermos inconscientes — ou pior, intencionalmente ignorantes — dos fatos?

E se Jesus e os autores das Escrituras — sem mencionar muitos dos grandes nomes da antiguidade fora da tradição de Jesus (como Sócrates, Confúcio e Buda), a maioria dos grandes pensadores através da história, e ainda, a maioria das pessoas fora do Ocidente — tiverem olhos para ver o que normalmente não enxergamos?

E se?

Como disse o vilão do filme *Os Suspeitos*, Keyser Söze (ironicamente, interpretado pelo acusado de ser um predador sexual Kevin Spacey): "O maior truque já realizado pelo diabo foi convencer o mundo de que ele não existia."[31]

Nossa cultura se orgulha de manter a mente aberta. Isso é tudo o que peço: que você simplesmente considere a possibilidade de que Jesus estava certo — o diabo é real.

Segundo, para Jesus, *o objetivo final do diabo é espalhar a morte.*

Literalmente: "Ele foi homicida desde o começo."

O que é um homicida? Alguém cuja intenção é acabar com a vida.

Jesus continuou a dizer: "O ladrão [outro nome para o diabo] vem apenas para furtar, matar e destruir; eu vim para que tenham vida, e a tenham plenamente."[32]

Roubo...

Morte...

Destruição...

Para Jesus, o diabo é o arquétipo de um vilão que está determinado a destruir. Ele só quer ver o mundo queimar. O seu lema é: "Assolar tudo". Onde quer que ele encontre vida, ele tenta extirpá-la. Beleza? Desfigurá-la. Amor? Corrompê-lo. União? Fragmentá-la em milhões de pedaços. Prosperidade humana? Levá-la à anarquia ou tirania; as duas coisas servem. A sua agenda antivida, pró-morte, pró-caos é um fogo insaciável.

Jesus, por outro lado, é o criador da própria vida e um advogado para tudo que é bom, bonito e verdadeiro. Especialmente, por amor. Deus é amor, e o diabo está em uma rebelião contra tudo que é Deus. Logo, sua intenção é destruir o amor: um relacionamento, uma comunidade, uma nação, uma geração de cada vez.

É por esse motivo que os nossos *feeds* de mensagens estão repletos de ladainhas constantes de caos e carnificina.

É por isso que as teorias seculares sobre o mal, simplesmente, não resultam em uma explicação válida do comportamento humano.

É por esta razão que seguir Jesus parece com frequência como estar em uma guerra. É assim. Não é fácil avançar diariamente na direção do reino de Deus, porque existe a resistência do próprio diabo. (Ou para ser mais específico, outros seres espirituais sob seu comando.) Nós sentimos essa resistência todos os dias. Naquela tensão interior torturante, enquanto ficamos divididos entre desejos opostos de amor e luxúria, honestidade e manter as aparências, autocontrole e indulgência. Na luta pela fé em uma era secular onde tantas elites culturais parecem ter deixado a fé de lado, onde a ciência é a nova superstição, e onde, como disse o filósofo James K. A. Smith: "Agora somos todos São Tomé."[33] Em um colapso de uma sociedade que está perdendo a sua base e saindo do controle.

E não há saída para essa luta.

Como seguidor de Jesus, eu vejo a violência como algo incompatível com a vida no reino, e defendo soluções criativas e não violentas para os problemas. Mas violência não é o mesmo que força. Mesmo tendo que admitir que ser aprendiz de Jesus é tornar-se um soldado numa guerra. Sim, aquele que sabe que a vitória está garantida a longo prazo, mas ainda temos muitas batalhas para chegarmos a Berlim, e não temos uma Suíça para nos esconder. Como C. S. Lewis sabiamente disse: "Não existe nenhum local neutro no universo: cada centímetro quadrado ao nosso redor e cada fração de segundo de nossas vidas está em disputa, para ser reivindicado pelo bem ou pelo mal."[34]

Mas se você que acha que estou arregimentando uma milícia digital para "levar o Ocidente de volta para Deus" — relaxe, de verdade. Não é para esse lado que estamos indo. O diabo é muito mais inteligente e interessante para uma simples oposição binária de nós contra eles.

Veja minha última observação em João 8: para Jesus, *os desejos do diabo são mentiras.*

Você entendeu isso?

Jesus chamou o diabo de "o pai da mentira".

Ou seja: o ponto de origem do engano.

Então, Jesus veio com esse grande ensinamento sobre como: "Quando ele mente, fala sua própria língua."

Ok, um momento.

Essa não é a forma como a maioria de nós pensa sobre a nossa luta com o diabo, ou o que tem sido chamado de guerra espiritual. Infelizmente, muito do que é considerado como teologia da guerra espiritual é na melhor das hipóteses conjectura, se não for paranoia ou superstição.

Não posso contar as vezes em que ouvi as pessoas culpando o diabo por aquilo que é apenas má sorte, coincidência, ou, frequentemente, suas próprias idiotices. "Minha esposa e eu brigamos a caminho da igreja — foi o diabo!"

O diabo? O que governa esse mundo fez uma visita na sua minivan? Talvez. Mas não seria mais provável que você estivesse com pressa, um pouco estressado, e falou algo que não devia que magoou sua esposa?

Sempre que as pessoas culpam o diabo por coisas banais, fica difícil não o eliminar por completo. Como se costuma dizer, botar tudo a perder.

Na obra-prima da sátira *Cartas de um diabo a seu aprendiz*, C. S. Lewis escreveu:

> Há dois erros iguais e opostos no que diz respeito à matéria demônios. Um é desacreditar de sua existência. E o outro é acreditar e sentir um excessivo e doentio interesse por eles. Os demônios ficam igualmente satisfeitos pelos dois erros, e, portanto, contemplam um materialista ou um mágico com o mesmo prazer.[35]

Por mais fácil que seja zombar dos outros, o perigo para a maioria de nós não é "sentir um excessivo e doentio interesse" no diabo; é que nós o ignoramos completamente e seguimos nossas vidas alheios aos seus ataques diários em nossas almas.

Digamos que mantemos a nossa mente aberta e levamos a ideia do diabo a sério. Mesmo assim, o que vem a nossa mente quando pensamos no diabo ou na guerra espiritual normalmente é um exorcismo, uma doença misteriosa, ou um desastre natural como um tsunami ou furacão. Talvez um *poltergeist* horroroso ou um pesadelo terrível de criança.

Todos esses exemplos são legítimos. Na verdade, após uma leitura superficial dos quatro evangelhos, é isso o que eu esperaria que Jesus falasse.

Mas ironicamente, nos ensinamentos mais profundos de Jesus sobre o diabo nos quatro evangelhos, *Ele não menciona nada disso.*

Não há nenhum demônio em Seus ensinamentos, nenhuma doença, nenhuma tragédia.

Em vez disso, é um debate intelectual com líderes do pensamento da Sua época sobre *verdade* e *mentira*.

Releia os ensinamentos de Jesus mais uma vez e preste atenção:

> Vocês pertencem ao pai de vocês, o diabo, e querem realizar o desejo dele. Ele foi homicida desde o princípio, e não se apegou à *verdade*, pois não há *verdade* nele. Quando ele *mente*, ele fala a sua própria língua, pois ele é um *mentiroso* e o pai da *mentira*. No entanto, vocês não creem em mim, pois lhes digo a *verdade*![36]

Então, vamos recapitular:

1. Para Jesus, existe uma inteligência invisível, mas real, em guerra contra Deus e todas as coisas boas, bonitas e verdadeiras.
2. O *desejo final* do diabo é levar nossas almas e a sociedade à ruína. Destruir o amor.
3. Mas aqui está meu argumento principal: seu *método* é a mentira. Seu estratagema principal — sua atitude mais marcante — é enganar.

Todas as outras coisas — como demonizações, doenças, destruições por meio de desastres naturais, assustar as crianças com pesadelos — estão na Bíblia, e precisamos levá-las a sério. Todas são reais. Posso contar-lhes várias histórias. Mas, de novo, temos uma limitação. Esse assunto poderia preencher facilmente as páginas de um outro livro. Mas ele é secundário.[37]

Jesus vê a nossa principal guerra contra o diabo como uma luta para acreditar na verdade e não na mentira.

O que nos leva à seguinte pergunta inevitável, tão antiga quanto Pôncio Pilatos e ainda um componente da psiquê moderna:

Qual é a verdade?

Ideias, usadas como armas

Que tal um pouco de filosofia? Não sou bem um especialista, então pega leve comigo, mas vamos separar alguns minutos para explorar a natureza da verdade e das mentiras. Parece conteúdo demais, porém, temos a filosofia dentro de nós.

De novo: O que é verdade?

A melhor definição que eu conheço para verdade é "realidade, ou aquilo que corresponde à realidade". É fácil perder-se nas ervas daninhas metafísicas, mas para os nossos propósitos que não são técnicos, a verdade é aquilo em que podemos confiar como real. A cadeira em que estou sentado é realidade. O ar que estou respirando é realidade. Jesus é realidade.

E a melhor definição de *realidade* que conheço é "aquilo com que você se depara quando está errado".

Se você diz: "Eu acredito que posso voar!" e se joga do topo de um prédio de dez andares, a realidade é que você vai se chocar no chão em alguns segundos. Por isso, o clichê "uma dose de realidade".

Quando dizemos que algo é uma mentira, queremos dizer que não corresponde à realidade.

Por exemplo, se você perguntar para os meus filhos (que dividem o mesmo quarto) "Quem deixou a toalha molhada no chão?" e Jude responder "Não fui eu", e Moto retrucar "Você está mentindo!", ele está querendo dizer: "Sua afirmação não corresponde à realidade."

(Juro que esta é uma situação hipotética. Isso nunca aconteceria na casa de um *pastor*...)

Então, a verdade é realidade.

As mentiras são irreais.

Bem objetivo, mas vamos aprofundar mais.

Todos nós vivemos sob o que os psicólogos chamam de mapas mentais da realidade,[1] pontos de referência em nossas mentes pelos quais navegamos o mundo. Neurobiologistas falam sobre como a mente humana está programada para histórias.[2] Sociólogos discutem sobre visão de mundo. Seguidores de Jesus com frequência falam sobre sua fé.

Terminologia diferente, mesma ideia.

Eu realmente aprecio a linguagem dos mapas mentais. Imaginem: literalmente temos mapas mentais, como o caminho de nossas casas até nossos trabalhos. *Pegue a Burnside em direção ao leste, ao longo do rio, até a rua 21, vire à esquerda, cruze a I-84, e depois vire à direita na Tillamook...* Se os seus mapas mentais são verdadeiros, se correspondem à realidade, então entramos em nossos carros ou pegamos um ônibus e alguns minutos mais tarde chegamos ao nosso destino. Mas se os nossos mapas mentais não forem verdadeiros, se *não* corresponderem à realidade, acabamos nos perdendo na distopia da cobertura ruim do celular ou em mapas confusos do Google Maps (uma experiência terrível para todos nós).

Vamos usar uma metáfora: da mesma forma que temos mapas mentais para chegarmos ao nosso trabalho, escolas ou cafeteria favorita, também temos mapas mentais para toda a vida. Mapas para o nosso dinheiro. Nossa sexualidade. Nossos relacionamentos.

Nossos mapas mentais são feitos de um conjunto de ideias. À medida que estamos no modo definição, o filósofo Dallas Willard definiu ideias como "suposições sobre a realidade". Elas são teorias funcionais, normalmente com base em algum tipo de evidência ou experiência, sobre como a vida de fato funciona. Ou no jargão norte-americano, o que nos fará felizes.[3] O trabalho de Willard no livro, *Renovação do Coração,* de transformar a mente mudou completamente a maneira como eu vejo a guerra espiritual. Deixe-me resumir: Vivemos em um mundo de ideias, e todo dia navegamos neste mundo pela fé (mais sobre isso daqui a pouco). Felicidade é uma ideia. Assim como é a democracia, os direitos humanos, a igualdade e a liberdade. Até mesmo a teologia, de que este livro está repleto, é um conjunto de ideias sobre Deus e suas ramificações de longo alcance sobre nós como seres humanos.

E nossas ideias unificam-se para formar um mapa mental pelo qual navegamos na realidade.

Você está acompanhando? Ótimo. Agora, aqui é onde as coisas começam a ficar interessantes. A maravilha do ser humano é a nossa habilidade de manter em nossas mentes ideias que correspondem à realidade *e* outras que não correspondem.

Em outros termos, visualizar o que *é* e o que *não é*.

Isto é o que nos diferencia dos animais. Mesmo que você acredite na explicação evolucionária da origem humana (tenho muitas questões sobre ela), toda a pesquisa recente, que está popularizada em livros como *Sapiens*, de Yuval Noah Harari, agora diz que a visão da evolução, que vemos em alguns adesivos de carro, como uma progressão linear do macaco para o *Homo erectus* para o *Homo sapiens* e para (naturalmente) o humanista secular progressista não é verdadeira. Muitos cientistas agora pensam que todas as espécies de hominídeos estiveram na terra ao mesmo tempo. (Fato interessante: a pessoa típica de ascendência europeia é dois por cento Neandertal.[4]) Harari argumenta que a razão pela qual o *Homo sapiens* acabou como a espécie dominante não foi seu tamanho, sua força ou até mesmo seus polegares opositores; e sim sua *capacidade de imaginar*.[5]

Somos as únicas criaturas que têm a capacidade de imaginar o que não é, mas que poderia ser.

Você percebe, existe um lado negativo no irreal — nossa capacidade de acreditar em uma mentira ou ilusão. Mas também existe um lado positivo — nossa capacidade para a imaginação. É isso que torna possível o milagre da sociedade humana. Podemos visualizar a irrealidade de uma sociedade ideal em nossas mentes e então trabalharmos juntos para torná-la realidade. Podemos construir uma aldeia. Uma cidade. Uma civilização.

Na verdade, isto é o que capacita *toda* a criatividade humana, desde escrever um romance até fazer um bolo, programar um aplicativo, construir um lar, começar um negócio, ou apenas tocar um novo *riff* na sua guitarra. Temos a capacidade de manter em nossas áreas mentais algo que ainda não existe, e então, por meio de nossos corpos, trazer à vida essa irrealidade.

E você achava que estava apenas assando alguns muffins. Na realidade, você estava exercitando sua capacidade humana de pegar uma ideia da sua mente, e usar o seu corpo, para criar uma nova realidade.

Bem radical.

Aqui está o problema: nossa capacidade de manter a irrealidade em nossas mentes é a nossa genialidade, mas também o nosso calcanhar de Aquiles. Porque além de poder imaginar a irrealidade, também podemos acreditar nela. Podemos acreditar em ideias que não são verdadeiras, ou pior, em mentiras.

Como disse Willard certa vez: "Vivemos verdadeiramente à mercê de nossas ideias."[6]

Porque as ideias em que acreditamos e depois deixamos que entrem em nossos corpos dão forma à trajetória de nossas almas. Ou seja, elas moldam como vivemos e quem nos tornamos.

Quando acreditamos na *verdade* — isto é, em ideias que correspondem à realidade — mostramo-nos para ela de tal maneira que prosperamos e florescemos. Nós nos mostramos para os nossos corpos, nossa sexualidade, nossos relacionamentos interpessoais, e acima de tudo, para o próprio Deus de uma maneira que é coerente com a sabedoria do Criador e com as Suas boas intenções para a criação. Como resultado, tendemos a ser felizes.

Mas quando acreditamos em *mentiras* — ideias que não são coerentes com a realidade da criação sábia e amorosa de Deus — e então, tragicamente, abrimos nossos corpos a essas mentiras e as deixamos entrar em nossas memórias musculares, permitimos que um câncer ideológico contamine nossas almas. Vivemos em conflito com a realidade, e como resultado lutamos para prosperar.

Isso porque a realidade não se ajusta às nossas ilusões.[7]

Vamos abordar um exemplo delicado, mas que não podemos simplesmente ignorar, já que é a questão moral principal da nossa geração — sexualidade humana. E lembre-se, enquanto estiver lendo, de que eu não sou um político e sim um pastor. Meu objetivo é conduzir sua alma para Deus, e não induzir a nada. Não espero que secularistas vivam como cristãos. Como disse Paulo: "Pois como haveria eu de julgar os de fora da igreja?"[8] A modificação do Espírito é interior para a crença, e não exterior para a crítica. Não estou tentando criticar a cultura, menos ainda controlá-la; estou tentando fazer florescer uma contracultura.

A revolução da liberação sexual da década de 1960 desencadeou um efeito cascata: a inversão do consenso moral de longa data em torno da promiscuidade (que separou sexo do casamento) agindo em paralelo com o advento do controle de natalidade e a legalização do aborto (que separou o sexo da procriação), que levou à legalização do divórcio (que transformou uma aliança em um contrato e separou o sexo de intimidade e fidelidade), depois para uma cultura de Tinder e de encontros (que separou sexo de romance e transformou em uma maneira de "ter suas necessidades atendidas"). Daí vamos partir para a revolução LGBTQI+ (que separou o sexo do binário masculino e feminino), para a atual onda transgênera (que está tentando separar o gênero do sexo biológico), e o emergente movimento do poliamor (uma tentativa de ir além dos relacionamentos entre duas pessoas). Em meio a essa revolução, as perguntas que ninguém parece fazer são: Isto está nos tornando pessoas melhores? Mais amáveis? Ou até mesmo pessoas mais felizes? Estamos prosperando de uma maneira diferente de antes da nossa "liberação"?

Ninguém está fazendo estas perguntas, muito menos tentando seriamente pesquisar os dados.

São apenas suposições.

Novamente, ideias são *suposições sobre a realidade.*

Mas considere alguns dados de uma pesquisa:

O nível de felicidade tem decaído nos EUA, curiosamente, desde a década de 1960. Embora saibamos que correlação não é causa, temos que admitir que é uma coincidência interessante.

Alguns fatos profundamente desconcertantes relacionados à teoria do apego também devem ser mencionados. Apesar das narrativas culturais que afirmam o contrário, o divórcio é um evento traumático para crianças de todas as idades, e estamos aprendendo que ele está diretamente ligado ao número crescente de pessoas que lutam para desenvolver relacionamentos íntimos e saudáveis na vida adulta.[9] Psicólogos argumentam que a queda do número de pessoas que se identificam como tendo um "apego seguro" está destruindo nossa sociedade.

Considere que o divórcio, citado como um exemplo de libertação do patriarcado, mostrou beneficiar desproporcionalmente os homens.[10]

Ou que aqueles que moram juntos antes de casar têm menos possibilidade de um casamento,[11] mais chances de se divorciar,[12] e com frequência desenvolvem problemas de confiança a longo prazo.[13]

Ou a pesquisa sobre a oxitocina e vasopressina, as duas substâncias liberadas pelo nosso corpo durante o sexo que colocam em operação o nosso sistema de apego e criam um vínculo com a outra pessoa. Parece que quanto mais parceiros sexuais você tiver, menos capacidade o seu corpo tem para criar intimidade.[14]

Ou os dados muito documentados, mas pouco comentados sobre os efeitos do aborto na saúde física e mental das mulheres,[15] levando algumas pessoas a crerem que no futuro a esquerda mudará esse ponto de vista que agora é tão inflexível.

Ou que 25% das crianças passam uma parte de sua infância sem um pai em casa.[16] Evidência esmagadora revela que essa experiência é prejudicial tanto para meninas quanto para meninos.[17]

Ou que a cirurgia de redesignação sexual e a terapia de hormônios para aqueles que se identificam como transgêneros, não beneficia a saúde emocional deles (que é a razão principal por trás disso tudo).[18]

Ou as estatísticas de uma epidemia de vício em sexo pelo Ocidente.

Ou o fato de que a pornografia está se tornando cada vez mais violenta, misógina e cruel, e que agora é uma indústria multibilionária, intencionalmente direcionada para as crianças.[19]

Não importa que enquanto a #metoo estava dominando as manchetes, a trilogia *Cinquenta Tons de Cinza* — uma história sobre a dominação sexual masculina — estava se tornando a série de livros mais vendida da década e uma das maiores bilheterias de filme de todos os tempos.[20]

Não importa o fato de que as incidências de abuso e assédio sexual estão aumentando, e não diminuindo. Estatisticamente, uma a cada quatro mulheres irá vivenciar uma violência sexual em algum momento de suas vidas.

Não importa que a cultura do estupro seja um problema crescente, até mesmo nos campi mais liberais e progressistas das universidades de elite.

Estes fatos são convenientemente deixados de fora da discussão, se *houver* uma.

Eu sou pastor em uma cidade sem limites sexuais. Eu lido com as consequências do Woodstock regularmente. Não estou com raiva; estou triste. Eu me importo com os danos nas almas das pessoas, especialmente das vulneráveis.

Como Mary Eberstadt escreveu em seu livro *Adão e Eva depois da Pílula*:

> Ao contrário da representação convencional, a revolução sexual provou ser um desastre para muitos homens e mulheres; e... o seu peso tem caído sobre os ombros dos mais fracos e humildes da sociedade — e dado força extra para aqueles que já são fortes e que são os maiores predadores.[21]

A "liberação" está cada vez mais se parecendo com escravização.

O problema do crescimento progressivo e devastador do conhecimento milenar acerca do desejo sexual é a *realidade*. A ideia dominante do mundo secular (leia, teoria funcional da realidade) é a de que os seres humanos são animais, que foram simplesmente ajudados pelo tempo e acaso para evoluírem na espécie dominante em nosso planeta; monogamia "não é natural", já que raramente vemos isso em "outros animais". Na verdade, o homem evoluiu para espalhar sua semente para o maior número possível de mulheres visando à sobrevivência da nossa espécie — o jeito da biologia evolucionária dizer que "meninos serão meninos". Em tal matriz de ideia, o consenso predominante é: "Sexo é só uma diversão para os adultos. Qual o problema? É apenas um prazer animal, nada diferente de fome ou sede. Se você visa ao casamento, sem problemas; seja verdadeiro com você. Mas você deveria ao menos morar com o seu parceiro por um tempo para ter certeza de que vai dar certo. E se não der, o mais importante é ser feliz." (Afinal de contas, não há sentido na vida; ela é apenas um acidente glorioso.) E claro que casamento, normas sexuais, e até gênero são todos construções sociais, criados frequentemente por elites que querem manter o poder.

A visão secular de sexualidade e gênero levanta muitos pontos relevantes. O patriarcado tem feito todo o tipo de coisas horríveis às mulheres; negar isso é inconcebível. É repugnante a maneira como as pessoas LGBTQ têm sido tratadas, muitas vezes pelos cristãos. A violência é real, e precisamos agir a fim de pará-la. E a expressão de gênero *muda* de cultura para cultura. O desejo sexual é uma coisa boa, criado pelo próprio Deus. E é essencial para nossa humanidade; somos sexuais antes de sermos pecadores, e devemos celebrar nosso desejo sexual, e não o afastar.

Embora aplauda a defesa de nossa geração por igualdade e dignidade humana, o problema com essa interpretação de pontos de dados da ciência e história é grave: no geral, *não corresponde à realidade,* e a realidade não se adapta aos nossos desejos, sentimentos ou pensamentos incorretos. Portanto, não traz bem-estar e felicidade. Nem pode. Nunca.

O colapso emocional/familiar/social/político e de relações que vivemos há anos agora é uma prova diária do fato de que nossos mapas mentais estão desligados, que estamos cada vez mais sendo levados para um território perigoso.

No meu livro anterior *Garden City* [Cidade Jardim, em tradução livre], digo que a tradição cristã entendeu que a vocação humana é *transformar o caos em ordem*. Para "deixar em ordem" é preciso pegar o caos do planeta e transformá-lo em uma cidade que parece um jardim, onde os seres humanos podem florescer e prosperar nos relacionamentos uns com os outros, com Deus e com o próprio planeta. A palavra que usamos para isso é *cultura*.

Vivemos em um momento fascinante que o sociólogo Philip Rieff chamou de "anticultura".[22] Correntes culturais muito poderosas estão trabalhando ativamente para *transformar a ordem em caos*. Para desfazer a ordem que nos foi transmitida por gerações anteriores.

Para esclarecer, a ideia de "ordem" recentemente tem sido politizada, mas por favor não pense que estou me referindo ao *abuso* da ordem como já exemplificado por meio do racismo sistêmico ou brutalidade da polícia. Não me refiro a isso. Estou me referindo aos caminhos consagrados do ser humano que transpuseram culturas, continentes e gerações e que têm sido transmitidos por milênios para capacitar cada nova geração a viver de acordo com a realidade e prosperar. Muitos desses caminhos foram jogados pela janela, em poucas décadas, com quase nenhuma pesquisa ou ao menos uma exploração honesta para saber se são ou não verdadeiros.

Lembre-se de que o que chamamos de valores tradicionais eram todos radicais quando Jesus os apresentou. Eles foram mais tarde adotados como normas porque foram baseados em uma "visão profunda e altamente sofisticada da natureza humana" e, honestamente, porque funcionam.[23] Quando vivemos dentro da visão de Jesus, prosperamos.

O tempo dirá se a anticultura vai criar um mundo melhor ou destruir aquele que já é frágil. Eu temo a última opção. Infelizmente, no momento em que o Ocidente for forçado a encarar a realidade, provavelmente danos irreparáveis já terão ocorrido na sociedade.

Você não pode simplesmente vencer a realidade no seu próprio jogo. Como disse o filósofo H. H. Farmer: "Quando você vai contra a corrente do universo, você se fragmenta."

A "verdade nua e crua" é que os nossos mapas mentais, a coleção de ideias pelas quais navegamos na vida, podem estar errados. Às vezes, de maneira terrível.

Agora, inspire profundamente...

E expire profundamente...

Vamos incorporar tudo isso a Jesus e Seus ensinamentos sobre o diabo.

É por isso que Jesus chama o diabo de "o pai da mentira". Na verdade, toda aquela seção de João 8 é uma alusão a Gênesis 3, a história de Eva e a serpente. Vamos nos aprofundar nesta história no próximo capítulo. Por enquanto, deixe-me frisar que o diabo não abordou Eva com um M16 ou com um drone militar.

Ele foi até ela com uma *ideia*.[24]

Mais especificamente, com uma *mentira*: "Vocês certamente não morrerão."[25]

M. Scott Peck, no seu livro inovador *People of the Lie*, [Pessoas da Mentira, em tradução livre] chamou o diabo de "um espírito real da irrealidade".[26]

Quando M. Scott Peck aceitou Jesus, por volta dos seus quarenta anos, mudou radicalmente sua visão da realidade. Como um renomado psiquiatra, ele começou a reconsiderar as ideias que anteriormente depreciava, como a do diabo. Então, usou sua mente erudita e formidável instrumento de pesquisa para a questão do mal, especificamente: Como algumas pessoas parecem estar impregnadas pelo mal?

Sua primeira conclusão foi a de que existem pessoas perversas no mundo. Uma pessoa comum ouve isso e pensa: *Bom, isso é claro. Assim como a terra é redonda.* Mas para a comunidade científica, isso foi a quebra de um tabu. A ciência deveria ser objetiva e imparcial; afirmar que alguém é mau é acreditar que o bem e o mal existem. Novamente, senso comum, porém uma heresia científica.

Mas sua segunda e mais interessante conclusão foi a de que a *maneira* como as pessoas se tornam perversas é por meio das mentiras. Sua tese base foi a de que quando as pessoas acreditam em mentiras e as deixam entrar em seus corpos, tragicamente, elas se tornam um tipo de sombra invertida da verdade. Como observou o psicólogo David Benner: "Trata-se menos de contar mentiras e mais de vivê-las."[27]

Por exemplo, suponhamos que você acredite na mentira de que você não é amado — onde quer que você tenha sentido isso na jornada de sua vida: em um relacionamento ruim com seus pais, em uma separação, um fracasso, uma interferência do demônio em sua mente ou em qualquer outro lugar. Então, se deixar essa mentira entrar no seu corpo, na sua neurobiologia, você permite que ela molde o seu comportamento.[28] Por acreditar que não merece amor, você permite que as pessoas o tratem de maneira desrespeitosa ou depreciativa. Ou age de maneiras que são desrespeitosas e depreciativas. Se viver essa mentira durante um tempo, tragicamente, o que era falso começa a *tornar-se verdadeiro*. Consequentemente você se transforma no tipo de pessoa que não merece amor e respeito, e se afasta de todos os relacionamentos que você almeja.

Preciso dizer que, como todas as feridas da alma, *essa também pode ser curada* — por meio de relacionamentos com amor e verdade. De preferência, de relacionamentos de amor com Deus a quem Jesus chamou de Pai e sua família, a igreja, e da verdade da sua identidade como uma filha ou um filho de Deus.

Minha ideia é essa: as mentiras distorcem nossas almas e nos levam à ruína.

Sugiro o debate atual em meu país sobre a liberdade de expressão. Um número crescente de vozes está pedindo restrições à Primeira Emenda. E embora eu esteja firmemente do lado da liberdade de expressão e contra a censura, concordo que as palavras podem ser prejudiciais; ideias podem ser usadas como armas.

Um exemplo muito recente e que ainda está fresco em nossa memória coletiva é a Alemanha Nazista. O que é fácil de esquecer nas muitas paródias da Alemanha do século XX, de *Indiana Jones* a *Jojo Rabbit*, é que, naquela época, a Alemanha estava no auge da civilização do Ocidente, no mesmo nível ou mais à frente do que a Inglaterra, e muito mais à frente dos EUA. Escolha seu indicador favorito: arte, arquitetura, literatura, poesia, universidade, ciência, tecnologia e até mesmo teologia — a Alemanha foi o local de nascimento de Lutero e da Reforma. E ainda assim, algumas décadas depois, toda a sociedade estava totalmente corrompida pelas *ideias*. Ideias sobre raça. Sobre nacionalismo. Sobre Deus. Ideias que levaram a Europa e o mundo para o caos.

Então, sim, ideias podem ser perigosas. Willard acertou ao dizer: "Ideias [são] o primeiro bastião do mal no próprio ser humano e na sociedade."[29] Ideias são mais do que sinapses disparando; como dito por Evágrio há muito tempo, ideias são entidades espirituais que escravizam nossas almas.

Ideias — não tiranos.

Apesar de toda conversa recente sobre os perigos da tirania, esquecemos que a tirania ideológica é um perigo muito maior do que a política. Na verdade, a última é baseada na anterior.

A famosa acadêmica Hannah Arendt, em seu livro fundamental, de 1951, *Origens do Totalitarismo,* disse: "O súdito ideal do governo totalitário não é o nazista convicto ou o comunista convicto, mas as pessoas para quem a distinção entre... o verdadeiro e o falso... já não existe mais."[30]

Ao mesmo tempo, pensando sobre o mundo pós-Guerra Fria, Winston Churchill profeticamente viu além do horizonte e disse: "Os impérios do futuro são os impérios da mente."[31] Ele viu que o futuro seria uma guerra de ideias, e não de bombas.

O correspondente estrangeiro David Patrikarakos, no seu livro *War in 140 Characters: How Social Media Is Reshaping Conflict in the Twenty-*

First Century [Guerra em 140 caracteres: Como a Mídia Social está redefinindo os conflitos no século XXI, em tradução livre] argumenta que as guerras não são mais por territórios, mas por ideologias.

É por isso que os Estados Unidos não podem ganhar a guerra contra o terrorismo. O Jihadismo é uma ideologia. Não se pode lutar contra uma ideologia com um tanque. Na verdade, quando você tenta, apenas joga mais lenha na fogueira.

É por isso também que tantas pessoas de fora do Ocidente estão reagindo contra a tentativa das elites ocidentais de não apenas exportar, mas também impor sua nova visão sexual para o resto do mundo. O Papa Francisco acusou o Ocidente de "colonização ideológica".[32]

Decididamente existem conversas profundas e honestas sobre os efeitos devastadores da colonização nas minorias. De muitas maneiras, os progressistas lideraram essa conversa, e sou muito grato por isso. Porém muitos pensadores, do pastor Timothy Keller à romancista Zadie Smith, notaram que o secularismo e sua ênfase no individualismo, na negação de Deus e na desconstrução da família tradicional são tão (se não mais) destrutivos para as culturas indígenas quanto o imperialismo do século XIX.[33] Meu amigo (e analista cultural) Mark Sayers chamou isso de: "Supremacia do Ocidente". Impor *a cultura branca* no mundo é algo rapidamente condenado. Mas para alguns, impor o *ocidentalismo* (especialmente ideias sobre sexualidade e gênero) no mundo não é apenas certo, mas virtuoso.

Você vê a contradição?

Como pastor, converso com uma variedade interessante de pessoas de todo o espectro sociopolítico. Durante os últimos anos, tenho visto pessoas, de direita ou de esquerda, tornando-se prisioneiras de ideologias. Isso entristece meu coração. Ideologia é uma forma de idolatria. É uma tentativa secular de encontrar um sentido metafísico para a vida, um meio de introduzir a utopia sem Deus. A melhor definição que eu conheço de *ideologia* é quando você pega uma parte da verdade e a transforma em um todo. Ao fazer isso, você aprisiona sua própria mente e o coração nas mentiras que levam você à raiva e à ansiedade. Ela promete liberdade, mas gera o oposto. Não expande e liberta a alma, em vez disso a escraviza e a diminui.

Mas talvez eu esteja nos levando para o caminho errado. É fácil apontar as mentiras da ideologia que representam a guerra de cultura. A maioria das mentiras que encontramos não vão parar nas manchetes ou em debates no Twitter.

- É o homem adulto que foi censurado pelo pai e começa a acreditar que *só serei bom se tiver sucesso no trabalho.*
- É a menina adolescente que, ao se comparar com a miragem do Instagram, passa a acreditar que *é feia e não merece amor.*
- É o pastor que era uma criança cheia de energia, regularmente repreendida por seus pais, que agora acredita que *é uma má pessoa.*
- É o empresário cujo negócio anterior faliu após a traição do seu sócio, e agora acredita que *tudo o que faz fracassará.*
- É a mulher de meia-idade que foi criada por uma mãe perfeccionista colérica e décadas mais tarde ainda acredita que *precisa ser perfeita para ter paz.*

Eu mudei os detalhes para manter o anonimato, mas esses não são exemplos hipotéticos. Eles são uma pequena amostra de milhares de histórias de pessoas que confiaram em mim como pastor.

Não existe uma alma que eu conheça que não esteja vivendo, em algum nível, escrava das mentiras.

Enfrentar as mentiras em que passamos a acreditar pode ser apavorante. Como disse T. S. Eliot: "A raça humana não pode suportar muita realidade." As ilusões a que nos agarramos tornam-se parte de nossa identidade e, com ela, nossa segurança. Elas nos fazem sentir seguros mesmo que nos aprisionem no medo. Arrancá-las do húmus da nossa alma pode ser torturante. Como afirmou David Foster Wallace: "A verdade liberta. Mas não antes de acabar com você."[34] Apenas ficando cara a cara com a realidade do jeito que ela *realmente* é diante de Deus, é que encontramos paz.

Tudo isso para dizer...

Mentiras, que vêm na forma de ideias enganosas, são o principal método do diabo para escravizar seres humanos e sociedades inteiras em um círculo vicioso de ruína que nos conduz cada vez mais a leste do Éden.

É por isso que Jesus veio como um rabino, ou professor.

O que é um professor? Um narrador das verdades. Um cartógrafo moral. Os professores nos dão mapas mentais para a realidade. E ao fazerem isso, libertam-nos para vivermos de acordo com o funcionamento real da vida.

Quando Jesus disse: "E conhecereis a verdade, e a verdade vos libertará", Ele estava dizendo ao mesmo tempo que nós somos escravizados pelas mentiras. Estamos presos na tirania de falsas ideias sobre a realidade que mantém nossas almas e sociedades reféns do sofrimento e da dor. Como mais à frente disse Paulo, o diabo "[nos] aprisionou para fazermos sua vontade".[35] Jesus veio para nos libertar com a arma da verdade.

Foi dessa forma que Jesus foi capaz de vencer o diabo sem o uso da violência. Quando ele estava diante de Pilatos sendo julgado, Jesus foi questionado se Ele era o Rei. Sua resposta foi tão genial quanto enigmática: "Tu dizes que eu sou rei. *Eu para isso nasci, e para isso vim ao mundo, a fim de dar testemunho da verdade.*"[36]

Em resposta, Pilatos, com uma visão que encontraria seu pleno desenvolvimento em filósofos franceses do século XX como Michel Foucault, retrucou: "O que é a verdade?"[37]

Note que, para Jesus, a verdade era algo que podia ser *conhecido*. "Você *conhecerá* a verdade, e a verdade o libertará." Isso parece um pouco estranho para nós. Já que muitos de nós fomos ensinados que seguir Jesus não se trata de conhecimento, trata-se de fé. E que conhecimento e fé são opostos.

Certo?

Não exatamente.

Agora estamos entrando no que Dallas Willard chamou de "o desaparecimento do conhecimento moral".[38] Publicado postumamente à sua morte inesperada, seu livro que leva o mesmo nome foi sua maior contribuição para a filosofia.

Permitam-me resumir a tese de Willard antes de terminar esse capítulo. Conforme o Ocidente foi sendo secularizado, os pontos centrais da autoridade foram transferidos de Deus, das Escrituras e da Igreja para a tríade baseada no Iluminismo da ciência, pesquisa e universidade. Então, essa sede da autoridade secular redefiniu o que podia ser conhecido (coisas como matemática e biologia, e não coisas como certo, errado e Deus). Ao fazer isso, convenientemente, transferiu assuntos como religião e ética para o domínio da crença, que muitas pessoas consideram como opinião, sentimento ou apenas uma autoilusão.[39] À medida que o mundo foi sendo globalizado e nos tornamos mais conscientes de outros pontos de vista religiosos, os ocidentais começaram a ver a religião apenas como um conjunto de opiniões para fins privados e terapêuticos, e não como algo que pode ser conhecido. Algumas pessoas, seguidoras de pós-modernistas como Foucault, chegaram a ponto de declarar que o conhecimento — ou a própria verdade — é uma forma de opressão.

No meu país, essa mudança é mais evidente na separação da igreja e do estado. Originalmente visando manter o estado fora da igreja, no decorrer dos séculos essa ideia foi transformada.[40] Agora a maioria dos norte-americanos considera que a questão é manter a igreja fora do estado; ou seja, a religião é um assunto privado e não tem lugar na esfera pública. Diga isso aos fundadores da nossa nação ou de grande parte das universidades que adornaram seus prédios administrativos e acadêmicos com as citações das Escrituras e referências em latim à "verdade" (*veritas*) e "virtude" (*virtus*).

Esse novo contexto supõe que coisas como teologia, ética, sentido da vida etc. não podem ser conhecidas. Se acreditássemos que nossa fé em Jesus se baseava no conhecimento da realidade, não haveria mais discussão sobre a separação da igreja e do estado, do que há da biologia e estado, da álgebra e estado ou engenharia de estruturas e estado.[41]

Não me interprete mal. Não estou, nem remotamente, defendendo a versão cristã das leis da Sharia ou algum código levítico imposto pelo governo. Sim, minhas crenças são mais profundas, mas acredito firmemente em leis antidiscriminação. Vivemos em uma nação pluralista, que respeito, e da qual até mesmo gosto. Deixe-me dizer de novo: Não tenho aqui uma agenda política: minha preocupação é com os discípulos de Jesus. Meu "compromisso" é fortalecer sua fé nos mapas mentais de Jesus como realidade.

Meu objetivo é: fomos ensinados — e às vezes, a igreja tem ajudado e apoiado o secularismo aqui — que ideias religiosas tais como o bem, o mal e Deus não podem ser conhecidas; elas só podem ser tomadas pela fé. Mas para Jesus e os autores das Escrituras, *a fé é baseada no conhecimento*. É um tipo de confiança profunda em Deus que é fundamentada na realidade.

Porém, não é dessa forma que muitos seguidores de Jesus no Ocidente abordam os evangelhos ou as Escrituras no geral. Às vezes, vamos nos deparar com um artigo onde pesquisas provam a verdade de algo da Bíblia, como um que li recentemente sobre a fala de Jesus: "Mais bem-aventurado é dar do que receber."[42] (Resumindo: quanto mais generoso, mais feliz você é.) E pensamos, *legal, agora sabemos que é verdade*. A suposição é que, antes só acreditávamos, e agora sabemos. Nos meus ensinamentos, cada vez mais tenho que recorrer à pesquisa das ciências sociais, porque cada vez menos pessoas veem as Escrituras do Novo Testamento como confiáveis e verdadeiras. Eu aprecio as ciências sociais e estou feliz por encontrar pessoas onde elas estão, mas até que confiemos em Jesus e nos Seus biógrafos como guias precisos da realidade, permaneceremos em um tipo de estagnação intelectual.

Os autores da Bíblia não viam como opinião ou conjectura coisas como: com quem dormimos, como devemos gastar o nosso dinheiro e até a ressurreição de Jesus dos mortos. Eles as viam como realidade. Essa é uma das diferenças mais marcantes entre os evangelhos de Jesus e outras grandes religiões do mundo. Mais do que qualquer outra forma de espiritualidade, o Novo Testamento é baseado em fatos da história. A Bíblia está repleta de datas, épocas, nomes e lugares. Os quatro evangelhos não são mitologia, mas história.

Os autores das Escrituras constantemente advogam por uma fé que não é *oposta* ao conhecimento, mas *fundada* no conhecimento.[43]

Jesus definiu a vida eterna como forma de conhecimento: "E a vida eterna é esta: que *conheçam* a ti, como único Deus verdadeiro, e Jesus Cristo, a quem enviaste."[44]

Paulo escreveu: "Eu *sei* em quem eu tenho crido"[45] e rezado para que nós tenhamos "*conhecimento* do mistério de Deus, que é Cristo, em quem estão ocultos todos os tesouros da sabedoria e do *conhecimento*".[46]

Pensamos na fé como algo para pessoas religiosas, mas *todos nós vivemos pela fé*. Ter fé em algo é simplesmente viver como se fosse verdade. Significa colocar a sua confiança em algo ou alguém e permanecer fiel àquilo.

A questão não é: Você tem fé? Mas em *quem* ou *no que* você tem fé?

Jesus e os autores das Escrituras queriam que você tivesse fé nEle e nos Seus ensinamentos — uma fé que é baseada no *conhecimento* da realidade.

Jesus e os autores das Escrituras também reconheceram que a reivindicação de ter o conhecimento da verdade não implica em arrogância e nem leva ao caminho da tirania, ao contrário da opinião popular. Acabo de descer de um Uber em que meu motorista, um cristão não praticante, começou um discurso crítico de dez minutos sobre como ele não sabe mais no que acreditar, terminando em um tom de sermão: "Quem sou eu para dizer a alguém que Jesus é o Filho de Deus? Como se eu estivesse certo e os outros errados? Eu jamais imporia o meu ponto de vista para outras pessoas."

Por um lado, eu compartilho de sua precaução em impor a sua visão de realidade para outras pessoas; por outro lado, ninguém nunca adotaria essa lógica em uma ideia que fosse considerada uma forma de conhecimento. Ninguém jamais diria: "Quem sou eu para dizer que a terra é redonda? Ou que cinco mais cinco são dez? Ou que fumar faz mal à sua saúde?" Na verdade, não temos nenhum problema em dizer para as pessoas que amamos que elas estão erradas, porque confiamos que isso vai contribuir para sua felicidade.

Quando as pessoas dizem, como ocorre frequentemente: "Todas as religiões são iguais", o que estão dizendo na verdade é que nenhuma religião tem o conhecimento da realidade. E, por isso, nenhuma delas deve ser levada seriamente como guia para a vida.

Todas as religiões *não* são iguais. Sim, elas concordam em muitas coisas, e deveríamos prestar mais atenção a esses denominadores em comum, já que eles provavelmente são indicações para a realidade. Mas também diferem em muitos pontos.[47] Afirmar o contrário é desonrar as religiões e as culturas onde nasceram, é praticar uma forma de supremacia do Ocidente, que nada mais é do que a atualização, neste novo milênio, da velha escola do imperialismo europeu.

Mesmo a ideia de que Deus é amor não é uma ideia universal. Os seguidores de Jesus acreditam em Deus como uma comunidade trinitária da total doação do amor, já os muçulmanos e judeus concebem Deus como uma entidade única. Os hinduístas possuem um vasto panteão de deuses e deusas, sendo toda a individualidade uma ilusão. Os budistas não consideram Deus como um tipo de ser pessoal, mas meramente um estado de consciência que alcançamos por meio da Senda Óctupla. Os indígenas com frequência veem Deus na natureza, ou até mesmo como a própria natureza.

Estas são visões bem contraditórias de "Deus".

Sim, mas é como os cegos e o elefante. Cada religião vê apenas um aspecto diferente da realidade.

Claro que até certo ponto, mas este é exatamente o meu ponto: a metáfora tão usada dos cegos e do elefante *presume que todos nós somos cegos*.[48] Jesus faz a afirmação contrária. Que Ele é a "luz do mundo".[49] Que foi enviado pelo Pai para "pregar liberdade aos cativos e restaurar nos cegos a visão".[50] Luz, naquela época e agora, é uma metáfora para a iluminação vencendo a ignorância.

Jesus e os autores do Novo Testamento não viam a fé como um salto cego na escuridão. Para eles, é um estilo de vida de permanente confiança e lealdade a Jesus, com base em seu conhecimento da realidade.[51] Como disse de maneira tão eloquente o intelectual Quaker Elton Trueblood durante sua passagem pela Universidade de Stanford: "Fé... não é crença sem prova, mas confiança sem reservas."[52]

Tudo isso para dizer que, é por isso que Jesus veio como um professor e porque regularmente pede aos Seus aprendizes: "Arrependei-vos e crede no evangelho."[53] Arrepender e crer simplesmente significam repensar seus mapas mentais sobre o que você acha que o levará a uma vida feliz e confiar nos mapas de Jesus.

As ideias têm poder apenas quando acreditamos nelas. Ouvimos todos os tipos de ideias diariamente, algumas brilhantes, outras ridículas, mas elas têm zero efeito em nós, a menos que comecemos a acreditar nelas como mapas precisos da realidade. A partir desse momento, elas são animadas por um tipo estranho de energia e autoridade que começa a liberar vida ou morte em nossos corpos.

O que significa que ser aprendiz do Rabino Jesus é mais do que apenas se matricular como um estudante para uma aula diária no seu master class da vida. Também é alistar-se como soldado e participar da sua luta para acreditar na verdade em vez de nas mentiras.

Então, meu caro leitor, por quais mapas mentais você navega na realidade? Em quais ideias você confia? Atualmente você acredita em algumas mentiras?

Mentiras sobre o seu corpo ou sexualidade?

Mentiras sobre se você é ou não o objeto do amor e afeição de Deus?

Sobre seu passado?

Sobre se há ou não esperança para o seu futuro?

Mas estou me adiantando...

Antes que possamos responder honestamente a essas questões, existe mais um problema que precisamos abordar, e é complicado: as melhores mentiras são aquelas que achamos que são verdades.

Dezinformatsiya

A Rússia estava novamente nos noticiários.

Enquanto escrevo isso, um aplicativo pouco conhecido que envelhece as pessoas em algumas décadas explodiu em popularidade. Para conseguir seus quinze minutos de fama (na verdade, uma semana), era tudo que as pessoas postavam no Instagram. Agora eu sei como todos os meus amigos serão daqui a 50 anos.

Descobrimos que meu amigo Dave é um duende: ele se parece o mesmo aos 70 anos.

Já, eu, agora um modelo de beleza, vamos ver... não termino muito bem. (Nota: Estou apenas brincando sobre a parte "modelo de beleza".)

Então descobriu-se que o FaceApp na verdade é administrado pelos russos (e não qualquer russo, *os* Russos). O aplicativo está armazenando um monte de dados dos usuários para fins desconhecidos e provavelmente maldosos.[1] Bem, talvez. Ninguém sabe ao certo.

Os russos têm uma longa tradição na arte do engano.

Durante a Guerra Fria, os russos cunharam o termo *dezinformatsiya* para representar a sua nova forma de subterfúgio, que está registrada em nosso vocabulário como *desinformação*. A KGB começou a inundar o mundo com mentiras, meias verdades e propaganda, colocando espiões de alto nível em cargos importantes na mídia, no jornalismo e no entretenimento do Ocidente, em parte para promover sua agenda, mas em parte para desequilibrar o Ocidente. Para nos distrair, drenar nossa energia, e, o mais importante, ocultar as atividades da Rússia por trás da Cortina de Ferro.[2]

Garry Kasparov, o ex-campeão mundial de xadrez e defensor da democracia russa, mas que agora vive exilado na Croácia opinou: "O objetivo da propaganda moderna não é apenas desinformar ou impulsionar uma agenda, é esgotar o seu pensamento crítico, *aniquilar a verdade*."[3]

Eu acho a recente incursão da Rússia na desinformação digital uma metáfora apropriada para os ataques do diabo contra a verdade.

O termo *guerra espiritual* na verdade não foi usado por nenhum dos autores do Novo Testamento. O que não é algo ruim, ele apenas facilita a importação de nossas próprias ideias (às vezes, falhas) para ele. Exemplo disso: Quando ouvimos *guerra espiritual*, a maioria de nós pensa em algo como a Segunda Guerra Mundial, onde os exércitos de grandes Estados-nações lutaram no ar, na terra e no mar. Mesmo quando imaginamos uma guerra antiga, visualizamos um tipo de cenário como os de J. R. R. Tolkien, com dois exércitos iguais e colossais, frente a frente, em uma vasta planície, prontos para a batalha.

Mas essas imagens nem remotamente se encaixam com o que as Escrituras têm a dizer sobre nossa luta com o diabo. Na teologia bíblica da guerra espiritual, o diabo *já tinha sido derrotado* por Jesus na cruz. Paulo disse sem meias-palavras: "Fez deles um espetáculo público, triunfando sobre eles na cruz."[4] No contexto, "eles" são o demônio e sua horda de espíritos rebeldes. Nossos ancestrais espirituais chamaram isso de *Christus Victor* (Latim para "Cristo o vencedor"), e muitos deles viram a derrota do diabo como a primeira, embora não a única, consequência da cruz e da ressurreição.[5]

Então, livre-se da sua imagem de guerra de *O Resgate do Soldado Ryan* ou de *O Senhor dos Anéis*. Em vez disso, imagine um hacker russo escondido em São Petersburgo, programando robôs e algoritmos com base nos dados coletados do Facebook, Google, e dos núcleos corporativos do "capitalismo de vigilância".[6] Esses algoritmos podem funcionar quando você está mais emocionalmente vulnerável e suscetível à manipulação, então trazem à baila uma notícia com carga emocional, um alerta, ou um link no seu *feed* na hora certa para aproveitar-se do seu medo ou desejo e direcionar você para a visão, opinião ou comportamento desejado.[7]

Ou imagine a guerra civil na Síria — multipolar, mais lados do que conseguimos imaginar, protagonistas mudando de lado constantemente, países como os EUA e a Rússia ajudando e sendo cúmplices das sombras, táticas de insurgência na linha de frente, combates de casa em casa — deixando para trás uma onda de anarquia e refugiados.[8]

Os teóricos militares estão chamando a guerra do século XXI de guerra suja ou assimétrica. As guerras convencionais das eras antigas eram muito mais simétricas, entre oponentes relativamente iguais.

Normalmente havia um vencedor e um fim óbvio para a guerra. Esses dias acabaram. Agora, as guerras são entre grandes Estados-nações, como os EUA, e os pequenos grupos jihadistas ou hackers online. De que adianta um caça F-22 Raptor contra um tweet? Ou um Humvee (veículo militar) com uma metralhadora ponto 50 contra um extremista religioso?

Guerra suja é uma metáfora muito mais adequada à nossa luta espiritual. Não estamos enfrentando o equivalente espiritual à máquina de guerra alemã no último século. É mais parecido com robôs, *"deepfakes"*,[9] a insurgência de dispositivos explosivos improvisados, e confrontos de rua em Houston entre "Parem a Islamificação no Texas" e "Salve o Conhecimento Islâmico" que, na verdade, foi organizado por espiões russos pelos anúncios do Facebook.[10]

É uma guerra entre verdade e mentiras.

A ascensão meteórica de teorias da conspiração como a QAnon está dilacerando famílias e até mesmo igrejas. Fake news e jornalismo altamente tendencioso (dos dois lados) aumenta a desconfiança latente das pessoas em relação à autoridade. O ataque do diabo contra a verdade está criando caos na cultura, como um todo, não apenas na igreja.

Quando o presidente Obama sentou-se com David Letterman no programa *O próximo convidado dispensa apresentação*, a frase que todo mundo comentou foi: "Um dos maiores desafios que temos na nossa democracia é o grau em que não compartilhamos uma base comum dos fatos."[11]

É claro, que ele estava se referindo ao seu sucessor, o presidente Donald J. Trump. O *The Washington Post* (conhecido como um jornal de esquerda e dificilmente uma fonte imparcial) calculou que Trump fez 2.140 afirmações falsas ou enganosas no seu primeiro ano como presidente, uma média de 5.9 por dia.[12] Esse número *aumentou* durante o seu período como presidente, transformando-se na Grande Mentira, que abriu caminho para a invasão do Capitólio.

Independentemente de sua inclinação política, com certeza você concorda que integridade é crucial para manter uma nação unida. E antes que você pense, não estou defendendo de maneira sutil os políticos de esquerda, juro que não é isso. Por favor, não façam suposições sobre mim, porque sou de Portland. Pessoas de todos os lados políticos ficaram confusas com a falta de honestidade do presidente Trump.

O senador republicano Jeff Flake disse no ano em que o presidente foi eleito: "Foi o ano em que vi a verdade — objetiva, empírica, baseada em evidências — sendo mais surrada e abusada do que em qualquer outro ano na história do país, nas mãos da figura mais poderosa de nosso governo."[13]

A RAND Corporation, uma *think tank* sem fins lucrativos de direita e pró-militar, cunhou o termo *deterioração da verdade* para nomear o nosso momento cultural.[14] Desde então, *fatos alternativos* entraram no vocabulário dos Estados Unidos.

Este é um câncer da integridade que infecta os dois lados, a direita e a esquerda. Em seu livro esquerdista de denúncia do governo de Trump, *A morte da verdade,* a ex-crítica de livros do *New York Times*, Michiko Kakutani, foi ao menos honesta em admitir que essa guerra contra a verdade não começou com a direita e com o presidente Trump ou no site Breitbart News, mas muitos anos antes, com os filósofos franceses como Foucault e Derrida. Esses líderes pensadores com tendências esquerdistas espalharam as ideias do pós-modernismo e relativismo moral no sistema nervoso do mundo acadêmico norte-americano. Isso deu início a um movimento universitário em direção a uma sociedade pós-verdade, em que toda a verdade se torna relativa, ou pior, uma forma de opressão que precisa ser derrubada.[15]

Agora nossas crianças estão crescendo no resultado da desconstrução.

O renomado crítico social David Foster Wallace, em uma entrevista arrepiante antes do seu trágico suicídio, resumiu de maneira muito bonita o nosso momento atual:

> O que tem sido transmitido desde o auge do pós-modernismo é sarcasmo, cinismo, um tédio obsessivo, suspeita de todas as autoridades, suspeita de todas as restrições de conduta, e uma terrível inclinação por diagnósticos irônicos e desagradáveis, em vez de uma ambição, não apenas de diagnosticar e ridicularizar, mas de redimir. Você tem que entender que essa coisa tem permeado a cultura. Tornou-se nossa linguagem, estamos tão dentro dela que nem vemos que é apenas uma perspectiva, das muitas formas possíveis de se ver. A ironia pós-moderna tornou-se o nosso contexto.[16]

O nosso novo contexto é aquele em que uma batalha está se alastrando entre verdade e mentiras, e a verdade está perdendo. Desinformação — ou na linguagem das Escrituras, engano — está na raiz de quase todos os problemas que enfrentamos na nossa sociedade e em nossas almas.

Novamente, exemplos vindos de guerra cultural podem apenas desencadear mais tribalismo. As mais comuns — e com frequência mais perigosas — as mentiras que estão dentro de nossa própria cabeça.

- *Não confio na minha esposa, ela vai me trair, assim como minha mãe traiu meu pai.*
- *Coisas boas não acontecem comigo, então para que tentar ser bem-sucedido?*
- *Tudo que eu digo ou faço deixa as pessoas contrariadas.*
- *Meus melhores dias ficaram para trás.*
- *Se alguém me conhecer de verdade, vai me rejeitar.*

Esses tipos de mentiras nos perseguem independentemente de nossas tendências políticas. Elas são bipartidárias e brutais.

E nesse momento cultural de deterioração da verdade eu considero, mais do que nunca, os ensinamentos de Jesus sobre o diabo e as mentiras algo plausível, revelador e irrefutável. Jesus e os apóstolos nos advertem repetidas vezes sobre os perigos das mentiras, do engano, da falsa doutrina, e dos falsos professores que são lobos em pele de cordeiro.

Em um dos Seus últimos ensinamentos, Jesus adverte Seus aprendizes: "Cuidado, que ninguém os engane." Então Ele alertou sobre os "falsos profetas" que "iriam enganar muitos" e "devido ao aumento da maldade, o amor de muitos esfriará",[17] indicando a realidade em que vivemos hoje.

Os autores do Novo Testamento seguiram as advertências de Jesus com mais de *quarenta* delas sobre o engano, especialmente nas áreas da imoralidade sexual e falso ensinamento. Aqui estão apenas alguns exemplos:

> Não se deixem *enganar*.[18]
>
> Eu lhes digo isso para que ninguém os *engane* com argumentos aparentemente convincentes.[19]
>
> Contudo, os perversos e impostores irão de mal a pior, *enganando e sendo enganados*.[20]
>
> Houve um tempo em que nós também éramos insensatos e desobedientes, *enganados* e escravizados por toda a espécie de paixões e prazeres.[21]
>
> O que receio e quero evitar é que, assim como a serpente *enganou* Eva com astúcia, a mente de vocês seja corrompida e se *desvie* de sua sincera e pura devoção a Cristo.[22]
>
> Filhinhos, não deixem que ninguém os *engane*.[23]
>
> Paulo escreve sobre aqueles que "trocaram a verdade de Deus pela mentira" e pessoas que "suprimem a verdade por sua maldade".[24]
>
> Judas adverte sobre falsos professores que "têm se infiltrado dissimuladamente no meio de vocês... que transformam a graça de nosso Deus em libertinagem".[25]
>
> Em Apocalipse, a trindade ímpia do apocalipse são mestres da desinformação: o falso profeta e o anticristo "enganam", "iludem" e "desviam" as nações.[26] O próprio satã "engana todo o mundo".[27]

Vocês estão entendendo o quadro geral? Para Jesus e os primeiros professores da Sua jornada, o engano era o problema mais importante.[28]

No entanto, raramente, ouvimos alertas como estes nos dias de hoje, exceto vindos de fundamentalistas, que raras vezes lidam com as mentiras de maneira calma e racional e as mostram como irreais, em vez disso, gritam em alto-falantes em uma retórica cheia de desprezo, em vez de compaixão.

Raramente você vê esse tom de raiva em Jesus, e quando vê, é sempre direcionado aos líderes religiosos, que carregavam uma culpa singular no estado espiritual de Israel. Você vê Jesus dizendo coisas duras com frequência — coisas desconfortáveis, malquistas, o tipo de coisa que consequentemente O matou. Mas na maioria das vezes, Seu tom era carinhoso e sábio. Embora a definição popular do Ocidente para o amor seja não discordar das pessoas, Jesus discordava das pessoas constantemente, *por* amor.

Isso porque Jesus e os autores do Novo Testamento trabalharam com essa convicção fundamental: o engano está ligado à tentação, a tentação à escravidão do pecado, e é a verdade que vai te libertar.

Pense nisso: o diabo não pode nos fazer nada enquanto formos seguidores de Jesus.[29] Temos que escolhê-lO. Para nos fazer optar pelo mal, nosso inimigo tem que nos enganar para seguirmos por um caminho que não foi o definido por Jesus, *fazendo-nos acreditar que nos levará à felicidade*. A sua forma principal de fazer isso é por meio da ilusão.

Uma maneira de pensar nas tentações é ver todas como um apelo para se acreditar na mentira, acreditar em uma ilusão sobre a realidade.

E agora estamos chegando na tese central deste livro.

Aqui está novamente: o estratagema principal do diabo para levar a alma e a sociedade à ruína são *ideias enganosas que alimentam desejos desordenados, que são normalizados em uma sociedade pecaminosa.*

Ideias Enganosas	▶	Desejos Desordenados	▶	Sociedade Pecaminosa
(o DIABO)		(a CARNE)		(o MUNDO)

Afirmei enfaticamente que o diabo é um mentiroso.

Agora, também preciso afirmar que ele mente muito bem. O diabo é um mestre manipulador. Ele é muito mais inteligente do que pensamos, você pode apostar que, se sabemos o que é preciso para criar uma boa mentira (um paradoxo, se é que já existiu um), ele também sabe.

Ele sabe muito bem que...

1. as mentiras mais eficazes são aquelas que na maior parte são verdadeiras. Aqui um pequeno conselho gratuito para aqueles que querem se desenvolver na arte da enganação: conte uma história em que 95% do que você diz seja exato, mas dê destaque aos 5% que são imprecisos.

2. as próximas mentiras mais eficazes são aquelas que são verdadeiras, porém não completamente. Elas são um lado de uma conversa bilateral ou uma simplificação excessiva da realidade complexa da vida. Preste atenção nas respostas "Sim, *mas...*" ou "Sim, *e...*" réplicas em um debate.

Mesmo se aceitarmos que existe um diabo e que ele é um mestre manipulador, isso ainda não explica quão facilmente caímos em suas mentiras *mesmo quando são desmascaradas como falsas.*

Este enigma é especialmente desafiador se você vem de uma visão de mundo Iluminista, que afirma que os seres humanos são eus racionais e autônomos. Mesmo que as ciências sociais tenham detalhadamente desmascarado essa suposição, ela ainda vive no imaginário popular. Preferimos pensar sobre nós mesmos como individualistas racionais, do que como criaturas sociais, emocionais, relacionais e facilmente manipuláveis, que na verdade é o que somos.

O maior especialista no mundo em mentiras é Dr. Timothy Levine. Ele passou anos conduzindo centenas de entrevistas com todos, desde policiais até agentes da CIA. Sua conclusão: mesmo os seres humanos mais inteligentes são *terríveis* para detectar mentiras. Por meio de sua pesquisa, Levine desenvolveu a Teoria do Pressuposto da Verdade (TPV) para explicar que os seres humanos pressupõem a verdade. Presumimos que alguém está dizendo a verdade, a menos que tenhamos evidências que provem o contrário.[30]

O jornalista Malcom Gladwell resumiu TPV assim:

> Em outras palavras, não nos comportamos como cientistas ponderados, reunindo aos poucos evidências da verdade ou da falsidade sobre algo, antes de chegarmos a uma conclusão. Fazemos o contrário. Começamos acreditando. E *paramos* de acreditar apenas quando nossas dúvidas e receios aumentam a ponto de não podermos mais explicá-los.[31]

Ok, então somos facilmente enganados. Isso é uma boa informação.

Dezinformatsiya

Mas ainda não explica *por que* escolhemos acreditar em uma mentira mesmo quando tantas evidências estão contra ela. Agora é hora de falar sobre os nossos desejos desordenados na tese acima.

A razão pela qual a campanha de dezinformatsiya do diabo é tão bem-sucedida, mesmo quando se depara com os contrastes da realidade, é o que representa aquilo que os autores do Novo Testamento chamaram de nossa carne. Vamos falar sobre a carne na parte 2, mas por enquanto, pense nisso apenas como um espaço reservado para nossos instintos básicos e animalescos.

As mentiras do diabo não são apenas fatos aleatórios falsos sem valor emocional.

Psiu. Ei, você, cristão, Elvis ainda está vivo. Acredite.

Tudo bem, quem se importa. Isso não tem nenhuma influência emocional na minha vida. Uma olhada rápida no Google e minha mente pode facilmente classificar essa história na categoria mentira.

Mas que tal esta?

Ei, você merece ser feliz, vamos encarar: faz tempo que você não está feliz no seu casamento. Sua esposa não é o tipo certo para você. Acontece. Você se casou muito cedo, não estava pronto, e esse casamento não era o que você esperava. Mas se você se divorciar dela, eu garanto que existe alguém que combina melhor com você e que fará você feliz.

Esta é apenas uma evidência de um golpe. Uma busca superficial sobre relacionamentos de longo prazo no Google vai expor o humor sombrio nisso,[32] mas por estar vulnerável, ele toca fundo na ferida na minha alma, onde estou dilacerado. Uma parte de mim quer honrar minha incrível esposa e permanecer fiel aos meus votos de casamento, deixar o poder da aliança do casamento me moldar em um homem que é cada vez mais livre das minhas necessidades de conseguir o que quero. Mas outra parte de mim — minha carne — quer apenas viver a vida fácil e boa, buscando a fantasia do sexo e do romance além do casamento.

Como pode imaginar, apenas alguns teóricos da conspiração caem no tipo de mentira do Elvis, mas muitos de nós estão vulneráveis para cair na segunda.

Como pastor, eu tenho assento na primeira fila para assistir ao antes e ao depois de quando uma mentira entra em uma alma, e não quero assustar você, mas é de embrulhar o estômago. Eu uso o exemplo do "você será mais feliz se conseguir um divórcio" porque é muito comum. Eu vejo isso toda hora. Embora cada casamento tenha a sua própria história, eu assisto a tantas pessoas iniciarem um divórcio com o desejo de serem felizes, mas acabam ainda mais infelizes. Muitas delas levam essa culpa para o túmulo.

Você percebeu, ninguém peca por dever ou disciplina. Ninguém acorda de manhã e diz: "Ah, é terça, 7h da manhã — hora de ver pornografia. Na verdade, não quero, mas é a coisa certa a fazer. Li *Hábitos Atômicos*, de James Clear, e me comprometi a me tornar um tipo de pessoa lasciva. A construção de hábitos é a chave se um dia eu quiser desenvolver o meu sonho de longo prazo de infidelidade em série, e minha baixa capacidade para intimidade."

Não, claro que não.

Nós pecamos porque acreditamos em uma mentira sobre o que nos fará felizes.

Inácio de Loyola, o fundador da ordem jesuíta, é conhecido por ter definido pecado como "relutância em acreditar que Deus quer para mim apenas a minha felicidade mais profunda". É por isso que o alvo principal do diabo é a nossa confiança em Deus e na Sua verdade que vem até nós por meio das Escrituras. Se ele pode nos fazer duvidar de Deus, e em vez disso, acreditarmos na nossa própria intuição como uma bússola certeira para a boa vida, ele nos terá. Conclusão da ironia, o pecado sabota nossa capacidade para a felicidade *ao apelar para o nosso desejo por felicidade dado por Deus* por meio de ideias enganosas.

Mas como distinguir o que é fato e o que é ficção conforme navegamos no bazar estonteante de ideias que é o mundo moderno?

Aqui é onde os ensinamentos de Jesus sobre o diabo como o pai das mentiras é incrivelmente útil. O que é fácil passar despercebido para um leitor da Bíblia moderno e não judeu é que, quando Jesus disse aos fariseus "Vocês pertencem ao pai de vocês, o diabo", ele se referia a uma história bem conhecida para expor sua ideia: a da serpente e da Eva.

Infelizmente, muitos ocidentais moderninhos (especialmente aqueles, como eu, que são mais céticos por natureza) acharam que o Jardim do Éden era uma história — e também a Bíblia como um todo — tudo muito fácil de julgar como sem sentido. Afinal de contas, na página três temos uma serpente que fala. Novamente, o esnobismo cronológico. As pessoas do antigo Oriente Médio assim como nós sabiam que cobras não falam. Você não precisa de um diploma em biologia molecular avançada para concluir isso. Eles estavam bem cientes de que algo mais estava acontecendo naquela história.

Talvez você leia os primeiros capítulos do *Gênesis* como uma história, literalmente com uma serpente falante e com Eva falando a língua das serpentes, ou talvez você o leia como mitologia, com a serpente sendo uma imagem comum e antiga para um ser espiritual e *Gênesis* como uma narrativa oposta subversiva aos antigos mitos de criação como Enuma Elish. Ou talvez de outra forma. Mas isso são questões sobre gênero literário, e não sobre se devemos ou não acreditar no livro *Gênesis* como Escritura.[33] Qualquer que seja a interpretação correta, a história do paraíso é *verdade*. Por milênios, bilhões de pessoas a consideram o tratado mais fiel e revelador da condição humana na história do mundo.

Pense comigo sobre a verdade disso por alguns minutos.

Na história, a serpente, que mais tarde é identificada como a personificação do diabo, foi até Eva enquanto ela estava aproveitando demais sua nova vida no Éden. A primeira descrição da serpente no *Gênesis* registra que ela era "o mais astuto de todos os animais que o Senhor Deus tinha criado".[34] A palavra em hebraico para "astuto" pode significar "perspicaz" ou "ardiloso" ou "enganador".[35]

Sua primeira mentira foi sutil, colocada como uma questão, e não como uma crítica severa: "Foi isto *mesmo* que Deus disse: 'Não comam do fruto de nenhuma árvore do jardim?'"[36]

Eva, que foi pega desprevenida, pareceu responder: "Bem, eu acho que sim."

A frase seguinte da serpente foi mais ousada: "É certo que vocês não morrerão... Porque Deus sabe que, no dia em que dele comerem, os olhos de vocês se abrirão e, como Deus, vocês serão conhecedores do bem e do mal."[37]

Perceba que a serpente foi até Eva com uma ideia simples, porém, evocativa (não com uma arma): Deus não é tão bom ou esperto como costuma dizer. Ele está atrasando vocês. Se vocês se apoderarem da autonomia de Deus e fizerem sua parte comigo, vão se dar melhor.[38]

Esta é a mentira subjacente a todas as outras.

E veja como essa mentira explorou os desejos desordenados de Eva (e os nossos). O trecho seguinte: "Vendo a mulher que a árvore era boa para se comer, agradável aos olhos e árvore desejável para dar entendimentos."

Ooohh. Quem não quer um pouco de boa comida, beleza e status social? Especialmente quando está fora do nosso alcance.

Tragicamente, ela foi enganada por isso. Assim como Adão.

"Tomou seu fruto e comeu. E deu também ao marido, e ele comeu."[39]

O resto, como você já sabe, é história.

Adão, por sinal, não é um nome próprio em hebraico, é a palavra para "humano".[40] E Eva significa "vida".[41] É por isso que ninguém mais se chama Adão ou Eva no Velho Testamento.

Esta é uma história sobre como "humano" e "vida" alcançaram seu estado atual.

E essa é a história a que Jesus está se referindo em João 8 quando afirmou para os fariseus "pertencem ao pai de vocês, o diabo". Ele estava dizendo: "Vocês afirmam ser descendentes de Abraão, mas na verdade vocês estão na linhagem de descendência da serpente."

Lembram-se do que disse sobre que nem sempre Jesus tinha uma abordagem tranquila?

Veja por que isso é tão importante: a mentira em Gênesis 3 é o paradigma *da mentira por trás de todas as mentiras*. O engano (ou de fato, a tentação) é e sempre foi duplo: (1) para apoderar-se da autonomia de Deus e (2) redefinir o bem e o mal com base na voz em nossas cabeças e na inclinação de nossos corações, em vez de confiarmos na palavra de amor de Deus.

Aqui está outra maneira de enquadrar. Existem três grandes questões na vida:

1. Quem é Deus? (Ou os deuses? Ou existe um Deus ou deuses?)
2. Quem somos nós?
3. Como vivemos?

Em outras palavras:

1. Qual é o sentido e o propósito da vida?
2. O que significa ser humano?
3. O que é uma vida boa?

Essas três questões são a motivação por trás de todas as religiões, filosofia, educação, arte e literatura. Elas são questões fundamentais da humanidade.

Nós perguntamos: "Quem é Deus? Como Ele é? Posso confiar nEle?"

O diabo mente: *Ele é um tirano invejoso, frio que está te prendendo. Você não pode confiar nEle.*

Nós perguntamos: "Quem somos nós? O que significa ser humano? Sou apenas um animal ou algo mais?"

Ele mente de novo: *Você não é apenas um ser humano em um lugar num cosmo ordenado, acima da criação, mas ainda sob o Criador. Você pode transgredir suas limitações e tornar-se quem ou o que você quiser. A identidade é autodefinida. Moralidade é autodeterminada. Assuma o controle da sua vida. "E você será como Deus."*

E perguntamos: "Como vivemos? O que é uma vida boa? Como posso vivê-la?"

Aqui as mentiras do diabo são mais evidentes: *Você não pode confiar em Deus, mas pode confiar em si mesmo, na sua sabedoria e nos seus desejos. Olhe para essa coisa brilhante e iluminada — esta é a árvore que Deus disse que está fora do alcance. Coma dela, pegue, apodere-se, faça isso, experimente. Siga seu coração.*

Sua intuição espiritual é o mapa mais preciso para a vida feliz que você deseja.

Estes são os estoques de mentiras da serpente. Mentiras sobre quem é Deus, quem somos nós, e o que gera uma vida feliz.

A natureza exata das mentiras muda de geração para geração, de cultura para cultura e de pessoa para pessoa, mas ela sempre segue esse padrão: Afaste-se de Deus. Faça o que quiser. Redefina o bem e o mal baseado em seu próprio instinto e desejo.

Os exemplos mais impressionantes disso em minha cidade vêm da narrativa secular e, cada vez mais, da narrativa da iluminação oriental — ensinamentos vindos do Budismo, alguma coisa da autorrealização do Hinduísmo, e uma infusão de autoajuda norte-americana.

A autoajuda é menos influente para as elites culturais, embora ainda esteja em ascensão, especialmente em cidades costeiras como Portland.

As respostas básicas de iluminação chique para as próximas perguntas são algo assim:

"Quem é Deus?"

Todos nós. A linha de demarcação entre o humano e o divino é uma ilusão do Ocidente. A centelha de Deus está em todos nós.

"Quem somos nós?"

Deuses e deusas. Eus autênticos, cujos desejos são a fonte de toda a sabedoria e direção. Que deve ser livre de toda autoridade externa para tornar real o nosso potencial.

"Como vivemos?"

Fiéis a nós mesmos. Fale a sua verdade. Não deixe ninguém dizer o que você tem que fazer.

De alguma maneira isso soa familiar? Você já ouviu isso na sua cidade? Vindo de seus amigos e família? Ou até mesmo da sua própria boca?

Ou talvez nada disso seja atraente para você.

Embora a narrativa da autorrealização e iluminação esteja crescendo em popularidade em cidades como Portland, para a maioria das pessoas, esse meio de vida ainda está no nível emergente da positividade de autoajuda.

O secularismo, por outro lado, está mais profundamente arraigado. Apesar de todo o papo sobre ser espiritual, mas não religioso, acredito que a maioria dos meus conterrâneos de Portland são principalmente seculares. Normalmente o que eles querem dizer com *espiritualidade* é que praticam ioga ou acreditam no extraordinário, não é mais a definição clássica de *espiritual*, que é estar em relacionamento com um ser espiritual. A sociedade secular é uma tentativa de responder de maneira negativa à primeira pergunta: "Quem é Deus?"

"Quem é Deus?"

Não existe Deus. Deus é apenas um mito da era pré-moderna e pré-científica. E um mito perigoso — a causa do tribalismo e da guerra. Agora sabemos mais.

Como um dos meus amigos seculares genuinamente adoráveis me disse recentemente: "Eu não acredito em Deus. Eu acredito na ciência."

Esse é o desafio do secularismo — não é dizer que tem um alto valor para a ciência (sou a favor *disso*), é alegar ser objetivo, baseado em fatos, em vez da fé, quando na realidade é uma *interpretação* dos dados da ciência que requer tanta fé para acreditar, como nos evangelhos, se não mais.

A sociedade moderna e secular é a primeira a tentar viver como se Deus não existisse. Que é como um desastre prestes a acontecer, porque as respostas para as duas questões seguintes partem da primeira. O que acreditamos sobre a boa vida baseia-se no que pensamos que significa ser humano, que, por sua vez, baseia-se no que acreditamos sobre Deus.

Existe um Criador e uma criação?

Ou trata-se apenas da teoria da evolução, mero acaso e sobrevivência do mais apto?

Pense sobre as consequências de como responder a esta pergunta:

Se existe um Criador, então existe um projeto...

Se existe um projeto, então existe uma intenção...

Se existe uma intenção, então existe moralidade...

Mas se existe moralidade, então existe responsabilização...

E *todos os seres humanos evitam a responsabilização*, o que torna isso uma vulnerabilidade que é facilmente explorada.

Porque se não existe um Criador, se tudo isso é apenas probabilidade e estatística, e o Dr. Malcom, de *Jurassic Park,* estiver certo e a vida apenas "encontra um caminho",[42] então não existe projeto... ao menos, não o projeto de uma inteligência sábia.

E se não existe um projeto, então não há outra intenção do que a propagação das espécies e, agora que a terra está superpovoada, estamos livres para descartar a proposta da biologia...

E se não há intenção, então não há moralidade... Quem é você para me julgar? Para dizer o que tenho que fazer? Para limitar minha liberdade?

E se não existe moralidade, não há responsabilização...

E podemos fazer o que quisermos.

Muitas pessoas inteligentes e sofisticadas em nosso mundo simplesmente não querem prestar contas a Deus ou a qualquer outro tipo de autoridade maior; em vez disso, querem ser livres para viverem suas vidas como quiserem, sem peso na consciência ou restrições legais internas ou externas. Isso está por trás de grande parte da rejeição do Ocidente a Deus — já que é liderado por elites culturais, que com frequência ilustram essa postura passional em massa.[43]

Mas o problema é, se não existe responsabilização, *não há realidade.*

Tudo o que temos são postagens no Twitter com fatos alternativos e filósofos franceses que desconstroem o mundo e o deixam no caos.

Ou o mais próximo da nossa realidade: relacionamentos arruinados e uma bruma confusa sobre o sentido da vida. Pessoas vivendo sob a opressão de falsas narrativas sobre até mesmo quem elas são.

É por isso que até Nietzsche ficou de luto, em vez de celebrar a "morte de Deus" na cultura do Ocidente.[44] Ele examinou o horizonte de um mundo pós-Deus, pós-verdade e, em vez de liberdade, viu anarquia.

Afinal de contas, o que acontece no final da história de *Gênesis*?

Eles morrem.

Com essa observação feliz, vamos explorar uma saída em potencial para esse enigma.

E, tendo vencido tudo, permaneça inabalável

Cresci com *G.I. Joe*.

Sim, sei que esses bonecos não são mais politicamente corretos.

Não, não recomendo brinquedos violentos para crianças.

Mas uma das (muitas) coisas que aprendi com o *G.I. Joe* foi que "saber é a metade da batalha".

Para os meus leitores que de alguma forma perderam o auge dos anos 1980 de Duke, Scarlett, Flint e Lady Jaye, saibam que cada episódio de trinta minutos do desenho acabava com uma pequena vinheta sobre segurança para as crianças. Eu me lembro de uma na qual duas crianças estão andando em suas bicicletas perto de um cabo de alta tensão caído, e Roadblock (um dos meus personagens favoritos) aparece para adverti-los sobre os perigos dos fios condutores e eletrocussão.

E termina, como todos os episódios, com as crianças dizendo: "Agora nós sabemos." Seguido da frase icônica de Roadblock: "E saber já é metade da batalha."[1]

Essa ideia — de que saber é metade da batalha — é bem recente, e bem ocidental. Ela vem da visão de mundo Cartesiana que vê os humanos como "cérebros com pernas" racionais, em vez da visão mais antiga e mais holística de que os humanos são criaturas com base no desejo. E nós gostamos dessa ideia porque (1) nos permite justificar decisões emocionais e baseadas no desejo sob o pretexto de racionalidade e (2) porque não exige muito de nós. Basta ouvir um podcast, fazer um curso online, ou ler um livro sobre, digamos, o diabo. E *voilà*, você já tem meio caminho andado. Mas o problema é, saber algo não é o mesmo que *fazer* algo, que também não é o mesmo que *querer* fazer algo.

Laurie Santos, de Yale, chamou isso de falácia do G.I. Joe. Santos é uma professora de psicologia e ciência cognitiva, e sua afirmação básica é a de que simplesmente saber algo não é o bastante para mudar. Mudar é difícil. Saber algo é importante, mas não é a metade da batalha. É mais ou menos 10% ou 20% dela.[2]

Para ideias, boas ou ruins, remodelarem nossas vidas, elas precisam entrar em nossos *corações* — o âmago de nosso ser que integra nossos pensamentos, nossas emoções e nossos desejos — e de lá, em nossos *corpos*, nossa memória muscular. Ou em uma linguagem mais cristã, em nossas almas.

Estamos percorrendo ideias nos últimos capítulos (lembrete: ideias são suposições sobre a realidade). Estou especificando mapas mentais novos (ou na verdade, muito antigos) para a realidade, vindos do próprio Jesus — mapas em que o diabo não é um mito ou uma superstição pré-moderna, porém uma força inteligente e real do mal que está determinada a arruinar nossas almas e a sociedade e cujo estratagema principal é o das mentiras por meio de um tipo de guerra espiritual suja.

Agora que estabelecemos uma compreensão clara do diabo como o primeiro inimigo de nossas almas, precisamos descobrir como realmente combater esse inimigo. Tudo o que fizemos até agora foi revelar sua estratégia.

Mas, qual é a nossa?

Então, primeiro um pouco de teoria, depois vamos partir para a prática.

Teoria

Vamos falar um pouco sobre formação espiritual. Se você não está familiarizado com esse termo, tudo o que eu quero dizer com *formação espiritual* é que ele é o processo pelo qual somos formados em nossos espíritos, ou em nosso íntimo, à imagem de Jesus.

Ou ao contrário, deformados pela imagem do diabo.

Formação espiritual não é apenas ser seguidor de Jesus, é algo *humano*. Todos nós somos formados a cada minuto de cada dia. Estamos todos nos tornando alguém. Intencionalmente ou não, consciente ou subconscientemente, deliberada ou casualmente, estamos todos em um processo de nos tornarmos uma pessoa.

A questão não é: *Você está se tornando alguém?*, mas: *Quem* você está se tornando?

A questão para nós como seguidores de Jesus é: Como nos tornamos mais parecidos com Jesus e não com o diabo?

Professores de formação espiritual, assim como os maiores especialistas em neurociência, psicologia e os melhores professores da área de ciências sociais, todos concordam que nosso mapa mental tem um papel fundamental. De novo, é por isso que Jesus veio como um professor iluminado: para nos dar novos mapas mentais que sejam coerentes com a realidade.

Mas só a verdade não é o suficiente — veja a falácia do G.I. Joe. Precisamos de algo mais: relacionamento.

Ou nas palavras de Jesus em João 4, precisamos do "Espírito" e da "verdade".[3]

Durante anos fiquei intrigado com a linguagem de Jesus, mas acabei descobrindo que essas são as *chaves* para a formação espiritual. Precisamos do Espírito e da verdade para mudar, crescer e para libertar a nossa carne e nos tornarmos como Jesus.

O que é Espírito? O acadêmico pentecostal Gordon Fee definiu Espírito como: "A presença fortalecedora de Deus."[4] É a energia animadora a que recorremos por meio do relacionamento com Deus.

E a verdade, como já abordamos, é realidade. Ou palavras com as quais podemos contar para encontrar sentido em nossas vidas.

Outra maneira de dizer isso é que nos tornamos como Jesus por meio dos *relacionamentos* e da *realidade*.

Deixe-me dar um exemplo humano: Espírito (ou relacionamento) sem verdade não faz sentido. Imagine uma época de sofrimento na sua vida — a morte de um amigo ou de um familiar, um diagnóstico brutal, a perda de um emprego. Agora, imagine que isso fez com que você duvidasse seriamente de Deus. Uma amiga vem visitar você. Mas nunca diz uma palavra. Embora isso ainda traga consolo e faça você apreciar o amor da sua amiga, provavelmente isso não seria transformador, pois não ofereceria verdade ou sentido para ajudá-lo a ajustar os seus mapas mentais à realidade de uma maneira saudável e curativa.

Ou inverta: a verdade sem espírito é fria, até cruel. Pense na internet. É cheia de verdade, mas sem um ser humano para navegar por ela — é apenas um compêndio infinito de fatos. A vida de ninguém nunca foi transformada pela Wikipédia. Ninguém que tenha duvidado de Deus, diante de uma tragédia, descobriu uma coleção da *Encyclopaedia Britannica* (Enciclopédia Britânica) no porão que salvou sua alma. Ou pense na paródia viva do pregador de rua gritando verdades em um megafone. Você já conheceu alguém que se arrependeu ao ouvir tais pregações? Eu com certeza não. Por que reagimos com tal náusea emocional com os pregadores de rua? Porque é verdade sem espírito, é realidade (uma espécie de) sem nenhum tipo de igualdade relacional ou presença amorosa.

Então, precisamos *tanto* do Espírito e da verdade — quanto da presença relacional de Jesus e da sua comunidade *e* da verdade que dá sentido aos mapas mentais do nosso Rabino.

Você está me acompanhando?

Ótimo.

É por isso que Jesus veio como um humano e um professor. Como ser humano, Ele é capaz de ofertar o *espírito*, ou a presença relacional. Para estar conosco na dor da condição humana. O autor da epístola aos Hebreus disse que Jesus foi "tentado em todas as coisas, à nossa semelhança".[5] Isso significa que Ele sabe exatamente como é sentir-se como nós. Ele sabe como é sentir-se exausto, esgotado, vulnerável, confuso. Sofrer. Duvidar. Sentir-se atraído pela ganância, luxúria ou apatia. Mas como um rabino, Ele também é capaz de oferecer a *verdade*, de nos mostrar a realidade e dar sentido ao nosso sofrimento.

Os humanos simplesmente não podem viver sem relacionamentos de amor e sem significado tanto para nosso sofrimento quanto para nossa existência como um todo. Jesus veio ofertar os dois.

Espírito e verdade.

Deixe-me detalhar isso com um exemplo da vida real: terapia. Eu fiz terapia durante uma década, direto, e Deus a usou para me modificar e curar radicalmente. E não estou sozinho. Terapia, quando bem feita, é espírito e verdade.

Quando eu me sento com o meu terapeuta, um PhD de 70 anos, apaixonado por Jesus, e com décadas de sabedoria no seu currículo, estou na presença de um espírito — na presença de um ser relacional marcado pelo amor compassivo, sem falar de meio século de experiência vivida seguindo Jesus e toda a autoridade espiritual que O acompanha. E estou na presença da verdade — Ele fala sobre realidade e sentido no caos e confusão da minha vida.

O psicólogo M. Scott Peck, que já mencionei antes, chamava o diabo de "um espírito real da irrealidade", ele também definiu saúde mental como "um processo constante de dedicação à realidade a todo custo".[6]

É por isso que uma terapia ruim é tão incrivelmente tóxica e perigosa. (E infelizmente, existem muitas terapias ruins.) Você fica na presença de um especialista e começa a acreditar nele, mas então, naquele lugar vulnerável, o terapeuta fala irrealidades para sua mente. Afinal de contas, grande parte do mundo terapêutico ainda tem um olhar freudiano, que está totalmente em desacordo com a visão de Jesus da pessoa humana. E não há outros especialistas com você no consultório para corrigir ou concordar com as palavras do terapeuta. Além do mais, ele tem um diploma na parede. Assim, de maneira trágica, ideias enganosas com frequência não são contestadas na alma.

Ou vamos aplicar isso a um exemplo ainda mais comum: criação dos filhos. Ser bons pais é uma combinação simples, porém difícil de dominar, de espírito e verdade.

Espírito: os pais estão presentes em uma relação de amor com o filho. Pegando emprestada a linguagem do mundo terapêutico, o filho "sente-se respeitado". E quando nos sentimos respeitados, nos sentimos amados.

Então, a verdade: os pais falam a realidade com o filho. A realidade sobre quem é Deus, quem é o filho, e como o filho vai viver (as três questões fundamentais que abordamos no último capítulo).

Não existem pais perfeitos (com certeza não desse jeito), mas quando os filhos são criados em uma matriz relacional de amor, de confiança e são ensinados a viver de acordo com a realidade, como regra geral, eles prosperam.

A má criação dos filhos, por outro lado, é exatamente o contrário — ausência e mentiras.

Ausência: os pais são ausentes, ou porque são divorciados, ou viciados no trabalho, ou simplesmente foram embora.

Mentiras: quando, ou se, os pais *estão* presentes, eles falam mentiras.

Mentiras sobre quem é Deus. "Deus tem vergonha de você." Ou "Deus não se importa com quem você dorme. Divirta-se."

Mentiras sobre quem o filho é: "Você nunca vai ser nada. Você é igual ao seu pai. Um atrapalhado."

E mentiras sobre como viver: "Seja o melhor, filho. Aqui é cobra engolindo cobra. Uma mentirinha não faz mal a ninguém."

Crianças que crescem nesse tipo de ambiente sofrem danos em suas almas. Mas isso é tratável? Sim, porém ainda é terrivelmente doloroso.

É por isso que criar filhos é algo incrivelmente importante. E estou convencido de que é por esse motivo que a família está sob um tipo de ataque demoníaco por parte da ala menos tolerante da cultura secular.

Agora vamos voltar ao ponto principal: É por meio do Espírito e da verdade que nos transformamos na imagem de Jesus, mas também é verdade *que é pelo isolamento e pelas mentiras que somos deformados na imagem do diabo.*

Vamos voltar à história do paraíso em Gênesis 3. Como a serpente causou a queda de Eva?

Primeiro, ela abordou Eva *sozinha*. Longe de Deus e de seu relacionamento inicial, que era Adão. Dessa forma nenhuma outra voz estava na mente de Eva, apenas a do diabo na forma de serpente. Nenhum contraponto da verdade para atenuar o seu engano.

Então o diabo *mentiu*. Plantou dúvidas na mente de Eva sobre a sabedoria e as boas intenções de Deus, mentiras que despertaram nela desejos desordenados por satisfação própria, prazer e autonomia.

Sozinha e exposta a mentiras, ela foi uma presa fácil.

E, por favor, não leia essa história como se fosse um exemplo sobre a dinâmica de gênero, como alguns fizeram tragicamente. Eu duvido que Adão teria feito melhor. A questão não é o fato de Eva ser mulher e, portanto, mais fácil de manipular. É que ela estava sozinha e longe de sua comunidade, e quando os seres humanos estão isolados, somos *todos* mais fáceis de enganar.

E embora seja fácil rir dessa história — "Eu nunca cairia na história da cobra que fala" — quanto mais sofisticada a pessoa ou a cultura, mais afiadas as táticas do diabo. Reiterando, ele é muito mais inteligente do que acreditamos. *Astuto* é a palavra usada em Gênesis 3. Mas sua tática tem a mesma fórmula básica repetida: Isolar, depois mentir. Escolher uma mentira que desencadeie um desejo desordenado. Atrair a sua atenção para que você se afaste do relacionamento com Deus e redefinir o bem e o mal por ele mesmo. Feito.

Ainda é assim que o diabo mostra sua destreza.

Como pastor, poderia contar a vocês dezenas de histórias de pessoas que andaram em pecado ou até mesmo se distanciaram de Deus, e *sempre* começa com a pessoa afastando-se da comunidade com outros seguidores fiéis de Jesus.

Quero dizer, pense sobre as piores coisas que você já fez. Estou pensando nas minhas enquanto escrevo. Na maioria delas, estávamos sozinhos ou na companhia de alguém que era uma má influência para nós.

Alguém de vocês já fez algo realmente muito ruim — algo que arruinou sua vida para sempre — enquanto tomava um café com o seu pastor? Às 10h da manhã profundamente concentrado no estudo da Bíblia?

Ou alguém de vocês tomou uma decisão totalmente horrível quando estava com sua família na manhã de Natal? Do tipo, roubar um banco com sua vó e tia?

Não. Na verdade, apenas estar na presença de um bom espírito, ou ser relacional, já é por si só transformador. Porque nos tornamos como as pessoas com quem compartilhamos o tempo, para melhor, espero, mas também para pior.

E esse foi um dos motivos que fez da Covid-19 algo tão devastador. O isolamento social foi uma forma de justiça social, um modo de cuidar dos vulneráveis, mas o seu efeito na saúde mental e na prosperidade humana foi letal. A taxa de suicídio atingiu o maior índice em muito tempo. Nós *precisamos* da comunidade para prosperar.

O diabo está tão ciente da nossa necessidade por comunidade como nós, se não mais, e ele usa esse conhecimento para obter vantagem na luta, fazendo tudo que pode para nos isolar da comunidade com o povo de Deus e do próprio Deus.

Na era digital, facilitamos o trabalho dele. A pressa, ocupação patológica, distração, o vício no celular, o constante fluxo de alertas e interrupções — tudo isso nos afasta da comunidade e alimenta o nosso desejo exagerado por autonomia. É como dizem: "Quando o diabo não pode te fazer mal, ele te mantém ocupado."[7]

Por falar em sobrecarga digital e ocupação, acho que o atual alvoroço sobre privacidade online é um fenômeno social fascinante.

Estou sempre à procura de áreas onde, para toda a conversa sobre polarização política, a esquerda e a direita concordam.[8] Essa é uma. E embora eu concorde completamente que é sinistro uma megacorporação saber meu histórico do Google, ler meus e-mails, ou escutar minhas conversas enquanto vejo o Insta, ainda sim, às vezes me pergunto: *O que todo mundo tem a esconder?*

Como disse certa vez o juiz da Suprema Corte, Louis Brandeis: "A luz do Sol… é o melhor dos desinfetantes."[9]

Minha questão aqui não é justificar de forma alguma o roubo duvidoso e fácil de identidade do Facebook, isso é um *problemão*. É simplesmente dizer que acho que uma das razões pelas quais a privacidade digital é um assunto tão polêmico é por causa da nossa obsessão ocidental por autonomia, individualismo ao extremo e privacidade, que o diabo manipula para o mal. Se ele pode nos deixar sozinhos, olhando para as nossas telas no escuro, quando estamos mais vulneráveis às mentiras, somos presas fáceis.

Em sua epístola aos Coríntios, Paulo explicou a motivação por trás da linguagem tão afiada em sua carta: "Para que satanás não tenha vantagem sobre nós, pois conhecemos seus planos malignos."[10]

Tragicamente, na maior parte do tempo não percebemos seus planos.

Os capítulos anteriores foram tentativas minhas de expor os planos do diabo, seus planos nada secretos de nos arruinar por meio do isolamento e das mentiras, e oferecer uma alternativa para o Caminho de Jesus: Espírito e verdade.

Agora, para finalizar, falemos sobre prática.

Prática

Por *prática*, refiro-me às disciplinas pelas quais mitigamos o isolamento e as mentiras do diabo em nossa sociedade secular com o Espírito e verdade de Jesus e Seu reino.

Como seguidores de Jesus, olhamos para a vida de Cristo como nosso modelo de como lutar contra o diabo. Mas qual era a Sua prática?

> O primeiro confronto de Jesus com o diabo foi registrado em Lucas e em Mateus, e desde a primeira frase da história, o que encontramos é surpreendente.
>
> Jesus, cheio de Espírito Santo, voltou do rio Jordão e foi conduzido pelo Espírito ao deserto, onde foi tentado pelo diabo durante quarenta dias. Não comeu nada durante todo esse tempo, e teve fome.[11]

Há muita coisa acontecendo aqui, mas antes deixe-me dar um breve resumo:

- Dentro do alcance da história maior que as Escrituras contam, Jesus veio como um segundo Adão, o Escolhido, o verdadeiro Ser Humano que veio fazer o que supostamente Adão deveria ter feito, mas fracassou: enfrentar o diabo e não desistir. Lembre-se, Adão significa "humano". Assim como Adão, Jesus é tentado, mas diferente de Adão, Ele vence a tentação.
- Em vez de um jardim, Ele estava em um deserto, exílio simbólico da humanidade do jardim por causa do pecado.

- Em vez de comer da árvore da sabedoria do bem e do mal, Ele jejuou, alimentando-se apenas do Espírito obtendo forças para derrotar o estratagema do diabo.
- O diabo começou da mesma maneira que fez com Eva, plantando dúvidas na mente de Jesus sobre Sua identidade como objeto do amor de Deus: "*Se* você é o filho de Deus."[12] Na história, literalmente antes disso, Deus disse para Jesus: "*Você é meu filho*, amado."[13] Para o leitor erudito, é a pergunta da serpente de "Deus realmente disse?"
- A tentação tripla do diabo é sutil, esperta e manipuladora e não tem nada a ver com conseguir fazer Jesus pecar, como pensamos. Em vez disso joga uma sugestão sutil de desejo no coração de Jesus. O desejo de tomar o Seu reinado de uma maneira mais fácil. Conseguir o que é certo, de maneira errada.

Três vezes o diabo tentou Jesus. E a cada vez, Jesus respondeu de maneira calma, com uma citação das Escrituras. Ele não cedeu um centímetro.

Conclusão:

> Quando o diabo terminou de tentar Jesus, deixou-O até que surgisse outra oportunidade.[14]

Essa história é bem diferente do que eu esperava. Dá a impressão de ser uma conversa. Realmente não consigo pensar em outra palavra. Não há espadas, sem gritos de fúria, nem gritos de guerra como os de Zeus, porém, ainda sim, é uma *batalha*, completa. Mas Jesus está calmo, o exemplo típico de uma "presença não ansiosa".[15] Revelando uma confiança tranquila na verdade do Seu Pai.

E perceba, Ele está fazendo isso por meio de sua vivência, ou o que veio a ser chamado de disciplinas espirituais.

Ele estava totalmente sozinho com Deus no deserto — no que veio a ser chamado de *silêncio e solidão*.

Ele estava *orando*.

Ele estava *jejuando*.

Sua mente e Sua boca estavam repletas das *Escrituras*.

E é dessa forma que, como aprendizes de Jesus, lutamos contra o diabo.

Não por meio de um frenesi emocional ou espiritual. E sim, permanecendo com uma confiança silenciosa na verdade de Deus e pelas práticas de Jesus.

Você poderia colocar da seguinte maneira: *disciplinas espirituais são guerras espirituais*.

O filósofo Steven Porter, da Universidade Biola, tem desenvolvido um trabalho muito interessante sobre como nós, criaturas materiais, interagimos com um Criador imaterial.[16] Resumindo sua conclusão: isso ocorre por meio das disciplinas espirituais. E embora eu prefira a linguagem das *práticas*, eu adorei a definição dele de disciplinas espirituais:

> As disciplinas são práticas incorporadas em um mundo físico no qual nos apresentamos à realidade imaterial do Espírito/presença e Palavra/verdade de Cristo.[17]

O que significa que, é por meio das práticas de Jesus que apresentamos nossa mente e nosso corpo diante de Deus e abrimos nossa alma ao Seu Espírito e à Sua verdade.

Não existe uma lista oficial das práticas de Jesus. Tecnicamente, qualquer hábito que você observa na vivência ou nos ensinamentos de Jesus é uma disciplina espiritual. Mas existem duas práticas de apoio para a nossa luta contra o diabo que Jesus executou no deserto.

Oração silenciosa

Observe que Jesus está sozinho, no silêncio, com Deus em oração. Não há outros estímulos na sua mente. Nenhuma conversa com algum colega de quarto, nenhuma leitura matinal das notícias, nem dar uma olhada nas redes sociais. Jesus, literalmente, foi ao deserto não só para livrar-Se dos estímulos externos, mas também para confrontar os Seus estímulos internos — e escolher a voz do Seu Pai em vez da voz do Seu inimigo.

Muitas pessoas não entendem o silêncio e a solidão (outros nomes para essa prática) como um lugar para relaxar e recarregar. Um tipo de pausa emocional para os introvertidos recuperarem o fôlego antes de retornarem à luta diária.

Mas essa não é a solidão de Jesus ou do apóstolo Paulo ou de Evágrio do Ponto. Para eles, não foi uma pausa da batalha; *foi o campo no qual a batalha seria vencida ou perdida.*

Henri Nouwen explicou dessa maneira: "Solidão não é um lugar terapêutico privado." Em vez disso: "Solidão é a caldeira da transformação. Sem solidão permanecemos vítimas de nossa sociedade e continuamos envolvidos nas ilusões do falso eu."[18]

É na oração silenciosa que as mentiras do diabo — "as ilusões do falso eu" — são expostas e reveladas. Vemos quais os *logosmoi* ou padrões de pensamentos dominam nossas mentes. É onde encaramos as decisões: Daremos atenção a esses pensamentos ou nos ocuparemos com novos? Acreditaremos nas mentiras do diabo ou na verdade de Jesus? É lá, na quietude, que ganhamos ou perdemos a batalha pela atenção da nossa mente e afeto do coração.

É por isso que a oração silenciosa anda paralelamente com a prática de apoio seguinte.

Escrituras

Como Jesus lutou contra as mentiras do diabo? Por meio das Escrituras. Três vezes o diabo tentou Jesus com uma mentira, três vezes Jesus respondeu com citações das Escrituras. Mas, por favor, ouça atentamente: essa não é a versão cristã de um encantamento mágico. Uma citação das Escrituras não faz o diabo simplesmente fugir. Aliás, na história, o diabo menciona as Escrituras com grande rapidez.

Tem algo mais acontecendo aqui.

Agora estamos prontos para voltar a Evágrio e seu livro *Talking Back: A Monastic Handbook for Combating Demons* [Manual Monástico para Combater Demônios, em tradução livre]. Eu o chamo de livro, mas, na verdade, é um manual. Ele tem algumas páginas de introdução — todas geniais — seguidas por pouco menos de quinhentos tópicos. Cada tópico tem um pensamento, uma emoção ou um desejo de um demônio, seguido por uma Escritura que aborda essa tentação específica.

Lembre-se, para Evágrio, *logosmoi*, ou nossos padrões de pensamentos, são os principais veículos do ataque demoníaco contra nossas almas. Isso pode soar forçado para os nossos ouvidos ocidentais céticos, mas pense nisso: Você já teve um pensamento (sentimento ou desejo) que parecia ter vontade própria? Um projeto difícil de resistir? E não pensar nele era como lutar contra a gravidade? Parecia ter um peso ou poder sobre você que estava além de suas forças?

Será que os pensamentos que roubam a sua paz são *apenas* pensamentos? Será que existe alguma energia sombria e animadora por trás deles? Uma força espiritual?

Será que isso é mais do que higiene mental ou pensamento positivo; é sobre resistência?

E as apostas são altas. Como disse Paulo: "Pois a inclinação da carne é morte, mas a do Espírito é vida e paz."[19]

Vida ou morte, caos ou paz — essas batalhas são perdidas ou ganhas em um teatro mental de guerra.

Se cedermos aos *logosmoi*, os pensamentos em guerra com a vida e a paz tornam-se fortalezas em nossas mentes e nos mantêm prisioneiros. Mas podemos escapar *se nos concentrarmos nas Escrituras*.

Ou na linguagem de Evágrio:

> Em tempos de luta, quando os demônios guerreiam contra nós, arremessando-nos suas flechas, respondamos ao seu ataque com as Escrituras Sagradas, para que os pensamentos impuros não persistam em nós, escravizando nossa alma pelo pecado das ações em si, e a corrompa e a atire na morte trazida pelo pecado. Pois "a alma que peca deve morrer". Sempre que um pensamento não está firme em nossa mente, para que

possamos responder ao diabo, o pecado é fácil e rapidamente manipulado.[20]

Evágrio aqui estava apenas fazendo uma alusão ao exemplo de Jesus. Você luta com as mentiras do diabo simplesmente escolhendo não pensar nelas. Mas como todos sabemos, não conseguimos ficar sem pensar. Então, você dá à sua mente algo diferente para ela pensar, as Escrituras. Você substitui as mentiras do diabo pela verdade de Deus. Assim, cria novas vias neurais que mais à frente lançam raízes na neurobiologia do seu corpo. Você se *torna* o que oferece para sua mente.

Isso está bem alinhado com a neurociência de vanguarda. Dr. Jeffrey Schwartz, um dos especialistas líderes em TOC, em seu livro *Você não é o seu cérebro*, defende que sua mente (que ele define como atenção dirigida) pode literalmente reprogramar o seu cérebro.

Quando um pensamento indesejado chegar à sua consciência, tudo o que você tem que fazer é pensar em outra coisa.[21]

Essa é uma ideia bem simples, mas *um método bem difícil de dominar.*

Porém, ele está de acordo com milhares de anos de tradição Cristã. Por milênios, os seguidores de Jesus têm se dedicado às Escrituras, não apenas para reunir dados, memorizar fatos interessantes e conseguir dar as respostas certas em um teste de teologia. A doutrina importa — e muito — mas não para "passar no teste" e entrar no céu. Ela importa porque nos tornamos como a nossa visão de Deus. O objetivo ao ler as Escrituras não é a informação, mas a formação espiritual. Para assumir a "mente de Cristo".[22] Na verdade para pensar como Jesus pensa. Para preencher a sua mente com os pensamentos de Deus, de maneira tão regular e profunda, que eles literalmente reprogramam seu cérebro e, a partir daí, todo o seu ser.

Não há jeito certo para ler as Escrituras. Algumas pessoas leem devagar em oração (uma prática chamada Lectio Divina). Outras preferem ler grandes trechos das Escrituras de uma só vez. Algumas leem em silêncio, outras em voz alta. Algumas, sozinhas, outras, com amigos ou em família. E outras gostam de ouvir podcasts ou ler livros a mais para se aprofundar.

Eu sou um fã de todas as opções acima.

O segredo não é apenas *pensar sobre* as Escrituras, mas *vivenciá-las*.

Essa prática simples transformou a minha mente e, com isso, minha vida. Eu fiquei tão impressionado ao ler a reação de Evágrio à história de Jesus no deserto, que fiz o meu próprio manual monástico para combater demônios. Não se preocupe, não será publicado. Não é para os outros, é para mim. Passei meses escrevendo em meu diário cada pensamento ou emoção que vinha na minha consciência. Eu identifiquei pensamentos repetitivos que eram mentiras vindas do diabo.

Então, eu pedi ao Espírito Santo para trazer até minha mente uma Escritura específica para combater cada mentira. Às vezes, uma Escritura vinha à minha mente de imediato, outras vezes, eu tinha que esperar em Deus por vários dias ou semanas para obter o versículo certo. Uma vez que conseguia, escrevia embaixo da mentira, assim como Evágrio. Contra o pensamento: *Ter fé e abrir essa nova igreja terminará em desastre para minha família...*

"O Senhor é meu pastor, e nada me faltará."[23]

Contra o pensamento: *Minha esposa e eu não combinamos, e serei mais feliz se me divorciar...*

"Que ninguém separe o que Deus uniu", "Maridos, amem suas esposas" e "sejam compreensivos no convívio com elas... ela é igualmente participante da dádiva de nova vida concedida por Deus".[24]

Contra o pensamento: *Eu quero comprar algo de que não preciso* ou *Se eu tiver isso serei feliz...*

"Estejam satisfeitos com o que têm, porque Deus disse: 'Não o deixarei; jamais o abandonarei.'"[25]

Então memorizei cada Escritura.

Essa foi a parte *fácil*.

O desafio mais difícil é a guerra permanente para combater as mentiras e vigiar meus pensamentos. Toda vez que uma mentira identificada vem à minha consciência, eu não bato de frente com ela, apenas mudo o canal. Penso na Escritura equivalente e direciono minha atenção para a verdade. E então, sigo com o meu dia. Se o pensamento volta três segundos depois, simplesmente volto à mesma Escritura repetidas vezes.

Essa é uma das coisas mais difíceis que já fiz em décadas como seguidor de Jesus.

E isso mudou e está mudando minha vida.

Não importa como você domina a batalha pela sua mente, minha afirmação é a de que é pelas disciplinas espirituais que fazemos progressos constantes na nossa formação espiritual.

Eu adoro esse trecho da obra-prima de Willard, *A Renovação do Coração*:

> Assim como nos afastamos de Deus primeiramente em nossos pensamentos, é por meio deles que iniciamos nossos primeiros passos em direção à renovação do coração. Os pensamentos são o lugar por onde podemos e devemos começar a mudar.[26]

Observe: é *nossa* responsabilidade vigiar nossa vida de pensamento. Ninguém mais pode fazer isso por nós. Nem mesmo Deus. Isto pode soar opressivo em uma cultura em que o vício digital é onipresente e a mente humana está irrequieta e mais distraída do que nunca. Mas não é.

Você pode fazer isso.

Vai levar um tempo — anos, para ser honesto — mas você pode reprogramar suas vias neurais para organizar sua mente em torno do Espírito de Deus e da verdade.

Você *precisa*.

E essa é uma responsabilidade que com frequência não levamos a sério suficientemente.

Eu cresci em um lar muito conservador. Meus pais eram os primeiros da minha família a seguirem Jesus. Meu pai, que aceitou Jesus nos seus 20 e poucos anos, veio do cenário musical da Califórnia dos anos 1960. Assim, quando ele começou a seguir Jesus, como você pode imaginar, acabou pendendo para o outro lado. Então acabamos em uma cultura de igreja fundamentalista moderada personificação exemplar da piada: "O perigo do sexo antes do casamento é que ele pode levar à dança."

E embora tenha muita coisa da minha criação conservadora que acredito ser inútil, tem uma que realmente acho certa, mas creio que passou despercebida para muitas pessoas da minha geração: é o poder das mentiras na mente e a necessidade de vigiar o que entra nela como um ato de aprendizado de Jesus.[27] Ou seja, pensar criticamente sobre o que colocamos em nossa mente — o que lemos, assistimos, ouvimos, consumimos ou o que nos entretém.

Meus pais costumavam dizer algo sobre os entretenimentos: "Lixo que entra, lixo que sai." Normalmente, este lema era aplicado para a televisão ou filmes, porém também era usado para classificar muitas outras mídias — revista em quadrinhos, romances mais picantes, alguns noticiários e linguagem não apropriada. E embora hoje seja fácil rir da simplicidade de tal lema, ou ficar bravo pelas edições do *Homem-Aranha* que perdi, ainda sim, hoje em dia normalmente ouço por acaso pessoas conversando após o culto sobre *Game of Thrones*, casualmente rindo de uma anormalidade sexual obscena e do exemplo de violência gratuita.

Percorremos um longo caminho.

O profeta Habakkuk disse que os olhos de Deus são puros demais até mesmo para observar o mal,[28] e mesmo assim, fazemos isso o tempo todo, por diversão. Nem ao menos paramos para pensar que isto pode ser um estratagema do pai das mentiras para causar destruição em nossas vidas.

E embora eu não esteja dizendo para boicotarmos Hollywood, digo que tudo o que permitimos entrar em nossa mente tem um efeito em nossa alma, para o bem *ou para o mal*. Se você não acredita em mim, faça uma breve pesquisa sobre neurobiologia, especificamente como o que vemos afeta nossos neurônios espelhos, e como nossos pensamentos entram em nossa mente, criando vias neurais em nosso cérebro, que produzem proteínas de DNA no nosso sistema nervoso, então são disseminadas pelo nosso corpo e tornam-se parte de nós, alguns acreditam que são transmitidas para os nossos filhos em seus códigos genéticos.

Resumindo: aquilo a que damos atenção *vai moldar a pessoa que somos*. Tornamo-nos o que pensamos sobre nós. Ou como disse Hwee Hwee Tan: "Essa é a verdade de grande valor: você é aquilo que sua mente observa. Você é o que você contempla."[29]

Por isso, nossas escolhas de entretenimento, hábitos de leitura, ao que assistimos nas telas e nossas fontes de notícias são todas fundamentais para a nossa formação espiritual na imagem de Jesus. (Ou nossa deformação na imagem do diabo.)

Pense sobre a matemática simples disto: o típico adulto norte-americano assiste à televisão ou vídeos online por volta de cinco a seis horas *por dia*[30], o típico millenial fica no celular até quatro horas por dia.

Isso soma quase uma *década* de nossas vidas.[31]

A pesquisa recente do grupo Barna sobre os millennials descobriu que eles passam quase 2.800 horas por ano consumindo conteúdo digital, das quais apenas 153 horas são conteúdos com base cristã, o resto é um festival de YouTube, Instagram, Netflix, Apple TV e outros.[32]

Quero dizer que: muitos de nós passamos horas todos os dias enchendo nossa cabeça com mentiras, nos desconectando do Espírito de Deus e da verdade, e apenas durante *poucos minutos* a cada manhã, se isso, ocupando nossa cabeça com verdade e descansando no Espírito Santo, ou na presença do nosso Pai.

Você já pensou que muitas vezes vemos o mundo muito mais através das lentes da teoria secular do que das Escrituras? Ou que quase sempre somos absorvidos por desejos desordenados e começamos a viver como todo mundo porque é "normal"? Ou que não avançamos em nossa formação, ou até mesmo começamos a nos desfigurar na imagem do diabo por meio de um tipo estranho de entropia espiritual?

Veja, eu não estou dizendo que precisamos tapar os nossos ouvidos e não levar a sério as ideias seculares. Imagino que Jesus seria o primeiro a dizer que você deve seguir a verdade, para onde quer que ela leve você. Se Jesus é realmente a Verdade, como Ele alegava ser, então estou confiante de que uma busca honesta e aberta por ela — não importa por quais caminhos tortuosos ela passe — mais à frente levará você a Jesus. Quando você anda na luz, não precisa temer as sombras.

Mas precisamos tomar um grande cuidado para ocupar nossa mente com verdade, em vez de abri-la para um fluxo insólito e incessante de ilusão.

Atualmente estou lendo *Fall; or, Dodge in Hell* [A queda, ou Dodge no Inferno, em tradução livre], de Neal Stephenson. Em parte ficção científica distópica, em parte comentário social, o livro traça a trajetória atual das tecnologias digitais no futuro próximo e visualiza os Estados Unidos destroçado pela guerra civil. A internet fracassou após alcançar um ponto de virada onde informações falsas dos algoritmos (fake news) anulam qualquer descrição precisa da realidade. A humanidade está dividida entre (1) aqueles que se baseiam na realidade e abordam o mundo digital apenas com a ajuda de um editor para examinar seus fluxos digitais e separar fato de ficção e

(2) aqueles em "Ameristan" que vivem na irrealidade selvagem das teorias de conspiração, cultos perigosos e violência.

Claro que há um monte de absurdos no livro. Como seria de se esperar, os norte-americanos que se baseiam na realidade são progressistas seculares do norte, e a maioria vive em cidades costeiras (Stephenson vive em Seattle). Já os loucos são os fanáticos religiosos do sul e do centro, que leem o Velho Testamento de maneira literal.

Suspiros.

Mas, mesmo assim, achei sua divisão entre os que se baseiam na realidade e os que se baseiam na irrealidade misteriosamente visionária, se não pessimista. (Não acho que haja uma guerra civil se aproximando. Afinal, estamos muito ocupados assistindo à Netflix.)

Para viver na realidade devemos preparar nossos fluxos, digitais ou não. Devemos filtrar nosso consumo mental. Da mesma maneira que temos cuidado com o que colocamos em nosso corpo — poucos de nós escolhem um lixo qualquer da calçada e o colocam na boca — devemos tomar muito cuidado com o que permitimos entrar em nossa mente. E devemos estar conscientes para fixar nossa mente na realidade de Jesus e nos Seus mapas mentais. Isso, e somente isso, nos levará para o reino, onde vamos desfrutar do tipo de vida mais profundo que podemos ter.

A poetisa Mary Oliver disse certa vez: "Atenção é o começo da devoção."[33] O ponto de partida da devoção a Deus na direção do Seu reino é simplesmente fixar sua atenção no Seu Espírito e na verdade.

E mais uma vez, *isso é responsabilidade nossa*: voltar nossa atenção para Deus sempre. Pensar nEle. Pensar nEle em profundidade. E certamente com Ele, alinhados com a visão de Jesus sobre Deus como uma comunidade trinitária de doação, criatividade, generosidade, calma, alegria amorosa e encanto. Para deixar a visão incrivelmente cativante de Jesus de quem é Deus dar forma a quem nos tornamos.

E isso não é um trabalho penoso da religião ou uma obrigação árdua. Lembre-se, nós já ocupamos nossa mente com estímulos durante todo o dia, e muitos desses estímulos estão criando em nós, corações partidos, ansiosos, distraídos e zangados. Quando nos ocupamos com Jesus e nos conectamos com seus pensamentos, começamos a experimentar Sua paz, Seu amor e Sua compaixão por todos, e Sua alegria profunda e dominante. Ficamos mais calmos, mais amorosos, e plenamente felizes. Apenas sendo fiéis.

E fazemos isso por meio das práticas de Jesus.

Quer dizer que, mesmo depois dessas últimas cinquenta páginas de conteúdo, você ainda está me dizendo para eu procurar um lugar calmo, ler a minha Bíblia e rezar diariamente?

Não posso evitar de rir agora, mas — sim.

Quero dizer que: A primeira coisa que você tem que fazer ao acordar, se possível, antes de pegar o celular, entrar na internet, ligar o rádio ou a televisão para ouvir as notícias, é *ficar um tempo concentrado em prece e com as Escrituras*. Impregne sua mente e imaginação com as verdades de Jesus, antes que sejam atacadas pelas mentiras do diabo.

No final deste livro, deixei um espaço para você escrever seu próprio manual monástico para combater demônios. Ele está lá caso queira usar.

Mas não importa como você busca a "renovação da sua mente",[34] uma vez instaurada a sua prática, apenas permaneça, como Jesus fez, numa postura corajosa de confiança tranquila e fé em Deus.

Na epístola de Paulo aos Efésios, capítulo 6, a passagem mais minuciosa nos escritos de Paulo sobre a guerra espiritual, ele comparou o seguidor de Jesus a um legionário romano. Observe quantas vezes ele usou os termos *permanecer, resistir.* (Que coloquei em itálico.)

> E finalmente, seja forte no Senhor e no Seu grande poder. Vistam toda a armadura de Deus, para que possam *permanecer* firmes contra as estratégias do diabo. Pois nós lutamos contra inimigos de carne e sangue, contra autoridades e governantes do mundo invisível e contra espíritos malignos nas esferas celestiais. Portanto vistam toda a armadura de Deus, para que possam *permanecer firmes,* e então depois da batalha vocês continuarão de pé e firmes. Assim *mantenham* sua posição.[35]

Ou note como Pedro usou essa mesma linguagem em suas orientações para lutar contra o diabo.

> Estejam alertas e vigiem. O diabo, inimigo de vocês, anda ao redor como um leão, rugindo e procurando a quem devorar. Resistam-lhe, *permanecendo firmes na fé,* sabendo que os irmãos que vocês têm em todo mundo estão passando pelos mesmos sofrimentos.[36]

É assim que vencemos: nós resistimos.

Quando confrontado por falsos ensinamentos, Jesus simplesmente enfatiza que eram mentiras, quase sempre recorrendo às Escrituras.

Ou em outras palavras, Ele *resistiria.*

E Ele nunca perdeu a guerra.

Parte 1 passo a passo

Definições:

- **Verdade** — realidade
- **Mentiras** — irrealidades
- **Ideias** — suposições sobre a realidade
- **Mapas mentais** — um conjunto de ideias pelas quais navegamos na vida
- **Formação espiritual** — o processo pelo qual somos formados a partir de nosso espírito/eu interior para nos tornarmos como Jesus

Três implicações dos ensinamentos de Jesus sobre o diabo:

1. Ele é real, imaterial, mas um ser inteligente.
2. Seu objetivo final é espalhar a ruína em nossas almas e na sociedade.
3. Seu principal meio são as mentiras.

Textos fundamentais para meditar: João 8; Gênesis 1–3; e Lucas 4

Teoria funcional da estratégia do diabo: ideias enganosas que levam a desejos desordenados que são normalizados em uma sociedade cheia de pecados.

Teoria funcional da formação espiritual: É por meio do espírito e da verdade que nos transformamos na imagem de Jesus e nos preparamos para viver livres alinhados com tudo o que é bom, bonito e verdadeiro. É por meio do isolamento e das mentiras que nos deformamos na imagem do diabo e nos tornamos escravos em um círculo vicioso de desordem e morte.

Teoria funcional sobre como combatemos o diabo: Vivenciando as disciplinas espirituais definidas por Jesus, tais como silêncio e solidão, prece, jejum, e leitura das Escrituras — e continuamente preparando nossa mente para o Espírito e a verdade de Deus. Quando tentados, permanecendo tranquilos, confiando plenamente no amor e na sabedoria de Deus e conduzindo nossa mente de volta às Escrituras.

Práticas fundamentais para superar o diabo: oração silenciosa e as Escrituras

Resumo: O objetivo do diabo é primeiramente nos isolar, então implantar ideias enganosas em nossa mente que nos levam aos nossos desejos desordenados, com os quais nos sentimos confortáveis porque eles foram normalizados pelo *status quo* da nossa sociedade. De forma específica, ele mente sobre quem é Deus, quem somos nós, e o que é uma vida boa, com a intenção de destruir nossa confiança no amor e na sabedoria de Deus. Sua intenção é fazer com que nos apoderemos da autonomia de Deus e que redefinamos o bem e o mal para nós mesmos, desse modo levando nossas almas e a sociedade à ruína.

Parte 2

A CARNE

Em verdade, em verdade lhes digo que todo o que comete pecado é escravo do pecado... Se, pois, o Filho os libertar, vocês serão verdadeiramente livres.

— **Jesus, em João 8:34-36**

Porque vocês, irmãos, foram chamados à liberdade. Mas não usem a liberdade para dar ocasião à carne; pelo contrário, sejam servos uns dos outros, pelo amor. [...] Digo, porém, o seguinte: vivam no Espírito e vocês jamais satisfarão os desejos da carne. Porque a carne luta contra o Espírito, e o Espírito luta contra a carne, porque são opostos entre si, para que vocês não façam o que querem.

— **Paulo, em Gálatas 5:13, 16-17**

O homem está qualificado para a liberdade civil, na exata proporção de sua disposição para acorrentar-se moralmente a seus próprios desejos...
A sociedade não pode existir a menos que um poder controlador sobre a vontade e o desejo seja colocado em algum lugar, e quanto menos tiver dentro, mais deve haver fora. Está ordenado na constituição eterna das coisas que homens com mentes destemperadas não podem ser livres. Suas paixões forjam seus grilhões.

— **Edmund Burke, em A Letter from Mr. Burke, to a Member of the National Assembly [Uma carta do Sr. Burke para um membro da Assembleia Nacional, em tradução livre]**

A escravidão da liberdade

"O coração quer o que ele quer", é o que diz o ditado popular.

Embora poucos de nós se lembrem do que o tornou popular.

Em 1992, o jornalista Walter Isaacson entrevistou Woody Allen para a revista *Time*. O assunto foi o caso notório de Allen com Soon-Yi Previn.

Há um debate sobre o que realmente aconteceu, mas basicamente é algo assim: Durante toda a década de 1980, Allen ficou em um relacionamento vai e volta com Mia Farrow, uma atriz e modelo. Antes de ela e Allen começarem a namorar, Farrow e o então seu marido na época, André Previn, adotaram duas crianças do Vietnã e também uma menina de sete anos da Coreia do Sul (Soon-Yi);[1] nos anos seguintes, Farrow adotou mais duas crianças. E teve um filho com Allen. Eles eram uma família excêntrica, aparecendo nas capas dos tabloides regularmente enquanto circulavam por Nova York e Los Angeles.

Os anos se passaram, e o relacionamento de Farrow começou a se deteriorar. Um dia ela encontrou fotos de sua filha, Soon-Yi, nua.

Na lareira de Allen. A verdade veio à tona — Allen e Soon-Yi vinham dormindo juntos.

Allen tinha 55 anos, Soon-Yi tinha 21 anos.

E, para deixar claro, Allen tinha um relacionamento de anos com sua *mãe* e era seu padrasto.

Isso aconteceu décadas antes da *#metoo*. Hollywood ainda estava nos seus dias de glória transgressivos, aproveitando para dar a sua permissão cultural de exceder quase qualquer limite sexual e levar o resto do país junto. Allen assumiu o namoro e então casou-se com Soon-Yi.

A entrevista de Isaacson com Allen dá a impressão de um estudo de caso da ética pós-moderna. Isaacson, um dos melhores entrevistadores de nossa época, de maneira calma, mas persistente sondou o coração de Allen por algum tipo de arrependimento, desculpa ou até mesmo incerteza moral, mas Allen simplesmente se recusou a admitir que tinha feito algo errado.

Bem no final da entrevista, Isaacson perguntou por que ele fez aquilo. Allen fez uma pausa, e então soltou sua frase icônica: "O coração quer o que ele quer."[2]

Essa afirmação instintiva não apenas virou um jargão, como também entrou no sistema de crenças da nossa geração. Tornou-se um tipo de justificativa autoperpetuadora para tudo, de adultério a exagerar no bolo de chocolate. Um tipo de passe livre para qualquer comportamento que não se enquadre nos termos da tradição moral. No entanto, poucas pessoas perceberam de onde vem sua origem.[3] Até mesmo meus amigos mais libertinos reprovariam um relacionamento entre uma universitária e um homem que tem mais do dobro de sua idade, ainda menos uma escapada sexual em que o pai se torna cunhado e a irmã, madrasta. E, ainda assim, essa é a história.

À medida que continuamos nossa exploração do mundo, da carne e do diabo, essa história se torna um grande exemplo do nosso próximo tópico. O que Allen chamou de coração é o mais próximo do que os autores do Novo Testamento chamariam de a carne.

Para começar, dê uma olhada no que Paulo diz em Efésios:

> Ele lhes deu vida quando vocês estavam mortos em suas transgressões e seus pecados, nos quais vocês andaram noutro tempo *segundo o curso deste mundo* e do *príncipe da potestade do ar* [outro nome para o diabo], do espírito que agora atua nos filhos da desobediência. Entre eles também nós todos andamos no passado, segundo as inclinações da nossa carne, *fazendo a vontade da carne e dos pensamentos*.[4]

Perceba a tríade de inimigos de Paulo:

O mundo: "Vocês andaram segundo o curso deste mundo."

A carne: "Fazendo a vontade da carne."

O diabo: "O príncipe [*archōn*] da potestade do ar."

Aqui é onde os primeiros aprendizes de Jesus captaram o esquema dos três inimigos da alma. Antigos como eram, os primeiros cristãos estavam bem atentos — bem mais do que muitos de nós hoje em dia — ao fato de que nossa luta "não é contra o sangue e a carne", como Paulo escreveu alguns capítulos depois.[5] Não é contra a Rússia, o Estado Islâmico ou a cleptocracia digital chinesa, muito menos contra os Republicanos ou Democratas, é contra um eixo muito mais traiçoeiro do mal.

Passamos a parte 1 refletindo sobre o nosso primeiro inimigo, o diabo, e como ele vende ideias enganosas. O próximo na pauta é a carne. Lembre-se, nós dissemos que o principal estratagema do diabo são as ideias enganosas que levam a desejos desordenados. Suas mentiras não são aleatórias: "Elvis está vivo e escondido no México." Não, elas agem em alguma brecha profunda no coração humano que está determinado na direção errada: "Pornografia é uma parte normal e saudável do crescimento, e a exploração sexual é a chave para viver uma vida feliz e gratificante."

A palavra que Paulo e os autores do Novo Testamento usavam para esse aspecto do nosso íntimo é a *carne*.

Hoje em dia, isso pode parecer uma linguagem estranha para nossos ouvidos modernos. O que exatamente eles queriam dizer com a carne?

A palavra que Paulo usava em grego é σάρξ (soa como "sarx"). Semelhante ao inglês, as palavras gregas com frequência possuem mais de um significado.

Pense na palavra em inglês *squash*. Pode significar um tipo de legume (abóbora), muito usado nas sopas de outono e nas saladas; um jogo britânico peculiar, parecido com raquetebol só que mais estranho; ou, usada como um verbo, destruir ou demolir, como em: *to squash the bug* (esmague o inseto).

Da mesma maneira, a palavra grega σάρξ pode significar pelo menos três coisas diferentes no Novo Testamento.[6]

Pode simplesmente significar corpo, como em 1 Coríntios 6:16:

> Ou não sabem que o homem que se une a uma prostituta forma um só corpo com ela? Porque, como se diz: "Os dois se tornarão uma só *carne*."

Aqui, *carne* é um sinônimo para *corpo*. Ainda usamos a palavra desse jeito em nossa expressão *carne e osso*.

E quando usada no plural, apenas significa humanidade, como em 1 Pedro 1:24:

> Porque toda a humanidade é como a erva do campo, e toda a sua glória é como a flor da erva.

A palavra *humanidade* é na verdade σάρξ em grego. Em traduções mais antigas, tem-se: "Toda a carne é como a erva do campo."

Então nesse sentido, a sua carne não é algo ruim de maneira alguma, muito menos um inimigo. É apenas uma palavra para sua fisicalidade em toda a sua mortalidade e beleza efêmera.

Da mesma maneira, o segundo significado de σάρξ é sua etnia. Por exemplo, Paulo escreveu em Filipenses:

> Porque nós é que somos a circuncisão, nós que adoramos a Deus no Espírito, e nos gloriamos com Cristo Jesus, em vez de confiarmos na *carne*.[7]

No contexto, Paulo estava escrevendo sobre como o fato de ser judeu não facilitaria a sua entrada no reino, para combater uma forma de supremacia judaica na igreja de Filipos.

Então, sua carne é simplesmente a sua etnia: sua identidade e história racial, cultural, e/ou nacional — a língua que você fala, a comida que você come, os milhares de pequenos costumes que organizam sua vida em um determinado tempo e lugar e distinguem você de outros grupos étnicos. De novo, carne nesse sentido não é nem um pouco pejorativo, embora possa ser facilmente distorcido para o mal pela inclinação universal do coração ao preconceito. Ainda assim, não é algo ruim em si.

Mas existe um terceiro e último significado. Aquele que falamos quando conversamos sobre "o mundo, a *carne*, e o diabo" não é nosso corpo ou nossa etnia. Trata-se do que Paulo escreveu em Efésios 2:3: "fazendo a vontade da carne". Aqui ele se refere às vontades animalescas do nosso corpo distante de Deus.

Em Romanos 7:5, ele as definiu mais detalhadamente como nossas "paixões pecaminosas".

Aliás, na tradução da Bíblia Nova Versão Internacional (1978), acadêmicos sempre traduziram σάρξ como "natureza pecaminosa". Que não foi bem aceito entre os teólogos, então na atualização de 2011, voltou a ser a tradução antiga de "carne".

Para ser honesto, os tradutores e filólogos da Bíblia estavam apenas tentando transmitir esse terceiro sentido da palavra grega — o apetite pecaminoso em todos nós que parece natural para os nossos corpos, mas mesmo assim é errado. Afinal, cada um de nós é mais do que apenas um corpo, somos também alma.

Mais à frente Pedro definiu a carne como "desejo impuro" que despreza qualquer autoridade.[8] Ele também escreveu sobre a "corrupção do mundo causada pelos desejos humanos".[9]

O pastor e acadêmico Eugene Peterson, que traduziu a Bíblia para o "inglês norte-americano", definiu a carne como "a corrupção que o pecado introduziu em nossos próprios desejos e instintos".[10]

Basicamente, são nossos impulsos básicos, primitivos e animalescos por autossatisfação, em especial em relação à sensualidade (como no sexo e na comida) mas também por satisfação em geral, bem como os nossos instintos por sobrevivência, dominação e necessidade de controle. Desejos que estão em *todos* nós. Apesar da atmosfera humanística em torno de nós constantemente nos dizendo que somos bons, todos sabemos que temos esses desejos que não sabemos o que fazer com eles. Porque eles não combinam com a mensagem cultural que ouvimos o tempo todo, frequentemente nos sentimos apavorados com medo da verdade vir à tona, ou nos sentimos envergonhados de estar em nosso íntimo, ou até mesmo um tipo de ódio de nós mesmos. Mas o Novo Testamento é incrivelmente aberto no que diz respeito à zona de penumbra do coração humano, e somos convidados a explorá-la sob o olhar amoroso e compassivo de Deus.

Agora, só para esclarecer, essa linguagem é única de Paulo e os primeiros teólogos cristãos, mas a *ideia* não é de forma alguma especificamente cristã. É uma percepção antiga e multicultural do problema da condição humana.

Cinco séculos antes de Paulo, Buda disse: "Em dias passados, minha mente costumava vagar por onde os desejos egoístas, a luxúria ou o prazer a levasse. Hoje em dia essa mente não vaga mais, e está sob a harmonia do controle, assim como um elefante selvagem é controlado por seu domador."[11] Ele estava comparando a tentativa da sua mente em controlar os desejos de "luxúria ou prazer" ao desafio de montar em um elefante, um animal imenso.

Ao mesmo tempo, Platão usa a descrição de um condutor de uma biga com dois cavalos amarrados juntos, cada um lutando pelo controle. Ele chama um cavalo de "um amante da honra com modéstia e autocontrole", enquanto o outro era "um amigo da soberba e da lascívia... as orelhas muito peludas — surdo como um poste — e a muito custo obedece, depois de castigado com o açoite".[12] Veja novamente, a descrição é de um condutor tentando controlar um animal que é mais poderoso e quase sem controle.

Alguns rabinos nos ensinaram que cada um de nós possui não apenas uma, mas "duas almas, guerreando entre si em nossa mente, cada uma desejando e querendo governar e impregnar a nossa mente exclusivamente". O rabino Zalman as chamou de nossa "alma animal" e "alma divina".[13]

Mais recentemente, o transcendentalista Henry David Thoreau, durante sua experiência solitária na Lagoa Walden, em sua busca espiritual, escreveu: "Temos consciência de um animal em nós. É rasteiro e sensual, e talvez não possa ser totalmente expulso."[14]

O psicólogo Jonathan Haidt simplesmente chamou essa parte do nosso cérebro de "eu animal".[15] O melhor especialista em cérebro Jeffrey Schwartz o chamou de "cérebro animal".[16]

Hoje essa ideia antiga continua a aparecer em tudo, desde Joe Rogan e Elon Musk fazendo piada em um podcast sobre como os humanos são "todos macacos", e macacos fazem coisas desagradáveis e terríveis entre si,[17] até Jordan Peterson escrevendo sobre as dinâmicas de acasalamento das lagostas como um modelo para o comportamento humano.[18]

A questão é que, durante muito tempo, humanos das variedades mais autoconscientes — de diferentes grupos étnicos, religiosos e geracionais — percebem a hierarquia dos desejos em nossa mente e nosso corpo. Nem todos os desejos são criados iguais. Ou ao menos, nem todos são igualmente benéficos. Alguns dos nossos desejos são mais elevados ou nobres e conduzem à vida, liberdade e paz, outros são inferiores ou mais animalescos e conduzem à morte, escravidão e ao medo.

Todas as pessoas livres e prósperas organizam essa combinação interior de desejos. O sábio reconhece que prazer não é a mesma coisa que felicidade. Prazer tem a ver com dopamina, felicidade tem a ver com serotonina. Prazer consiste no próximo êxito para se sentir bem em um momento, felicidade é uma questão de contentamento a longo prazo, uma sensação de que minha vida é rica e satisfatória do jeito que ela é. Prazer consiste em querer, felicidade consiste na liberdade de querer.

A maioria dos eticistas define felicidade como um tipo de contentamento, uma satisfação no nível da alma em que você está satisfeito com as coisas como são, em vez de implorar por mais, ou seja: felicidade vem como o resultado de *desejos disciplinados*. Em todas as áreas da vida — do sexo à dieta ao dinheiro — felicidade, ou a vida boa, é o que acontece depois que você disciplina seus desejos. Você tem que controlar alguns dos seus desejos e cultivar outros.

Isso é a que os autores do Novo Testamento estavam se referindo quando escreveram sobre o cabo de guerra interno entre o espírito e a carne. Eles reconheceram uma guerra invisível, mas real, em nosso íntimo, assolando no campo de batalha dos desejos. Como Dostoiévski escreveu em *Os Irmãos Karamazov*: "Deus e o diabo estão lutando lá e o campo de batalha é o coração do homem."

Porém, tragicamente essa ideia antiga — que é fundamental no Caminho de Jesus — tornou-se um conceito estranho, senão um pária social, no Ocidente moderno recente.

Vamos falar um pouco de história.

O filósofo Charles Taylor, em sua obra fundamental *A Era Secular*, escreveu sobre como o Ocidente passou de uma cultura de "autoridade" para uma cultura de "autenticidade". Que significa, que costumávamos viver de acordo com o que as estruturas *externas* de autoridade (Deus, a Bíblia, tradição, e assim por diante) *nos diziam* para fazer, mas agora a maioria das pessoas no Ocidente vive de acordo com o que o seu "eu autêntico" *interno quer* fazer.[19]

O ponto de virada foi Freud. Embora eu não seja psicólogo, a maioria dos meus amigos psicólogos me diz que, mesmo muito inteligente, Freud errou em quase tudo, e que ainda assim muitas das suas ideias criaram o ar cultural que respiramos agora.

Antes de Freud, a maioria das pessoas do Ocidente (sabendo ou não) pensava sobre desejo através da lente do filósofo do século quarto Santo Agostinho. Ele era na verdade um norte-africano. Mas suas ideias, embora desenvolvidas em solo africano, moldaram grande parte da civilização ocidental durante mais de um milênio.

De acordo com Santo Agostinho, o problema básico da condição humana são os desejos desordenados, ou amores. No seu ponto de vista, seres humanos foram criados *no* amor e *para* o amor. Então, somos primeiro amantes e depois pensadores. Vivemos principalmente pelo desejo, *e não por nossa mente racional.*

Na visão agostiniana, o problema da condição humana não é que não amamos. É que amamos ou as coisas erradas ou as certas, *mas na ordem errada.*

Por exemplo, não é errado amar o seu trabalho. Espero que isso aconteça. Porém, se você amar sua carreira mais do que o seu filho adolescente, esse é um amor desordenado e criará problemas maiores para você e seu filho.

Outro exemplo: Não é ruim amar seu filho. Eu amo. Mas, e se você amar seu filho mais do que a Deus? Esse é um amor desordenado e vai distorcer a forma como você se relaciona com ambos.

Nem é ruim amar sexo. O próprio Deus nos criou como seres sexuais e nos ordenou "multipliquem-se".[20] Mas quando o sexo se torna um pseudodeus que buscamos por identidade, para pertencer a uma comunidade, ou para obter satisfação na vida, quando ele se torna uma soteriologia (uma doutrina de salvação), assim como é para muitas pessoas do Ocidente, este é um amor desordenado. E não é apenas errado no sentido moral. Ele não consegue satisfazer o desejo mais profundo da alma por amor, intimidade, aceitação e generatividade. Afinal, o corpo quer apenas um orgasmo, mas a alma quer mais — comunhão e doação.

Então, em um Ocidente antes de Freud, a prosperidade humana consistia em dizer sim para os desejos certos, os desejos elevados por amor, e dizer não para os desejos inferiores, os mais degradantes, que são mais apetites do que desejos. E você poderia navegar por seus desejos pelos mapas mentais que foram entregues para você por uma fonte *externa*, porém confiável de autoridade — de preferência, o próprio Jesus, à medida que Seus ensinamentos chegam até nós por meio do Novo Testamento — para não repetir os erros de gerações anteriores e levar adiante a sabedoria acumulada dessas gerações. Afinal de contas, você não é o primeiro humano a viver. Por que repetir os erros dos outros?

A visão de Freud era radicalmente contrária. Para ele, o nosso desejo mais importante era a libido, que ele definiu como nosso desejo, não apenas por sexo, mas por prazer como um todo. Como a libido sem restrições poderia nos levar à anarquia, nossos pais e as estruturas culturais nos forçaram a reprimir nosso desejo, e, para Freud — e isso é fundamental —, *a repressão dos desejos é a base de todas as neuroses.* Traduzindo: a razão de você estar infeliz é porque outras pessoas estão dizendo que você não pode fazer algo.

Não é preciso muito para descobrir quais ideias venceram a batalha pela visão de realidade do Ocidente.

As ideias de Freud aparecem em slogans populares e em frases de efeito do nosso dia a dia:

"O coração quer o que ele quer."

"Siga o seu coração."

"Você faz você."

"Apenas faça."

"Fale a sua verdade."

E, claro: "Seja fiel a você."

Alguém se lembra de Shakespeare? "Seja fiel a você" é uma citação de sua peça, *Hamlet*. A versão original era: "Acima de tudo sê fiel a ti mesmo."[21]

Alguém lembra quem disse essa frase? Se não, não se sinta mal, eu tive que procurar. Foi Polônio, *o bobo*. É o tolo que nos encoraja a viver pelo slogan "Seja fiel a você", e ainda sim repetimos esse mantra como se fosse o evangelho. Nós apenas supomos (lembre-se, ideias são suposições sobre a realidade) que o caminho para uma vida próspera e feliz seja seguir nossos corações, que com frequência interpretamos mal como sendo qualquer desejo autêntico.

No passado, era responsabilidade de todo mundo reprimir os desejos da carne. Hoje em dia é direito de todas as pessoas seguir os desejos de seu eu autêntico.[22]

Jonathan Grant, no seu excelente livro *Sexo Divino*, resumiu precisamente essa mudança tectônica:

> A autenticidade moderna nos encoraja a criar nossas próprias crenças e nossa moralidade, a única regra é a de que elas devem ressoar com quem sentimos que realmente somos. A pior coisa que podemos fazer é obedecer a algum tipo de código moral imposto de fora — pela sociedade, por nossos pais, a igreja, ou quem quer que seja. Considera-se óbvio que tal imposição atrapalharia nossa identidade original... O eu autêntico acredita que o significado pessoal deve ser encontrado dentro de nós mesmos ou deve ressoar com nossa personalidade singular.[23]

Felicidade consiste em *sentir-se* bem, não em *ser* bom. Vida boa consiste em conseguir o que queremos, não em tornar-se o tipo de pessoa que realmente quer coisas boas.

O eu — não Deus ou as Escrituras — é o novo lugar da autoridade da cultura no Ocidente.

O eticista Robert C. Roberts, um especialista na influência de Freud no Ocidente, fez essa observação:

> Fomos levados a sentir que o eu é sagrado: assim como em épocas anteriores era inadmissível negar a existência de Deus, agora parece que nunca está certo negar a si mesmo.[24]

Mas escutem a perspectiva do teólogo David Wells sobre o que acontece quando uma sociedade se entrega à carne:

> Teologia torna-se terapia... O interesse bíblico na justiça de Deus é substituído pela busca da felicidade, santidade por integridade, verdade por sentimento, ética por sentir-se bem consigo mesmo. O mundo se adéqua às circunstancias pessoais, a comunidade de fé se adéqua a um círculo de amigos pessoais. O passado desaparece. A igreja desaparece. O mundo desaparece. Tudo o que restou foi o eu.[25]

O eu é o novo deus, a nova autoridade espiritual, a nova moralidade. Porém, isso coloca um peso esmagador no eu, o qual ele nunca foi destinado a suportar. Ele deve descobrir a si mesmo. Tornar-se ele mesmo. Ser fiel a si mesmo. Justificar-se. Fazer feliz a si mesmo. Desempenhar e defender sua identidade frágil. Como meu instrutor do Peloton diria: "Valide a sua grandeza." Mas como ficam os vários dias em que não sentimos toda essa grandeza? A pressão é exaustiva. Adivinhe as estatísticas de esgotamento, ansiedade e saúde mental.

Nesta nova religião do eu, o que nossos ancestrais chamavam de pudor agora é chamado de opressão, se for imposta externamente, ou repressão, se internamente. O que eles chamavam de autodisciplina ou autocontrole, chamamos de, francamente, pecado. Em uma visão de mundo onde o desejo é sagrado, *o pecado supremo é não seguir o coração*. Como observou outro teólogo, Cornelius Plantinga: "Em tal cultura... o eu existe para ser explorado, satisfeito e manifestado, mas não disciplinado ou contido."[26]

Assim como todas as ideias mais poderosas em nosso mundo, essa é tão letal porque supõe-se ser a verdade. Até mesmo questioná-la é um tipo de heresia cultural, levantar essa mesma dúvida nos outros, é um crime grosseiro.

Mas o atual mantra onipresente de "Seja fiel a você" despertou uma questão muito interessante:

Qual você?

O diretor espiritual e psicólogo David Benner, em seu belo e breve livro *O Dom de Ser Você Mesmo,* observou: "O que chamamos de 'EU' é na verdade uma família de muitos eus-parciais."[27] Isso pode soar como psicologismo barato, mas não. Ele está notando a complexidade do desejo em cada um de nós. Temos os mais variados desejos, muitos deles contraditórios. Quando nos dizem para "seguir nosso coração", qual coração seguimos? E o que fazemos quando nosso coração é volúvel e nossos desejos mudam a toda hora e oscilam com nosso humor?

Deixe-me dar um exemplo bem trivial sem carga emocional: a fila do mercado. Cerca de uma vez por semana, eu tenho essa experiência: Eu paro no mercado a fim de comprar algumas coisas para o jantar, e enquanto espero na fila para pagar, encaro o estudo de caso perfeito daquilo que meu amigo David Bennett chamou de "uma guerra de amores".[28]

À minha direita, tem uma prateleira com revistas cheias de celebridades bonitas, magras e ou musculosas perfeitamente retocadas digitalmente.

Harry Styles é o novo modelo de excelência. Ryan Gosling está envelhecendo muito bem. Timothée Chalamet está roubando os corações das adolescentes mundo afora.

À minha esquerda? Outra prateleira de revistas, mas essa está repleta de fotos indecentes de comida. Enchiladas com guacamole e creme de leite. "As Dez Melhores Cervejas do Verão", "Os Vinte Melhores Novos Restaurantes em Portland", "Bolo de Sete Camadas dos Sonhos".

E em cima das duas prateleiras? Uma outra prateleira lotada de doces, chocolate, e outras guloseimas cheias de açúcar que não fazem bem para a saúde.

Agora, enquanto espero na fila, sinto dois desejos primitivos profundos em minha alma. Por um lado, quero me parecer com Ryan Gosling. Mas por outro, quero ir para casa e fazer uma cheesecake vegana com massa de bolacha, morango com chantili.

Ambos os desejos são "autênticos" para o meu "verdadeiro eu". *Mas eles são mutuamente exclusivos.* Como um cara de quarenta anos e com um tipo de metabolismo B, não posso me dar ao luxo de ficar comendo bolos, literalmente.

Então, o que faço com esse grande problema existencial? Fácil. Pego uma revista *GQ e* os chocolates com creme de amendoim (eles são orgânicos!) mastigo-os enquanto leio sobre a rotina de abdominais de Ryan. Amanhã eu começo. Pronto.

Essa é uma experiência engraçada para muitos de nós, que acontece no nosso dia a dia, mas o mesmo é válido quando se trata de conflitos de desejos mais delicados e sérios.

Eu quero amar meus filhos, quero ser um pai presente, e intencionalmente incentivá-los a desenvolverem todo seu potencial, mas também quero fechar a porta, assistir à TV, e deixar que resolvam os seus próprios problemas.

Eu quero viver profundamente grato e feliz com o que tenho, assim como praticar generosidade radical, mas também quero comprar uma jaqueta nova de que não preciso e fazer um upgrade no meu carro que já está perfeito.

Eu quero acordar cedo e inundar minha mente e meu coração com orações e as Escrituras, mas também quero ficar acordado até tarde para assistir ao meu programa favorito.

Poderíamos escrever páginas e páginas sobre isso, porque é a natureza da experiência humana. Mas o que é fácil deixar passar na visão moderna das coisas é que nossos desejos mais fortes na verdade não são nossos desejos mais profundos.

Deixe-me repetir mais uma vez: *nossos desejos mais fortes na verdade não são nossos desejos mais profundos.*

O que quero dizer com isso é que, no momento da tentação, o fogo assolador do desejo que é a sua carne — o desejo de fazer um comentário arrogante sobre o seu colega de trabalho, comprar outro par de sapatos de que você não precisa, comer demais, beber demais, luxúria, ignorar Deus, assistir à Netflix em vez de ler sua Bíblia — parece avassalador e quase irresistível. Mas esses desejos na verdade não são os desejos mais verdadeiros e profundos do seu coração, eles não vêm das forças de sua alma.

Acalme-se diante de Deus...

Respire fundo...

Deixe que os desejos mais profundos do seu coração venham à tona.

O que você quer?

O que *realmente* você quer?

Meu palpite é, se você olhar bem, você anseia pelo próprio Deus. Para viver no Seu amor, submeter-se à Sua paz gentil e deixar o seu corpo se tornar um lugar onde a vontade dEle seja feita "assim na terra como no céu". Este é o presente do Espírito Santo em você.

É por isso que, apesar de todo o papo sobre como os seres humanos são animais, como a moralidade é uma construção social, e como precisamos ser fiéis conosco, ainda é geralmente reconhecido que para viver uma vida boa, você deve se tornar uma pessoa boa. Eu nunca li um obituário que dissesse: "Ele tirou muito proveito da sua assinatura do Tinder." Ou "Essa menina sabia como comer, beber, e ser alegre." Muito menos "O comprometimento que esse cara tinha com o seu par de tênis foi inspirador."

Claro que não. Quando as pessoas morrem, honramos e celebramos a melhor parte de sua personalidade. Amor, sacrifício, lealdade à família e aos amigos, humildade, alegria e compaixão. *Tudo isso requer a negação dos seus desejos da carne.* Então, embora nossa cultura comemore o evangelho da autorrealização, o tipo de eu que você cultiva é o principal.

Minha conclusão é simplesmente essa: nossos desejos mais profundos — normalmente, de nos tornarmos pessoas bondosas e amorosas — são com frequência sabotados pelos desejos mais fortes e superficiais de nossa carne. Isso é agravado por uma cultura onde o pensamento predominante é seguir nossos desejos, e não os crucificar. Mas na realidade, "Ser fiel a você mesmo" é um dos piores conselhos que alguém pode se dar.

Veja porque: entregar-se aos desejos da nossa carne não nos leva à liberdade e à vida, como muita gente acha, em vez disso nos leva à escravidão e, no pior dos cenários, ao vício, que é um tipo de suicídio prolongado pelo prazer.

Vamos abordar isso agora.

"Suas paixões forjam seus grilhões"

Nos dias de viagem intercontinental por mar, quando se chegava pela primeira vez aos Estados Unidos, vindo do leste, era muito provável que a primeira coisa que se avistasse fosse a Estátua da Liberdade. Lá estava ela, elevando-se a cem metros do Porto de Nova York, de forma reveladora, na Ilha da Liberdade. Um símbolo evocativo para a terra da liberdade e lar dos bravos.

Não é surpresa que nossos fundadores nos tenham dado lemas como: "Vida, *liberdade*, e a busca da felicidade" e "*Liberdade* e justiça para todos" ou até a frase empolgante de Patrick Henry: "Dê-me *liberdade* ou dê-me a morte!"

Não importa a trágica ironia de que nós também fomos a nação que conduziu um tráfico de escravos transcontinental durante séculos, de mais de doze milhões de africanos (dos quais cerca de dois milhões morreram antes mesmo de desembarcarem na Costa

Leste).[1] Ao mesmo tempo que nos rebelávamos contra a opressão da Inglaterra, simultaneamente desenvolvíamos uma forma de escravidão tão cruel que o mundo nunca tinha visto.

Hipocrisia à parte, nós, norte-americanos, nos vangloriamos da liberdade como um bem supremo. Em um estudo abrangente de nossa nação, um grupo de sociólogos conduzido por Robert Bellah descobriu que para os norte-americanos, "a liberdade talvez fosse o valor mais importante".[2]

E ainda assim algo em relação a essa liberdade parece ter dado errado. O racismo sistêmico é o exemplo mais lembrado, porém existem muitos outros. O vício em nossa nação é generalizado, bem como as compras compulsivas, fraudes financeiras, obesidade, alcoolismo e danos ao meio ambiente. Qualquer coisa que exija uma fidelidade de longo prazo está atualmente em declínio: casamento, famílias com pai e mãe, e assim por diante. Acrescente a isso a xenofobia nacionalista da extrema direita e o impulso anarquista da extrema esquerda.

Várias vezes pensamos sobre essas realidades e nos perguntamos: *Como isso pode ter acontecido na terra da liberdade?*

O professor de direito constitucional Patrick Deneen, da Notre-Dame, em seu livro *Por que o liberalismo fracassou?* (um livro conservador, mas recomendado por ninguém menos do que o Presidente Obama[3]), afirmou que o problema com a liberdade não começou nos anos 1960 com Foucault, Woodstock, e a revolução sexual. Começou na década de *1760* com o Iluminismo, os pais fundadores, e a Constituição dos Estados Unidos, que ele chamou de uma tentativa de criar um tipo de ser humano completamente diferente com base na nova definição de liberdade. Essa nova definição é tanto grosseira quanto comum: liberdade é a habilidade de fazer o que quiser.

Poucos norte-americanos percebem que não era assim que Jesus, os autores da Bíblia e os grandes filósofos da história definiam liberdade.

Para mostrar o que estou dizendo, vamos passar um tempo com a epístola de Paulo aos Gálatas. Existem algumas passagens no Novo Testamento sobre a carne, os capítulos 5 e 6 de Gálatas são os meus favoritos. Na estrutura teológica de Paulo, encontramos uma visão alternativa, porém convincente de liberdade para o nosso mundo ocidental.

Será preciso mais de um capítulo para analisar os ensinamentos de Paulo, mas vamos começar do início de Gálatas 5.

> Para liberdade foi que Cristo nos libertou. Por isso, permaneçam firmes e não se submetam, de novo, ao jugo da escravidão.

À primeira vista, isso parece algo que um norte-americano moderno diria. "Seja livre! Não deixe que nada ou ninguém controle você!" Mas se continuar lendo, você percebe rapidamente que Paulo não quis dizer o que a maioria de nós entende por liberdade. Versículo 13:

> Vocês, irmãos e irmãs, foram chamados à liberdade. Mas não usem a liberdade para dar ocasião à carne.

Traduzindo: Não é porque você não está mais sob o Pacto Mosaico que vai abusar da sua recente liberdade em Jesus. Não ceda aos seus desejos desordenados. Em vez disso, entregue-se às restrições relacionais do amor.

Paulo usou aqui a palavra liberdade no sentido filosófico padrão de autodeterminação. Os filósofos afirmam que os seres humanos são as únicas criaturas com liberdade autodeterminada. Diferente dos animais, não apenas fugimos dos nossos impulsos evolutivos primitivos por prazer ou sobrevivência. *Temos* esses impulsos — seja pela biologia evolutiva, a queda ou uma combinação dos dois — mas também temos liberdade autodeterminada, a capacidade de anular esses impulsos quando eles estão desordenados.

Pense em um animal. Um coiote não decide se vai comer um coelho ou não. Ele não vê um coelho e faz uma pausa para pensar: *Esta é a escolha certa?* Você não vai encontrar um coiote lendo um livro sobre veganismo da PETA ou esperando um podcast de Michael Pollan sobre uma dieta à base de plantas. Claro que não. Ele funciona por meio de uma regra simples: vê o coelho; persegue o coelho; come o coelho. Ele é apenas movido por impulsos instintivos de sobrevivência. É por isso que não existe ética no reino animal, tudo é amoral, causal e baseado em instintos. É por isso que não responsabilizamos um predador do zoológico local por ter comido sua presa.

Mas não somos coiotes. Quando chegamos a um restaurante, o que o garçom nos dá? Um menu, não um coelho vivo que abatemos e consumimos cru. Lemos o menu, avaliamos nossas opções como custo, teor de gordura, como essa refeição vai nos fazer sentir ou parecer para nosso encontro, e assim por diante. Até pensamos sobre a harmonização perfeita dos vinhos.

Também podemos decidir se "devoramos" ou não um colega ser humano por meio da fofoca, mentira, injustiça ou de uma sutil reorganização da nossa empresa para subir na hierarquia corporativa.

Isto é o que nos separa dos animais — não os nossos polegares opostos ou até mesmo nossos córtices pré-frontais, e sim a nossa habilidade para escolher nossas rotas de ação. Um pássaro migratório, por exemplo, possui a habilidade incomum e inata de voar para o sul e chegar bem à ponta de Mazatlán, todos os verões. Esta é uma habilidade magnífica. Mas eles não possuem a habilidade para dizer: "Quer saber, esse ano acho que vou para Santa Fé ou talvez dar uma passada em San Diego, ouvi dizer que o panorama artístico é interessante." Os humanos, por outro lado, *decidem* onde vão passar seus invernos, mesmo que, para muitos de nós, seja onde nossa renda permita. É por isso que temos uma enorme quantidade de liberdade autodeterminada.

Mas — eis o problema — é muito fácil abusar da liberdade. E quando abusamos dela, rejeitamos o amor. Observe a próxima frase de Paulo:

> Ao contrário, usem-na para servir uns aos outros em amor. Pois toda lei pode ser resumida neste único mandamento: "Ame seu próximo como a ti mesmo." Mas, se estão sempre mordendo e devorando uns aos outros, tenham cuidado, pois correm o risco de se destruírem.[4]

Interessante. Para Paulo, o contrário de "indulgência da carne" era "ame seu próximo". Isso soa um pouco estranho à primeira vista, porque em nossa cultura com frequência confundimos amor com luxúria. Ou, grosso modo, amor com desejo.

Quando dizemos "eu amo bolo de chocolate", queremos dizer que "eu quero *comê-lo*. Satisfazer-me com ele. Consumi-lo".

E, quando dizemos "Eu amo meu namorado ou namorada", na maioria das vezes, tem o mesmo sentido acima.

Não estou dizendo que desejo sexual ou romântico seja algo ruim, é uma bonita bênção dada por Deus. Mas amor como é definido por Jesus, Paulo, e pelo Novo Testamento é um fenômeno bem diferente. A palavra grega que eles usavam para amor não era *eros* (de onde vem a palavra *erótico*) mas *ágape*. Eis minha melhor chance de definir amor *ágape*:

> Um compromisso compassivo de encantar-se com a alma de outra pessoa e *desejar o bem dessa pessoa* antes do seu próprio, não importa o que isso custe a você.

Amor não é o desejo de *receber*, mas de *dar*. É a intenção genuína no coração de promover o bem na vida de outrem. Ver a beleza inerente em outra alma e ajudá-la a ver também.

Observe: se amar é desejar o bem, isto significa que, para amar as pessoas, você precisa conhecer a realidade — saber o que é *realmente* bom para elas. Lembre-se disso, pois mais tarde voltaremos a esse tópico.

A ideia de Paulo é que nossa carne é contra o amor. A carne abriga nossos impulsos animais por autogratificação e sobrevivência, que, como observou precisamente o Dr. Schwartz, da Universidade da Califórnia (UCLA), percebem "outros seres sensíveis e sofredores como nada mais do que objetos dos seus desejos ou obstáculos a eles".[5]

Minha esposa usa o adjetivo *carnal* em nossa casa. Quando alguém em nossa família está com um péssimo humor, resmungão, e pensando apenas em suas próprias vontades e necessidades, ela vai dizer: "(Fulano) está sendo *carnal*."

Nunca sou eu, juro...

Mesmo que os tradutores da Bíblia não levem em conta essa percepção em uma nova edição, minha mulher está certa. Quando estamos "na carne" (carnais), estamos sem amor. Isto porque amor — como já definido — é um trabalho árduo, cheio de dor e alegria. A carne é preguiçosa e indulgente consigo mesma. Ela apenas quer sentir-se bem naquele momento.

Santo Agostinho chamou o pecado de "amor voltado para si mesmo". Provavelmente interpretando essa ideia, Martinho Lutero, mais tarde, chamou de aquele que vive para o seu próprio prazer e gratificação sensual *homo incurvatus in se*, ou "homem curvado sobre si mesmo".[6]

Agora, com isto em mente, veja o que Paulo diz a seguir:

> Digo, vivam no Espírito e vocês jamais satisfarão os desejos da carne. Porque a carne luta contra o Espírito, e o Espírito luta contra a carne, porque são opostos entre si, para que *vocês não façam o que querem*.[7]

Observe: "Fazer o que quiser" é exatamente o que diz a nossa cultura.

Como a ícone pop Billie Eilish disse em uma entrevista para a *Vogue*: "Meu lance é que posso fazer o que eu quiser... É tudo sobre o que faz você se sentir bem."[8] Ela estava defendendo o uso do espartilho revelador para um ensaio fotográfico — um símbolo que muitas feministas associam com misoginia.

Mas só porque algo parece bom, não significa que seja bom. E se existe algo que não devemos fazer é o que desejamos. Isso é uma ideia escancaradamente demoníaca.

Para ser honesto, aqueles que defendem a filosofia do "faça aquilo com que você se sente bem" esclarecem normalmente "desde que não prejudique ninguém". De estrelas pop internacionais até nossos baristas locais, muitos dos nossos vizinhos seculares são pessoas extremamente boas e nobres que querem simplesmente que seus concidadãos sejam felizes. Elas ainda reconhecem a necessidade de lei e ordem. Na verdade, têm um padrão mais elevado para os direitos humanos do que nós cristãos. Odeio admitir isso, mas é verdade.

O problema com o "desde que não prejudique ninguém" é que requer uma definição consensual de dano. Algo que não temos no mundo secular e pluralista que habitamos. Nós não temos mais uma autoridade moral transcendente como Deus ou a Bíblia a qual apelar. Não temos nem mesmo a ideia das leis da natureza do Iluminismo. Tudo o que temos é o Eu e o Estado. O problema é que, todo o tipo de coisa que é legal não faz o ser humano evoluir.

Esse debate sobre dano é na verdade um debate sobre ética. Definir um ato de "amor" ou "ódio" requer uma definição consensual de bem e mal que, novamente, não temos. Desde que a ética foi individualizada na nova religião do eu, Dano com D maiúsculo é difícil de definir.

Pense sobre o alvoroço em relação à imigração e ao controle de fronteiras no meu país o "Abolish Ice" da esquerda (movimento pela abolição dos controles de fronteira) e "Faça os EUA Grandes de Novo" da direita. Algumas pessoas veem a imigração ilegal como uma ameaça grave às oportunidades econômicas da classe operária e à herança cultural de nossa nação, outras veem a oposição aos cidadãos sem documentos como uma forma de racismo contra pessoas não brancas, crueldade contra as crianças e uma perda de oportunidade para a diversidade.

Evidentemente, eles não concordam sobre o que constitui o dano.

Ou pense numa mulher que veste um biquíni pequeno na praia e vê isso como seu direito à celebração do empoderamento feminino, mas ela está sentada próximo a uma mulher muçulmana usando hijab que vê o uso de biquíni em público como um ataque à dignidade feminina, a propagação de uma definição cultural sufocante de beleza, e dessensibilização sexual. Ambas vivenciam o encontro como nocivo — uma se sente oprimida, a outra marginalizada.

Ou pense em Nkechi Amare Diallo (nome legítimo, Rachel Anne Dolezal), que atuou como presidente da NAACP (Associação Nacional para o Progresso de Pessoas não Brancas) em Spokane, Washington. Após se apresentar como negra por muitos anos, um escândalo nacional veio à tona em 2015. Descobriu-se, que ela tem ancestralidade totalmente europeia (ou seja, ela é branca), mas se "identificava como negra". Como resultado, ela não foi apenas despedida do seu cargo de instrutora em Estudos Africanos na Universidade de Washington; ela foi processada pelo Estado de Washington por perjúrio e crime doloso por fraude em assistência social.[9] Mas em vez de se retratar, ela continuou alegando que tinha pais brancos, mas que na verdade é negra em sua mente e experiência (curiosamente, usando a mesma lógica do transgenerismo). Então, quem é o prejudicado aqui? A comunidade negra, por uma mulher branca que se dizia negra e que é vítima de crimes de ódio relacionados à raça?

Ou Nkechi/Rachel por ter sido demitida por conta da sua identidade racial autodeterminada?

Esses são exemplos atuais da vida real dos desafios apresentados pela ética pós-moderna e pela falta de uma definição consensual do que é bom ou prejudicial.

Mas preste atenção que Paulo descreveu não uma, mas duas categorias de desejo: a carne *e o Espírito*.

Se a carne é o nosso impulso superficial e animalesco por autossatisfação, o Espírito é nosso mais alto e mais profundo desejo por amor e bondade. É a presença fortalecedora de Deus nas profundezas do nosso ser, gentilmente nos persuadindo para níveis mais elevados de *ágape* de doação.

E os desejos a que nos entregamos vão moldar a trajetória de nossas almas e da sociedade.

Veja para onde Paulo disse que a carne vai nos levar:

> Ora, as obras da carne conhecidas são: imoralidade sexual, falta de pudor, libertinagem, idolatria, feitiçarias, inimizades, rixas, ciúmes, iras, discórdias, divisões, facções, invejas, bebedeiras, orgias e coisas semelhantes a estas. Declaro a vocês, como antes já os preveni, que os que praticam tais coisas não herdarão o reino de Deus.[10]

Alguma coisa parece familiar?

"Imoralidade sexual, falta de pudor, libertinagem" — Tinder, cultura do encontro, bar ou casa noturna da sua cidade.

"Inimizades, rixas, ciúmes, iras" — Twitter, cultura do cancelamento, e a maioria das notícias.

"Discórdias, divisões, facções" — política, desde fofocas no escritório até Washington DC.

"Inveja" — a internet, o shopping, as propagandas e o grande gerador de inveja que é o Instagram.

"Bebedeiras, orgias e coisas semelhantes" — Netflix, HBO e outros.

Claro, estou destacando os aspectos negativos da nossa cultura e desses aplicativos. Existem muitas coisas maravilhosas sobre o Ocidente: direitos humanos, liberdade de religião, liberdade de expressão, bens materiais, ciência, medicina, educação, as artes, e assim por diante. Mas não podemos ignorar o lado sombrio da cultura. O ensinamento de Paulo é, *este é o tipo de alma e sociedade que é criado quando cedemos à carne.*

Compare e contraste, olhe para onde o Espírito Santo nos levará.

> Mas o fruto do Espírito é: amor, alegria, paz, longanimidade, benignidade, bondade, fidelidade, mansidão, domínio próprio.[11]

Isso parece como um sonho impossível para muitos de nós porque está muito distante da nossa experiência, mas esse é o tipo de "fruto" que cresce no solo do Espírito Santo. Quando as pessoas caminham no Espírito Santo, esse é o tipo de pessoa que elas se tornam — amorosas, alegres, calmas, tranquilas, prestativas, almas extremamente boas.

Paulo encerra com este resumo:

> E os que são de Cristo Jesus crucificam a carne, com as suas paixões e os seus desejos. Se vivemos no Espírito, andemos também no Espírito.[12]

Voltaremos às preces de Paulo para crucificar — ou seja, matar — a nossa carne. Por enquanto, eu quero que você veja uma coisa: as definições de liberdade e escravidão de Paulo são radicalmente diferentes daquelas do nosso mundo ocidental.

Uma breve palavra sobre cada uma delas. Primeiro, liberdade...

Eu não sei se alguma palavra no vocabulário cristão foi mais mal interpretada do que *liberdade*.

Os filósofos distinguem dois tipos diferentes de liberdade: negativa e positiva. A negativa é liberdade *de*; é a retirada de quaisquer e todas as restrições em nossas escolhas. A positiva é liberdade *para* — não apenas a permissão para escolher, mas o poder para escolher o que é *bom*.

Vamos dar uma olhada em cada uma delas. Primeiro, liberdade negativa.

A liberdade negativa é mais bem exemplificada na seguinte obra poética daquela grande intelectual da Escandinávia, Princesa Elsa (sim, de *Frozen*):

> Sem certo, sem errado
>
> Sem regras para mim
>
> Sou livre!

Ahh...

E você achou que eu fosse citar Søren Kierkegaard ou Dag Hammarskjöld.

Um exemplo muito mais sério vem da opinião majoritária dos juízes Sandra Day O'Connor, Anthony Kennedy, e David Souter no processo *Planned Parenthood of Southeastern Pa. v. Casey* (1992):

> No cerne da liberdade está o direito de definir o seu próprio conceito de existência, de significado, do universo e do mistério da vida humana.[13]

Esse conceito de liberdade surge de uma visão de mundo pós-moderna que não tem nenhuma crença em valores morais absolutos ou qualquer significado último da vida além de felicidade pessoal.[14] Nessa visão, o oposto de liberdade é restrição — seja vindo de uma fonte externa de autoridade, um texto sagrado como a Bíblia, ou de um compromisso irrevogável (tal como o casamento ou a criação dos filhos). Liberdade neste ponto de vista, é a "liberação" para fazer o que você quiser. (Minha escolha de palavra é premeditada aqui.) Para definir o bom para nós mesmos. Para buscar e aproveitar, comprar e vender, dormir com alguém e fazer qualquer coisa que desejamos, claro, "desde que não prejudique ninguém".

Isto tem se tornado a visão dominante de liberdade no Ocidente. Nossas crianças estão sendo educadas com esse ponto de vista, um filme da Disney de cada vez.

Mas essa não é a visão de Paulo sobre liberdade. Ou de Jesus. Ou da maioria dos pensadores da condição humana antes da era moderna. Eles davam mais ênfase à liberdade positiva. Liberdade não só para escolher, mas para escolher *o bem*. Para eles, liberdade não consiste em autonomia da autoridade, mas sobre a libertação de relações amorosas de pecado. E liberdade positiva significa que precisamos de um tipo de poder vindo de fora de nós mesmos (pense, no "poder superior" dos Alcoólicos Anônimos) para superar os nossos (fortes) desejos por autossatisfação e satisfazer nossos (profundos) desejos de amor altruísta.

Agora vamos falar sobre escravidão. Ouço a palavra *escravidão* e me encolho de medo. Como um norte-americano, essa palavra traz à minha mente os horrores da escravidão e a ferida aberta de uma nação que quatrocentos anos mais tarde ainda não teve um momento de arrependimento nacional. Muito menos de reparações. E para ser honesto, apesar das tentativas vazias de um grupo seleto de usar a Bíblia para justificar a escravidão, as Escrituras ensinam o contrário. Discriminação racial, desumanização e opressão estão erradas. E ponto-final.

Honestamente, às vezes hesito em usar a palavra escravidão nos meus escritos e ensinamentos. Mas Jesus e os autores do Novo Testamento a usavam constantemente. Como descendentes de escravos, era uma metáfora provocativa para usarem. No entanto, eles a usavam para um tipo de escravidão espiritual — ao diabo ou simplesmente à própria carne.

Pedro em outra passagem magistral sobre a carne, que vale o seu tempo de leitura, escreveu sobre falsos mestres que "prometem... liberdade, mas eles próprios são escravos da corrupção". E então ele vem com essa outra grande frase: "Pois cada um é escravo daquilo que o controla."[15]

Para os autores das Escrituras, tudo que tem controle sobre você — seja um tirano autocrata, um dono de escravo, um comportamento autodestrutivo, ou um vício em drogas, em álcool ou seu celular — *é o seu mestre*. É por isso que a literatura de sabedoria hebraica inclui declarações sobre como os infiéis serão "apanhados na sua própria ambição".[16] É por essa razão que os teólogos no Novo Testamento retrataram nossa vida antes de Jesus como aquela em que éramos "insensatos, desobedientes, *desgarrados e escravos* de todos os tipos de paixões e prazeres".[17]

E não são apenas os autores das Escrituras. A maioria dos pensadores antigos teriam concordado. Eis Andrew Sullivan, em um trecho da matéria para a revista *New York*:

> Para a maioria dos Antigos, liberdade era a libertação dos nossos desejos naturais e necessidades materiais. Era fundamentada no domínio desses impulsos naturais e profundos em favor do autocontrole, restrição, e educação em virtude… Se olhassem para a nossa liberdade atual veriam libertinagem, caos, escravidão do desejo. Eles preveriam aflição e não felicidade como resultado.[18]

A palavra terapêutica para esse tipo de escravização é *compulsão*, que é definida como "um sentimento muito forte de querer fazer algo várias vezes e que é difícil de controlar".[19] Compulsão, se não for controlada, transforma-se em vício, que é uma forma de escravidão ao desejo.

Gerald May, um orientador espiritual e psiquiatra que adoro, explica dessa forma:

> Não importa como uma compulsão aparece externamente, por baixo ela está sempre roubando a nossa liberdade. Nós agimos não porque escolhemos agir, mas porque temos que agir. Apegamo-nos a coisas, pessoas, crenças e comportamentos não porque os amamos, mas porque estamos morrendo de medo de perdê-los...
>
> Em um sentido espiritual, os objetos dos nossos apegos e vícios se tornam *ídolos*. Cedemos a eles o nosso tempo, nossa energia e atenção, querendo ou não, mesmo — e especialmente — quando estamos lutando para nos livrar deles. Queremos ser livres, compassivos e felizes, mas diante de nossos apegos estamos sempre presos, agarrados, e temerosamente egocêntricos.
>
> Esta é a raiz dos nossos problemas.[20]

Observe sua fala: "Queremos ser *livres*." Ele está usando a liberdade em um sentido positivo — não é a liberdade para fazer o que quisermos, mas a liberdade dos nossos desejos desordenados para saciar nosso apetite animal, a fim de sermos felizes.

Essa é a forma principal de escravidão na democracia do Ocidente. Apesar de todo o papo sobre os perigos da tirania vindo da direita e do autoritarismo da esquerda ou sobre o aumento da censura digital na China, a maior parte disso é apenas fomentação do medo e tentativa de desviar o assunto.

A servidão à nossa carne é o perigo mais urgente. Talvez, mais do que o diabo. Como dizem: "Se o diabo morrer hoje, você ainda estará em pecado amanhã." O diabo pode apenas nos enganar ou tentar, não nos controlar ou coagir.

É óbvio que muitos ocidentais recentemente começaram a usar a palavra *opressão* em um sentido muito mais amplo. A palavra opressão foi ressignificada da sua interpretação original (escravidão, misoginia codificada e discriminação legal contra gays) para significar toda e qualquer forma de autoridade e limites externos. Seja uma lei, uma doutrina ou norma social ou nossos pais, qualquer coisa que nos impeça de continuar fazendo o que queremos.

Agora, para deixar bem claro: a maioria das autoridades externas *são* opressivas, tóxicas e cruéis. A Coreia do Norte vem à mente, ou o Estado Islâmico ou, mais perto de casa, racismo sistêmico, brutalidade da polícia, ou os papéis de gêneros rígidos da década de 1950. Há um tempo e um lugar para se opor à autoridade externa. A ascensão do movimento Black Lives Matter em 2020 foi um grande exemplo. Porém, o problema não é a autoridade externa, mas o *abuso* dela.

Ao que me consta, na teologia bíblica, autoridade externa é um dos papéis principais do governo na esfera pública, e dos pais na esfera privada. O trabalho deles é conter a carne naqueles que não conseguem se controlar — seja um criminoso em um assalto a banco ou uma criança de dois anos, bem, talvez duas.

Na verdade, para aqueles de nós que seguem Jesus, *escolhemos*, de própria vontade, nos colocar sob a autoridade externa — que é o próprio Deus, mediada pelas Escrituras, e, até certo ponto, pela nossa igreja. Fazemos isso porque acreditamos que a autoridade não é inerentemente opressiva, mas semelhante à criação dos filhos, um campo de capacitação para que aprendamos como dominar nossa carne e nos tornar pessoas de amor. Por meio de fontes confiáveis de autoridade, temos acesso à realidade. E quando a autoridade é bem usada, com sabedoria e compaixão, crescemos e amadurecemos para nos tornar o tipo de pessoa que vive segundo a realidade e, como resultado, tem a capacidade de lidar com ainda mais liberdade.

É por isso que não damos porte de armas para crianças de dez anos, álcool para adolescentes ou carta de motorista para quem tem muitas multas. Não é porque essas liberdades sejam necessariamente ruins, mas porque primeiramente você tem que se tornar o tipo de pessoa que é livre *internamente,* e então aproveitar e expressar sua liberdade *externamente.*

Também é por esse motivo que os fundadores da nossa nação visualizaram os EUA como uma república, não tecnicamente como uma democracia. A verdadeira democracia foi tentada pelo menos duas vezes antes, na Grécia e Roma Antigas. Nas duas tentativas, degenerou em uma multidão desordenada e depois em tirania. Apreensivo para não repetir a mesma história, Edmund Burke expôs a lógica por trás da arquitetura política norte-americana em uma carta datada de 1791:

> Os homens estão aptos para a liberdade civil, na exata proporção da sua disposição de colocar amarras morais em seus próprios desejos [leia-se: carne]... A sociedade não pode existir a menos que um poder controlador sobre a vontade e o desejo seja colocado em algum lugar, e quanto menos disso tiver dentro, mais deve ter fora. Está ordenado na constituição eterna das coisas que os homens de mentes destemperadas não podem ser livres. *Suas paixões forjam seus grilhões.*[21]

Porque liberdade sem autocontrole é um desastre anunciado. Santo Agostinho disse bem: "A livre escolha é suficiente para o mal, mas dificilmente para o bem."[22]

Tudo isso para dizer que muito do que nosso mundo chama de liberdade é o que o Caminho de Jesus (e muitos outros) chama de escravidão, e vice-versa. Ou em termos orwellianos: liberdade é tirania; tirania é liberdade.

Timothy Keller, depois de viver décadas na meca do secularismo, Nova York, astuciosamente sintetizou tudo isso:

> Vejamos… liberdade não é o que a cultura nos diz. A verdadeira liberdade vem de uma perda estratégica de algumas liberdades para ganhar outras. Não é a ausência de limites, mas a escolha de limites certos e a renúncia às liberdades corretas.[23]

O exemplo definitivo disso é o amor. Existe um limite maior do que uma relação amorosa? Para ganhar intimidade, temos que abrir mão da autonomia. Como um mentor me disse certa vez: "A intimidade apenas reside na segurança do comprometimento."[24]

Quando eu penso nos limites do meu casamento, da minha responsabilidade como um pai, ou até mesmo na ética do Novo Testamento, posso lutar contra esses limites. Eu poderia até fugir deles, mas o meu eu jamais me deixaria escapar. Eu ouço o aviso impactante de Gustave Thibon na minha mente: "Você se sente protegido. Você sonha com a libertação; mas *cuidado com miragens*. Não corra ou fuja para se libertar… Se você fugir de si mesmo, a sua prisão irá com você."[25]

Ou seja, se eu aceitar minhas restrições e deixá-las fazerem o seu trabalho, se considero que o meu dever de cumprir com os meus compromissos é tão "autêntico" como os meus sentimentos ou desejos, então as minhas restrições têm o potencial de me libertar da tirania da minha própria carne e me forjar em uma pessoa de amor.

É claro, a fonte original para esta visão de liberdade e escravidão é o próprio Jesus, que disse "Em verdade, em verdade lhes digo que todo o que comete pecado é escravo do pecado" e "E conhecereis a verdade, e a verdade vos libertará".[26]

Jesus era incrivelmente livre. Como disse o teólogo de Oxford Michael Green: "Nesta época em que a liberdade vale quase mais do que qualquer coisa, Jesus nos confronta como o homem mais livre que já viveu."[27]

Outro professor de Oxford, C. S. Lewis, disse certa vez: "O *principal* trabalho da vida é sair *de si mesmo*, sair da prisão acanhada e escura na qual nascemos", e alertou sobre o perigo de "passar a *amar* a prisão".[28]

Esta é a jornada humana — o êxodo da escravidão para a liberdade, com Jesus como nosso novo Moisés. A oferta de Jesus era, e ainda é, resgatar-nos e libertar-nos da prisão do pecado e do egoísmo, para nos conduzir a uma nova terra, uma nova vida.

O que levanta a questão: Como nos tornamos livres?

A lei do retorno

Em seu contundente e honesto livro de memórias, *The Recovering* [A recuperação, em tradução livre], Leslie Jamison escreveu sobre como o vício é um tipo de fantasma que assombra o Ocidente. Na sua luta para escrever um livro sobre vício que fosse original, ela percebeu que era uma tarefa impossível, porque o vício está na condição humana: "O vício é sempre uma história que já foi contada, por inevitavelmente se repetir. Consome, em última análise, todo mundo ao mesmo núcleo arrasado, reduzido e reciclado: *Deseje. Use. Repita.*"[1]

Acontece que o pecado torna as pessoas iguais. Quando nos entregamos à carne, regredimos a um padrão notadamente não original.

Deseje.

Use.

Repita.

Chamamos isso de vício, Jesus e Paulo chamaram de escravidão.

E Paulo não terminou. Ele continuou sua linha de pensamento sobre a liberdade no Espírito Santo *versus* a escravidão à carne com um alerta final aos Gálatas.

> Não se enganem: de Deus não se zomba. Pois aquilo que a pessoa semear, isso também colherá. Quem semeia para a sua própria carne, da carne colherá corrupção; mas quem semeia para o Espírito, do Espírito colherá vida eterna. E não nos cansemos de fazer o bem, porque no tempo certo faremos a colheita, se não desanimarmos.[2]

Reconhece isso? Eu acho que sim. É uma passagem bem conhecida, especialmente o final, em que Paulo escreve sobre não se "cansar em fazer o bem". Esse versículo é regularmente citado em cartões de solidariedade ou como encorajamento a um amigo ou familiar que está passando por um momento difícil. E embora essa seja uma forma perfeitamente legítima de usar essa passagem, Paulo na verdade não estava escrevendo sobre como superar um momento difícil. Ele estava escrevendo sobre lutar contra a nossa carne. E em sua advertência muito citada, obtemos uma percepção importante do mecanismo pelo qual somos escravizados por nossa carne ou libertos pelo Espírito Santo.

Observe como nossa teoria de trabalho da estratégia dos três inimigos aparece outra vez na teologia de Paulo:

Não se enganem.

Ideias enganosas...

Quem semeia para sua própria carne...

E satisfaz desejos desordenados...

Colherá destruição.

Paulo dobrou a aposta aqui, da escravidão para a destruição completa, conectando os pontos para concluir que a escravidão não é estática, mas dinâmica. No final, ela conduz a um tipo de ruína.

Graças a Deus, *o mesmo é válido para o Espírito Santo.*

> Mas quem semeia para o Espírito... do Espírito colherá vida eterna.[3]

Muitas pessoas pensam que a vida eterna consiste em um *tempo* de vida após a morte; mas, para os autores do Novo Testamento, também significa *qualidade* de uma vida que começa *agora* para os aprendizes de Jesus, cresce em alcance em seu processo de aprendizado e então continua pela eternidade.

Tudo porque "um homem colhe o que semeia" — seja liberdade e vida, ou seus opostos, escravidão e morte.

Agora, fora da Bíblia, essa ideia é chamada de lei do retorno. É menos uma doutrina nitidamente cristã e mais uma verdade sobre a condição humana. Ouvimos isso em vários ditados populares:

"Tudo que vai volta."

"Quem semeia vento colhe tempestade."

"Você colhe o que planta."

"Sem dor, sem ganho."

"Lixo entra, lixo sai."

Karma, justiça poética, "A justiça tarda, mas não falha" — todas estas exprimem a lei do retorno.

O próprio Jesus ensinou isso com os provérbios "deem e lhes será dado; uma boa medida, prensada, sacudida e transbordante será dada a vocês".[4] Ou "Com a medida com que tiverem medido, vocês serão medidos também".[5]

É uma ideia muito simples, mas profunda, que basicamente tem duas partes:

1. *Toda causa tem um efeito.* Quando você acerta uma bola de beisebol com o seu bastão, a bola vai para frente. E isso é tão exato no mundo espiritual quanto no mundo "não espiritual". A maioria de nós entende isso desde muito jovem. Mas a parte menos intuitiva é que:

2. *O efeito é com frequência desproporcional à causa.* Existe um tipo de efeito amplificador onde nossas ações rendem bem mais do que nós esperamos ao longo do tempo.

Paulo escreveu para os leitores que viviam em uma economia agrária, então ele usava palavras que simbolizassem semeadura e colheita. Não sou fazendeiro, mas a maioria de nós está familiarizada o suficiente com fundamentos da horticultura para entender.

1. Semeie uma muda de rosa, e o que você terá? Uma rosa. Semeie hera venenosa, e você terá ervas daninhas. Porém o mais importante...

2. Semeie uma *semente* — de maçã, ou uma muda de rosa, ou grãos de trigo — um pontinho pequeno, menor do que a sua unha, e com o tempo, você terá uma planta ou árvore ou até mesmo uma colheita completa.

Se Paulo escrevesse para leitores em uma economia do conhecimento como a nossa, acho que ele expressaria este conceito descrevendo juros compostos.

Você já se sentou com um consultor financeiro para planejar as suas metas de longo prazo e a sua aposentadoria? Não se preocupe em caso negativo, sei que esse tipo de coisa é algo da classe média. Mas eu tenho essa lembrança viva, dos meus vinte e poucos anos, quando ganhei meu primeiro salário. Que sensação boa! Não era muito, mas tínhamos o bastante por mês para pagar as contas e ainda sobrar um pouquinho. Um dos presbíteros da nossa igreja trabalhava em um banco de investimentos, e ele foi gentil o bastante para sentar-se comigo e minha esposa e nos oferecer de graça um plano financeiro. Era tudo muito básico — gastar menos do que ganha, investir em um plano de previdência, e assim por diante. Porém, a parte que mais me marcou foi quando ele me explicou o que eram juros compostos. Meus olhos se arregalaram, não quando ele explicou a teoria, mas quando calculou minhas finanças nos próximos 45 anos e as transformou em um gráfico.

O saldo aumenta devagar ao longo dos anos. Supondo que você não comece a investir aos vinte e poucos anos quando ainda está na faculdade, não há muito com o que se empolgar aos 30. Nos seus 40, ok, parece melhorar. E então, nos seus 50, o milagre dos juros compostos entra em ação e, *boom*, todo o dinheiro que você pacientemente guardou começa a se multiplicar a uma taxa exponencial.

E eu me lembro do nosso presbítero/conselheiro (obrigado novamente, Steve) me dando o melhor conselho de todos. Ele disse: "É menos sobre quanto você investe por mês e mais sobre quão cedo você começa." As estatísticas são malucas. Digamos que você invista 5 mil por ano, começando aos 18 anos, e pare dez anos depois (um investimento total de 50 mil). Mesmo assim você terá mais dinheiro quando se aposentar do que se investisse 5 mil por ano a partir dos 28 anos e não parasse até se aposentar (um total de investimento de 200 mil).[6] Com um pouco de sacrifício, mesmo aqueles que são assalariados podem acumular um modesto patrimônio no decorrer da vida.

Este é o milagre dos juros compostos, que — e aqui vai meu ponto de vista — não é apenas uma realidade financeira, mas também uma realidade da *vida como um todo*.

O teólogo Cornelius Plantinga disse o seguinte sobre as palavras de Paulo aos Gálatas:

> Não importa o que semeamos, a lei do retorno é válida. Bem ou mal, amor ou ódio, justiça ou tirania, uvas ou espinhos, um cumprimento gracioso ou rabugento — o que quer que você dê você receberá de volta com juros. Pessoas que amam são amadas; que odeiam, são odiadas. Pessoas que perdoam costumam ser perdoadas, aquelas que vivem pela espada morrem pela espada. "De Deus não se zomba, pois aquilo que a pessoa semear, isso também colherá."[7]

Simplesmente é assim que as coisas são no universo. "Deus não pode ser escarnecido. Pois aquilo que a pessoa semear, isso também colherá" não é uma ordem, mas uma declaração sobre a realidade. Tentar enganar a lei do retorno é o mesmo que tentar enganar a lei da gravidade. Boa sorte.

E Paulo usou a lei do retorno não em um pé de meia de aposentadoria para pessoas privilegiadas, mas para a nossa formação espiritual. Como lembrete, formação espiritual é o processo pelo qual nos tornamos um certo tipo de pessoa, boa ou má.

Toda vez que semeamos a carne — ou colocando de outra forma, toda vez que cedemos aos desejos de pecar da carne — plantamos algo no solo do nosso coração, que começa a criar raiz, crescer e com o tempo produzir a colheita de uma natureza deformada.

Felizmente, o mesmo acontece com o Espírito Santo. Toda vez que você semeia o Espírito Santo e investe os recursos da mente e do corpo para nutrir a sua conexão com o Espírito de Deus, você planta algo profundo no seu cerne, que, com o tempo, se enraíza e gera o fruto de um caráter cristão.

É simplesmente assim que as coisas são.

A ideia popularizada da lei de Hebb (em homenagem ao Dr. Donald Hebb), apresentada pela neurociência, diz que "células que disparam juntas se conectam". Traduzindo: toda vez que você pensa ou faz algo, vai se tornando mais fácil pensar ou fazer a mesma coisa de novo, e quanto mais você repetir o processo, mais difícil fica de romper o ciclo que se perpetua. Por meio da repetição, pensamentos e ações entram no sistema de hábitos do seu cérebro e dos gânglios basais, que pode ser tanto seu melhor amigo quanto seu pior inimigo, dependendo do que você semeia nele, e do que está codificado na estrutura do seu cérebro.[8]

É por isso que andar de bicicleta é tão fácil. Você se lembra da primeira vez que tentou andar de bicicleta? Eu acho que foi bem difícil. Você se sentia desajeitado, estranho e sem controle. Porém, quanto mais pedalava mais fácil ficava. E se, hoje em dia, você é um bom morador da cidade de Portland e regularmente anda de bicicleta em vez de carro, nem pensa mais nisso. Já que foi codificado na sua memória muscular por meio da repetição.

É por isso, também, que algumas noites atrás, enquanto eu dirigia para ir ao jantar na casa nova de nossos amigos, conversando animadamente com minha esposa, simplesmente percebi que tinha feito o trajeto totalmente errado em direção à antiga casa deles. Por ter feito aquele caminho centenas de vezes.

Este é o milagre do cérebro humano como projetado por Deus. Com nossa liberdade autodeterminada, conduzimos nossa mente e nosso corpo na direção correta, e no devido tempo, *ele nos direciona*, automaticamente.

Infelizmente, também é por isso que é tão difícil parar de pecar. Porque toda vez que semeamos para a carne (ou seja, pecado), gravamos um caminho neural nos sulcos do nosso cérebro, e de lá, ele começa a moldar a nossa memória muscular até que terminamos diretamente na definição de escravidão do Novo Testamento, ou o que Santo Agostinho chamava de "algemas da satisfação".[9]

Embora a neurociência atual tenha nos ajudado a entender os aspectos técnicos de como isso funciona, a combinação da lei do retorno, formação espiritual e escravidão ao pecado é antiga.

Santo Agostinho nem sempre foi um santo, ele passou décadas da sua vida como um tipo de playboy do século quarto, em busca de sexo, dinheiro e poder. Mais tarde, em seu livro *Confissões*, um tipo de revelação de memórias e teologia, ele disse o seguinte sobre a sua escravidão à luxúria antes de se tornar um aprendiz de Jesus:

> Por meio da servidão à paixão, o hábito é formado, e hábito contra o qual não há resistência torna-se necessidade. Por meio desses elos… uma cruel servidão me manteve sob repressão.[10]

E por "servidão cruel", ele não estava se referindo a César ou a um traficante de escravos do norte da África, mas ao pecado. Este mecanismo simples — da mente ao pensamento, depois à ação, ao hábito, ao caráter e finalmente à escravidão ou à vida eterna — *está bem na essência do aprendizado de Jesus.*

Eis o que Plantinga explica melhor do que eu:

> Uma declaração mais completa da grande lei do retorno seria, portanto, algo do tipo: semeie um pensamento, e colha uma ação; semeie uma ação, e colha outra ação; semeie algumas ações, e colha um hábito; semeie alguns hábitos, e colha um caráter; semeie um caráter, e colha dois pensamentos. Então, os novos pensamentos buscam suas próprias trajetórias.[11]

O ciclo da formação espiritual (ou deformação) começa a se alimentar de sua própria energia e fica fora de controle ou culmina na semelhança com Cristo.

Agora, para ficar mais objetivo, vamos analisar essa ideia por meio das lentes da psicologia, filosofia e teologia. Embora sejamos inclinados a pensar nestas disciplinas de maneira separada, nem sempre é o caso. E embora eu seja grato aos especialistas de cada uma dessas áreas, não posso deixar de sentir que alguma coisa se perde quando a experiência humana é compartimentada em subdisciplinas acadêmicas. Durante grande parte da história humana, a psicologia, filosofia e teologia foram estudadas como um todo unificado e ficaram sob a orientação da espiritualidade e sob o domínio dos padres ou dos pastores.

Então, vamos fazer o nosso melhor para as colocar juntas novamente...

Primeiro, vamos investigar um pouco de psicologia.

O jornalista Charles Duhigg, no seu livro best-seller *O Poder do Hábito,* popularizou o que os psicólogos dizem há anos: que nossas escolhas se tornam nossos hábitos; nossos hábitos, nosso caráter; e, como disse o poeta Heráclito, 500 anos antes da vinda de Cristo, o caráter é o destino.

As coisas que fazemos, *geram algo em nós.* Elas moldam as pessoas que nos tornamos.

Essa ideia do poder do hábito é um conceito empolgante e divertido quando aplicado à nossa rotina de treinos, de muitas horas de leitura de e-mail, ou fluxo de trabalho, mas com frequência é uma realidade preocupante quando aplicada à nossa formação espiritual.

O respeitado psicólogo e pesquisador Dr. Erich Fromm viveu as duas guerras mundiais e perdeu sua fé judaica por causa de seus traumas. Depois de anos pesquisando sobre o Nazismo, ele chegou à conclusão de que ninguém nasce mau;[12] em vez disso, as pessoas se tornam más "lentamente com o decorrer dos anos, por meio de uma longa sequência de escolhas".[13]

O seu livro *The Heart of Man* [O coração do homem, em tradução livre], que é uma exploração do mal e da condição humana, vale a pena citar detalhadamente:

> Quanto mais tempo tomarmos decisões erradas, mais nosso coração se endurece; quanto mais tomarmos decisões corretas, mais nosso coração se abranda — ou melhor, talvez, se torne vivo...
>
> Cada passo na vida que aumenta minha autoconfiança, integridade, coragem, convicção também aumenta minha capacidade de fazer a escolha certa, até que se torne mais difícil para mim, escolher a errada em vez da ação certa. Por outro lado, cada ato de rendição e covardia me enfraquece, abre caminho para mais atos de rendição, *e com o tempo para a perda da liberdade*. Entre os dois extremos, de não poder cometer um ato errado e o de perder minha liberdade pela ação correta, existem incontáveis graus de liberdade de escolha...
>
> Muitas pessoas fracassam na arte de viver, não porque sejam inerentemente ruins ou tão sem vontade que não consigam levar uma vida melhor; elas fracassam porque não conseguem tomar decisões diante de um impasse.[14]

São nossas decisões do dia a dia, que parecem sem importância, que mais à frente esculpem nosso caráter endurecendo-o como pedra ou libertando-o para prosperar.

Tomemos o exemplo muito comum de um caso, um dos poucos tabus sexuais que ainda é reconhecido (embora isso esteja mudando). Em todos os meus anos como um pastor, nunca conheci ninguém que acordou em uma manhã, num casamento feliz e saudável, e começou um caso naquela noite. Todos eles começaram não com o ato da infidelidade, mas com mil atos antes. A escolha de pular aquele jantar em casal, de desistir do aconselhamento de casais, de paquerar um colega de trabalho, de permitir que um tipo determinado de filme seja usado como entretenimento. Ou seja, o caso em si foi o resultado de não só uma, mas de mil escolhas feitas no decorrer de um longo período de tempo, e que se acumularam até extravasar.

Ou pegue um exemplo menos drástico e muito mais trivial, que é o da negatividade. Eu posso falar sobre isso como um especialista. Quando reclamamos, criticamos, nos vitimizamos, focamos no negativo e assim por diante, quando tomamos uma decisão, nos tornamos cada vez mais o tipo de pessoa que é *por natureza* negativa, rabugenta, infeliz e desagradável de se ter por perto, até perdermos a capacidade de viver alegremente, agradecidos e cheios de admiração por nossa vida no bom mundo de Deus.

Esta afirmação de C. S. Lewis é devastadora:

> O inferno... começa com seu mau humor, e você ainda separado dele: talvez criticando-o... Mas talvez chegue o dia em que isso já não seja possível. Então, não existirá mais esse *você* para criticar o humor, ou até para desfrutá-lo, restando apenas o resmungão em si para sempre como uma máquina.[15]

Mas novamente, a recíproca também é verdadeira. A decisão diária de se alegrar — cultivar uma maneira de ver nossa vida no bom mundo de Deus, não pelas lentes dos nossos celulares, de novos aplicativos ou da carne, mas por meio da gratidão, celebração e da alegria sem pressa — vai nos transformar ao longo do tempo em pessoas alegres e agradecidas que apreciam profundamente a vida com Deus e com os outros. O que começa como um ato de vontade com o tempo se transforma em nossa natureza interna. O que começa com uma escolha no devido tempo se torna um caráter.

Acredite em mim, pois passei anos desfazendo vias neurais de perfeccionismo, cinismo e ruminação negativa que adquiri durante a faculdade e meus vinte e poucos anos. E a cada ano de aprendizado com Jesus, minha mente está cada vez mais distante do inferno e mais perto do lugar onde a vontade de Deus é feita.

Esse é o poder de suas escolhas, decisões e hábitos. Para o bem ou para o mal. Para nos indicar a direção da liberdade ou da escravidão.

Tomamos nossas decisões, e então, nos tornamos nossas decisões.

No começo temos uma escolha, mas com o tempo, temos um caráter.

Dito isso, passemos para a filosofia.

Uma das perguntas mais antigas da filosofia é a do livre-arbítrio. O que é exatamente livre-arbítrio? Como ele se encaixa na soberania de Deus, nas leis da natureza e na nossa programação genética?

Vejamos os debates atuais nas universidades e nas igrejas.

Porém a maioria dos filósofos concorda que os seres humanos têm liberdade autodeterminada, um tipo de liberdade que vai além do instinto e do impulso. Não somos movidos por nossos impulsos evolutivos primitivos ou mentalidade animal. Quando os materialistas darwinistas alegam que os seres humanos são animais ou primatas, estão certos naquilo que somos muito parecidos com os animais, em particular com a ordem conhecida como primatas. Comemos, dormimos, acasalamos, lutamos, temos medo, adoecemos e morremos. Porém os darwinistas têm que admitir que, diferente dos animais, nós temos a capacidade para *suprimir* esses impulsos.

Os animais não podem oferecer a outra face ou amar os seus inimigos. Eles não conseguem controlar seus impulsos sexuais conforme as condições emocionais do seu parceiro naquele dia. Eles não têm nenhum modo de interromper o ciclo de "sensação de fome" direto para "comer". Ou "excitar-se" e imediatamente "acasalar".

Os humanos podem repelir esses impulsos. Podemos decidir comer uma salada no almoço e não ter um caso. Ou pelo menos, podemos definir isso no começo. Mas eis a contribuição da filosofia na nossa conversa: nosso nível de liberdade autodeterminada *não se mantém o mesmo durante nossa vida*, ele aumenta ou diminui dependendo das nossas escolhas.

Tornamo-nos mais livres para amar ou mais escravizados à nossa carne a cada escolha.

Observe o que disse Greg Boyd, formado em Princeton e Yale. Seu livro *Satan and the Problem of Evil* [O diabo e o problema do mal, em tradução livre] é o melhor exemplo que já li contra o mantra muito popular "Deus está no controle". Na seção do livro sobre filosofia ele escreveu isto sobre formação espiritual:

> A liberdade autodeterminada, em última análise, abre caminho para uma forma maior de liberdade — a liberdade de ser criaturas cujo amor as define — ou a forma mais baixa de servidão — a incapacidade de participar do amor. Ou nos tornamos seres que são irrevogavelmente abertos ou fechados ao amor de Deus. O primeiro é a vida eterna, o último é a morte eterna.[16]

C. S. Lewis, outra mente brilhante que viveu ambas as guerras mundiais, mas diferente de Fromm tornou-se um cristão, em consequência escreveu:

> Cada vez que você faz uma escolha está transformando sua essência em alguma coisa um pouco diferente do que era an-

tes. E ao aceitar sua vida como um todo, com todas as inúmeras escolhas, ao longo dela você está lentamente transformando esta coisa central ou em uma criatura dos céus ou uma criatura do inferno. Ser um tipo de criatura é o céu: ou seja, é alegria, paz, conhecimento e poder. Ser o outro significa loucura, horror, estupidez, fúria, impotência e solidão eterna. Cada um de nós a cada momento está caminhando para uma situação ou para a outra.[17]

Ele continuou e disse que nós nos tornamos ou "horrores imortais ou esplendores eternos".[18] Sobre as pessoas que recusam o convite de Jesus para segui-lO no amor, Ele disse: "No começo elas não querem e, no fim, não podem."[19]

A percepção da filosofia é esta: *nossa liberdade aumenta ou diminui a cada decisão que tomamos.*

É por isso que quanto mais velho você fica, mais difícil é mudar. Pense no ditado popular: "Não se ensina truque novo a cachorro velho." Quem diz isso? Não são os jovens. Os jovens costumam pensar na natureza humana como algo mais flexível, menos estável. Isso porque quando se é jovem, é assim. Quando você tem vinte e poucos anos, tem essa sensação incômoda de *Quem vou me tornar?*

Aos meus leitores com menos de 30 anos, por favor prestem atenção: essa sensação desaparece.

Aos quarenta, é mais provável que você pense: *Bem, é isto o que me tornei.*

Todos os meus avós já morreram, mas minha esposa tem uma avó de 98 anos, Evelyn, uma católica devota que segue Jesus há mais tempo do que estou vivo.

No último Dia de Ação de Graças, sentei-me com ela por trinta minutos antes do jantar. Ela tinha passado um tempo no hospital, por causa de uma queda feia, e estava sentada em sua cadeira de rodas sentindo dor. E para completar, ela sentia muita falta do seu marido com quem ficou casada durante 58 anos, e que já havia morrido há dez longos anos. Por mais que eu tentasse, *não conseguia fazê-la reclamar*. Ela estava alegre, agradecida e presente naquele momento.

A pior coisa que consegui obter dela foi a sua fantástica frase: "Envelhecer é para poucos."

Ela é livre.

Livre da escravidão de um estado emocional que depende de suas circunstâncias. Livre da necessidade de ser jovem ou bonita ou casada ou rica para aproveitar sua vida no mundo de Deus.

Evelyn é um exemplo vivo do que os filósofos afirmam na teoria: quanto mais tempo escolhemos um hábito ou até mesmo apenas uma propensão — como negatividade, gratidão, preocupação ou alegria —, menos provável é que a gente o consiga mudar.

Agora, finalmente, teologia.

Uma das maiores questões da teologia é sobre o inferno. O que ele é, exatamente? O que a Bíblia *realmente* ensina sobre ele, e o que é especulação? Quem vai para lá, ou será que essa é a linguagem certa? Fica-se lá para sempre ou apenas por um tempo?

E claro, a eterna pergunta: Como que um Deus amoroso pode mandar alguém para o inferno?

Sem dúvida, há todo tipo de ideia boba e, francamente, ridícula sobre o inferno. Elas datam desde pelo menos o *Inferno* de Dante (que como livro de poesia, espiritualidade e crítica social é uma obra de arte, como uma teologia bíblica do inferno, uma obra de conjectura enganosa) e vão dos dias de hoje até os outdoors das interestaduais com imagens de nuvens azuis atrás da palavra *céu* e chamas vermelhas atrás da palavra *inferno*, sobrepostas com a pergunta angustiante: "E se você morresse hoje à noite..."

(Não, não estou exagerando. Esse tipo de outdoor com essa mensagem esteve na Interestadual 5 no Oregon por anos.)

Não tenho o mínimo interesse em entrar no debate sobre tormento consciente eterno (TCE) *versus* aniquilação *versus* universalismo cristão da segunda chance *versus* o universalismo unitário *versus* purgatório no catolicismo. Ufa! Mas deixe-me fazer apenas uma observação: o que frequentemente é esquecido nesses debates sem fim sobre o inferno e como um Deus amoroso poderia enviar pessoas para lá é a observação bastante simples de que, para algumas pessoas, *o céu seria um tipo de inferno*. Independentemente de como seja o reino dos céus, em toda a sua plenitude, será, com certeza, uma comunidade de pessoas que vivem sob as regras do Rei Jesus.

É desonesto e desrespeitoso para a dignidade humana, apenas supor que todo mundo vai querer isso.

A maioria dos meus amigos seculares parecem estar satisfeitos em viver sem Deus. Não estão sofrendo de nenhuma angústia existencial, ansiando para que Deus preencha o vazio em seus corações. Muitos deles parecem felizes vivendo sem Deus e por meio da sua própria visão moral. Casar, criar os filhos, fazer algo significativo em suas vidas, e então encarar a morte quando inevitavelmente ela chegar.

Eles não têm uma energia de "Sou um infeliz". É mais uma energia de "onde vamos almoçar no domingo?". E muitos deles são pessoas boas, inteligentes, pessoas adoráveis que eu respeito e admiro.

Porém, tenho poucos motivos para acreditar que as pessoas que agora não têm nenhum interesse em viver com Jesus e sua comunidade vão querer fazer parte dela na eternidade.

Agora, você pode dizer: "Isto acontece porque elas não sabem o que estão perdendo. Uma vez que enxerguem a realidade do jeito que ela realmente é, uma vez que a ilusão do demônio tiver sido eliminada para sempre, todos vão querer viver com Jesus no Seu novo mundo."

Pode até ser verdade, e nesse caso o próximo trecho é uma tentativa de desviar o assunto. Mas deixe-me oferecer uma outra perspectiva por meio de uma analogia: o estado da Flórida.

Sim, a Flórida.

Peço desculpas a todos os meus leitores da Flórida pelos próximos parágrafos, mas continuem lendo. No final, vocês vão entender o que quero dizer.

Nasci e fui criado na Costa Oeste dos EUA: clima temperado, baixa umidade, café da terceira onda, #westcoastisthebestcoast.

Nada disso existe na Flórida.

Minha primeira viagem para lá aconteceu no mês de junho. A umidade estava em 80%. Fui para Daytona Beach. A estética da cidade, como você pode imaginar, se encaixa no estereótipo da corrida no deserto. Por quilômetros não havia nenhuma cafeteria com café original. O calor estava *sufocante*. Isso foi há alguns anos, quando a calça skinny era extra skinny, e eu só me lembro de tentar andar do meu hotel, pelo estacionamento, para um centro de eventos onde eu estava palestrando.

Eu deveria estar parecendo um pinguim de clima quente gingando na estrada.

Ah, não esqueçamos dos jacarés. Que comem pessoas.

Hoje em dia, meus amigos da Costa Leste e do Meio-Oeste dos EUA dizem-me que o sonho de muitas pessoas é se aposentar e passar o dia jogando golfe na Flórida. Existem pessoas agora mesmo, literalmente, aturando o inverno do leste de Michigan, fazendo hora extra na fábrica e atrasando as prestações do carro apenas para guardar dinheiro para algum dia se mudar para a verde Flórida e relaxar. Para algumas pessoas, isso é um tipo de paraíso na terra.

Não para mim.

Seria muito mais parecido com um outro lugar.

Eu derreto na umidade. Não consigo gostar de golfe. Vocês que gostam de golfe podem me julgar, mas já tentei gostar. Muitos dos meus melhores amigos são obcecados por esse esporte. Eu adoro a ideia de passar uns dias com eles caminhando por um belo campo de golfe, conversando sobre a vida. Mas depois acho tudo entediante e irritante. Na verdade, eu me lembro de um momento decisivo em que pensei comigo mesmo: *Você até poderia se tornar o tipo de pessoa que gosta de golfe, mas isso custaria milhares de horas de prática, dedicação, dinheiro e tempo.*

Não...

A verdade é que, por meio de uma longa sequência de decisões tomadas durante muitos anos, umas por mim e outras por meus ancestrais, que imigraram para a Califórnia, não me tornei o tipo de pessoa que acha que passar um dia em um campo de golfe na Flórida seria o paraíso na terra. Eu não teria sequer a capacidade de aproveitar o que outras pessoas trabalharam incansavelmente por toda sua vida.

Você entende onde estou querendo chegar. Willard costumava dizer: "O inferno é o melhor que Deus pode fazer para algumas pessoas."[20] Eu acho que ele quis dizer que um racista declarado, um mentiroso patológico ou um odiador veemente de Deus seriam infelizes no reino dos céus.[21]

Será que a morte simplesmente sela a trajetória em que uma alma já está, em direção à escravidão e à morte ou à liberdade e à vida? Timothy Keller definiu inferno como "uma identidade livremente escolhida, distante de Deus em uma trajetória para o infinito".[22]

E novamente, Lewis: "Não é uma questão de Deus nos 'mandar' para o inferno. Em cada um de nós há algo crescendo que por si só *será o inferno* a menos que seja arrancado pela raiz."[23]

Eu cresci em um lar protestante, então sempre considerei a ideia católica do purgatório algo sem sentido. (Aos meus leitores católicos, por favor perdoem a minha falta de jeito.) Mas pergunto: "Onde está *isso* na Bíblia?"

E sempre penso sobre o enigma do livre-arbítrio. A maneira como a história é contada em Gênesis, a razão principal para o mal estar no mundo é porque a humanidade é livre, mas abusamos dessa liberdade e a usamos para o mal. Porém, no *Apocalipse*, não existe mais mal no mundo e não obstante os humanos estão lá. Isso significa que não seremos mais livres?

A visão evangélica parece ser que, depois da morte, algum tipo de botão é acionado e nos tornamos incapazes de fazer o mal, embora de alguma forma ainda conservemos nosso livre-arbítrio. Eu nunca li isso na Bíblia, mas acreditei que algo assim devia ser o plano.

É bem possível que seja.

Mas uns anos atrás, li um artigo de Ronald Rolheiser (meu autor católico favorito) sobre o purgatório que mexeu comigo. Ele deu um exemplo muito convincente, que não se baseava na Bíblia — ele foi muito honesto e deixou claro que essa ideia *não está* na Bíblia — mas no bom senso e na lógica. Para nos tornarmos o tipo de pessoa que (1) irá aproveitar o reino dos céus e (2) irá administrar nossa liberdade autodeterminada para o bem e não para o mal, devemos ser "expurgados" (daí o nome *purgatório*), nos libertar de pecados que estão presos em nossas almas, para que finalmente vivamos livres no novo mundo de Deus.[24] Esta é a melhor explicação sobre o purgatório que este protestante já ouviu.

Veja, não estou defendendo o purgatório. Estou apenas dizendo que, independentemente de que esteja certo sobre como o livre-arbítrio funciona na eternidade, parece que a hora para começar a trilhar esse caminho é *agora*. E se lutar contra a carne for um tipo de purgatório voluntário na vida presente? E se seguir Jesus agora for um treinamento para a vida eterna, um tipo de escola onde nos tornamos o tipo de pessoa que é tão livre que é totalmente capaz de "reinar para todo o sempre"?[25]

Este é o poder e o potencial da liberdade. E o perigo.

Novamente, são más ou boas notícias, dependendo do que semeamos. Cada pensamento, cada desejo que seguimos, cada escolha que fazemos é um investimento em nosso futuro, no tipo de pessoa que queremos nos tornar. Como você cultiva uma floresta? Uma semente de cada vez. Como você cultiva a vida? Uma pequena decisão simples de cada vez.

Então, cuidado com o que você semeia, caro amigo. Analise com atenção aquilo no que pensa, o que diz, o que faz, com quem o faz. Você está se tornando quem você será para sempre.

O caráter é o destino.

Digo, porém, o seguinte: vivam no Espírito

Na minha infância, eu era uma criança sensível. Posso me identificar com a frase de abertura da autobiografia de Ruth Burrows: "Nasci neste mundo com uma sensibilidade alterada."[1] Eu também era um pouco selvagem, regularmente me metia em confusões e depois me sentia muito mal.

Tive muitas pessoas gentis, incluindo meus pais, tentando aliviar a minha culpa.

"Culpa é coisa do diabo, não de Jesus."

Jesus "pagou tudo" e ocupou o meu lugar, eles diziam. "Você não precisa se sentir mal por causa do seu pecado."

"Você é uma boa pessoa."

No entanto, isso sempre me pareceu um pouco esquisito. Era atrativo, sim, mas era verdade?

Os autores do Novo Testamento nunca afirmaram que toda a culpa é ruim. Na verdade, muitos estudiosos argumentam que uma série de palavras em grego traduzidas para o inglês como "pecado" ou "dívida" ou "falha" seriam mais bem traduzidas como "culpa".[2]

No Ocidente moderno isso beira à heresia, para uma geração que cresceu em um regime constante de autoestima, o mal maior é se sentir mal com você mesmo. Mas o que posso dizer é que existem dois tipos de pessoas que não sentem mais culpa:

Santos — pessoas que alcançaram a "perfeição cristã" de John Wesley e pecam tão raramente que vivem um tipo de existência livre de culpa.

E *sociopatas*. Sociopatas pecam com impunidade. Eles fazem o que dá na telha e não se sentem mal depois. Os mais comedidos mentem para seus colegas de trabalho para serem promovidos em seus empregos e depois saem para beber. Os mais perigosos são do tipo que matam alguém e então... saem para beber. Sem culpa. Sem remorso. Sem consciência pesada. Como Paulo diria, eles "não têm consciência"[3], e "perderam a conexão com a cabeça".[4]

Eu diria que uma maneira mais útil de compor a dicotomia é delinear entre culpa e vergonha.

A culpa é sobre *o quê,* a vergonha é sobre *quem.*

A culpa diz: "O que fiz foi ruim."

A vergonha: "*Eu* sou ruim."

A culpa pensa consigo mesma: *O que fiz foi falta de amor, e preciso consertar.*

A vergonha pensa: *Eu sou detestável, e não há esperança para mim.*

A vergonha quase nunca é útil, e na maioria das vezes é tóxica.[5] Todos nós vivemos de uma identidade, ou um sentido de si mesmo, para nos dar pertencimento em uma comunidade e um propósito na vida. A vergonha diz que nossa identidade é ruim, detestável ou irremediável. Então como resultado, vivemos essa identidade, que é uma mentira, e — surpresa das surpresas — vivemos mal.

Mas eu diria que a culpa pode ser uma coisa boa. Existem momentos e situações em que culpa é a resposta emocionalmente amorosa, madura e saudável para nosso próprio pecado. A culpa é para a alma o que a dor é para o corpo. Um tipo de desconforto moral. A dor só é ruim quando acontece indefinidamente. A curto prazo, é um presente de Deus para nossos corpos, um mensageiro cuja função é nos dizer que precisamos consertar algo e rápido.

A culpa só não é saudável quando chafurdamos nela. Quando ela fica na nossa cabeça nos lembrando sempre de nossos maus feitos. Mas também não é saudável ignorá-la ou suprimi-la por meio de uma conversa consigo próprio, ou com um amigo bem-intencionado mas equivocado, ou simplesmente distração via nossos narcóticos culturais favoritos.

Todas as pessoas saudáveis casualmente experimentam a culpa. Porque todas as pessoas, até mesmo as saudáveis, cometem erros. Nós rasgamos o tecido moral do nosso mundo. A culpa é uma dica gentil de que precisamos reparar algo. É também uma parte de como amadurecemos e nos tornamos pessoas de amor.

Todos os pais sabem disso. Todos os pais secretamente (ou não tão secretamente) procuram um nível de culpa apropriado quando seus filhos cometem erros e deixam isso definir o tom de sua disciplina.

Os Comers são pacifistas na teologia, mas nem sempre na prática. Nós temos dois meninos lindos, não vou citar nomes, porém recentemente um deles bateu no outro. Uma discussão acalorada sobre a quem pertencia uma determinada peça de Lego tornou-se física. Acontece. Irmãos! Mas quando me sentei com o irmão agressor, como um pai amoroso eu *quis* que ele sentisse culpa. Não porque eu seja sádico e goste de vê-lo sofrer, mas porque eu o amo e quero que ele cresça e se torne um homem bom.

Na verdade, um segredo que os pais escondem dos filhos é que nossa disciplina é com frequência proporcional ao nível de culpa que intuímos desde criança. Se os filhos se sentem mal e se recriminam por seus erros, tendemos a pegar leve com eles e desempenhar o papel de um consolador compassivo e dono da verdade, mais do que a versão parental de juiz e júri. Porém, se eles trocam acusações e se menosprezam e realmente parecem não se importar de machucar alguém, somos mais rígidos na disciplina, com o objetivo não de punir e sim de expurgar.

Fazemos isso não porque somos cruéis, mas porque somos amorosos. E sabemos que se eles pegam o hábito de suprimir a culpa (que é baseado no autoengano), podem dominar a arte de abafar a voz persistente, mas calma, de sua consciência, entorpecendo sua sensibilidade à dor moral, e isso pode introduzir a ruína em suas vidas e no nosso mundo.

Tudo isso para dizer que, se toda essa conversa sobre a carne fez você se sentir mal, pense cuidadosamente no que você faz com este sentimento. Se um determinado hábito, escolha de entretenimento, item do orçamento, ou relacionamento estiver incomodando lá no fundo da sua mente, convido você a prestar atenção nele. Não para chafurdar nele ou amordaçá-lo, mas para abrir seu coração para o que o Espírito de Deus está trazendo para você por meio dele.

A bela citação de Santa Teresinha vem à minha mente: "Se você está disposto a suportar serenamente a tentativa de ser desagradável a si mesmo, então você será para Jesus um lugar agradável de abrigo."[6]

Então, se estamos sentindo qualquer tipo de culpa saudável agora, vamos fazer algo a respeito.

Por falar nisso, uma pergunta final persiste: *Como?* Como lutamos com nossa carne?

Novamente, aqui é onde o trabalho de Paulo é incrivelmente útil. Nós ignoramos seu discurso no final de Gálatas 5 sobre como lutamos contra a nossa carne, e agora estamos prontos para voltar:

> E os que são de Cristo Jesus crucificaram a carne, com suas paixões e seus desejos. Se vivemos no Espírito, andemos também no Espírito.[7]

Primeiro passo: vamos "crucificar" nossa carne

No mundo de Paulo, crucificação era a forma de execução mais emocional, visceral e brutal conhecida pelo homem. Foi como Jesus morreu. E é como combatemos nossa carne. Nós não a afagamos, não a mimamos nem a apaziguamos — nós a *crucificamos*. Meus amigos calvinistas usam a palavra *mortificação*. É uma palavra do século XIV de origem latina de *mors*, que significa "morte". (*Mors* também é a origem do substantivo *mortal*.)[8] Estamos mortificando nossa carne, ou seja, matando-a.

Como vimos no capítulo anterior, o evangelho do controle do pecado não funciona, porque a carne não é uma realidade estática, mas dinâmica. Em Gênesis 4, na história sobre Caim matar seu irmão Abel como consequência do pecado de Adão e Eva, Deus descreveu o pecado como uma besta interior,[9] e essa besta se agiganta ou diminui dependendo de se a alimentamos ou a deixamos morrer de fome.

Novamente, é aqui que eu acho a ideia da neurobiologia de um cérebro animal útil, por mais secular que possa parecer. Dr. Jeffrey Schwartz, a quem citei anteriormente, em uma carta a um jovem órfão a quem ele estava aconselhando, disse assim:

> O corpo não deve ser nem satisfeito e nem atendido, porque quanto mais você o mima e se submete aos seus desejos, mais eles se tornam desejos insaciáveis. (Uma batata frita — ou um orgasmo — tende a fazer você querer outro.) Isso é ser nada mais do que um animal.[10]

Toda vez que semeamos na carne, alimentamos essa parte animalesca de nós. Conforme ela cresce, tem mais controle sobre a nossa liberdade e tenta nos devorar vivos por dentro. É por isso que Pedro, escrevendo sobre "aqueles que, seguem os desejos corruptos da carne" disse que, com tempo, eles se tornariam "como animais irracionais, seres guiados pelo instinto... e como animais na sua destruição também hão de ser destruídos".[11] Por mais duro que seu discurso soe, ele não estava sendo cruel, apenas honesto — e amoroso. Quanto mais as pessoas satisfazem sua carne, mais ela toma conta de todo o seu ser e os torna brutos, embora possam parecer socialmente sofisticados.

Por esse motivo Paulo não brincava. Você não administra a sua carne ou simplesmente a mantém controlada — você inicia uma campanha combativa para matá-la.

Mas ainda sim, a pergunta persiste. Como?

Passo dois: "Vamos nos manter em sintonia com o Espírito Santo"

Agora, isso, meus amigos, é ouro.

Este mandamento "manter-se sintonizados com o Espírito" é o último de três mandamentos sinônimos em Gálatas 5, que estão no início, meio e fim dos ensinamentos de Paulo sobre a carne.

1. "Vivam pelo Espírito" (v16).
2. Sejam "guiados pelo Espírito" (v18).
3. "Vivamos no Espírito" e "andemos com o Espírito" (v25).

Essa é a contribuição excepcional de Paulo para o nosso tema. Como já disse, todos os tipos de tradições religiosas, filosóficas e até mesmo científicas têm uma ideia semelhante à do Novo Testamento sobre a carne versus o Espírito. Pessoas não cristãs e até mesmo não religiosas reconhecem uma hierarquia de desejos, muitos deles estão em conflito uns com os outros, e muitos precisam ser negados. Esse não é um problema cristão nem novo, mas um problema humano e antigo.

O que era novo era a solução de Paulo. Para ele, a maneira como combatemos a carne e vencemos não é por meio da força de vontade, mas por meio do *poder do Espírito*.

Ele nos recomenda não ter medo, não nos desesperar ou forçar a barra, mas simplesmente "viver pelo Espírito".

Visto que ter força de vontade não é algo ruim, de forma alguma. Na verdade, conforme seguimos Jesus, nossa capacidade para escolher o bem deve crescer e se expandir a cada ano que passa. Coisas que eram dolorosamente difíceis e exigiam responsabilização com alto envolvimento e constante vigilância devem, se possível, tornar-se fáceis — o resultado natural do caráter cristão formado em nós com o decorrer do tempo.

Mas a maioria de nós ainda não chegou lá, tenho certeza que não. Então, eis minha estratégia: quando a força de vontade funciona, eu a uso.

Ela só não funciona com a frequência como eu gostaria. Pelo menos não nos meus problemas mais profundos.

Força de vontade *versus* um segundo cookie é uma coisa.

Mas força de vontade versus traumas desencadeados? Ou força de vontade *versus* vício? Ou força de vontade *versus* uma mágoa causada por um pai? *Sem chance.* Enquanto uma tentação está apenas interligada com o córtex pré-frontal, a força de vontade é um grande recurso ao qual recorrer. Mas o momento em que estamos lidando com a amígdala, com a parte do cérebro ou da alma que está profundamente ferida ou arraigada em formas pecaminosas de ser, somos vencidos e desarmados pela carne.

Se você está tentando usar a força de vontade contra seu comportamento autodestrutivo que está enraizado em traumas ou dores do passado e você sente que está fracassando, não se deixe abater; mude sua estratégia. A força de vontade não é a resposta para o seu problema.

Sobre como superou seu vício, Leslie Jamison disse:

> Eu precisava acreditar em algo que fosse mais forte do que minha força de vontade…
>
> Essa força de vontade era uma máquina bem afinada, intensa e em plena atividade, e tinha feito muitas coisas — deu-me as melhores notas, redigiu meus trabalhos, fez-me participar de treinos *cross country* — mas quando tentei usá-la com a bebida, a única coisa que senti foi que eu tinha transformado minha vida num inferno. O Poder Superior que transformou minha sobriedade em algo mais do que privação, simplesmente *não era eu*. Era tudo que eu sabia.[12]

Para vencer, precisamos acessar um poder que está além de nós. Precisamos de um aliado na luta para ficar do nosso lado e mudar a situação. Este poder é o Espírito de Jesus.

E como acessamos este poder?

Simples: por meio das práticas.

A força de vontade está no seu melhor quando faz o que *pode* (direcionar meu corpo para práticas espirituais) para que o poder do Espírito Santo possa fazer o que a força de vontade *não pode* (superar os três inimigos da alma).

Estamos trabalhando sob a hipótese de que as disciplinas espirituais são guerras espirituais. Em outros termos, as práticas de Jesus são a forma como combatemos o mundo, a carne e o diabo.

Pense no trabalho que fizemos no último capítulo sobre o poder do hábito e em como as coisas que fazemos, fazem algo conosco. As práticas de Jesus são efetivamente hábitos contrários aos da nossa carne. Elas são hábitos com base na vida e nos Seus ensinamentos que resistem aos hábitos de nossa carne. Toda vez que você pratica um hábito de Jesus, seu espírito (uma forma de pensar no seu espírito é como o seu músculo de força de vontade interior) fica um pouco mais forte e também a sua carne (seu animal interno) fica um pouco mais fraca.

Mas, dito isso, as práticas não são *apenas* contra hábitos para desenvolver nossos músculos da força de vontade. Elas são os meios pelos quais acessamos o poder além de nós. Elas nos permitem viver de uma energia inspiradora e uma força espiritual que é muito mais poderosa do que qualquer recurso interno que possamos recorrer. É por esse motivo que muitas pessoas as chamam de disciplinas *espirituais* — elas são espirituais, pois nos abrem ao Espírito Santo, a quem o respeitado pensador pentecostal Gordon Fee definiu como "A presença *fortalecedora* de Deus."[13]

Em Romanos 8, outra passagem sobre a carne, Paulo liga os pontos entre a morte e a ressurreição de Jesus e nossa nova capacidade de vitória na nossa luta contra a carne. Ele escreveu que, antes de Jesus:

a lei não podia fazer, por causa da fraqueza da carne.[14]

Ou seja, os seres humanos não podiam viver os mandamentos de Deus porque sua vontade de fazer o bem era sabotada pela carne. Mas Deus nos salvou enviando o Seu próprio Filho em semelhança de carne pecaminosa e no que diz respeito ao pecado... a fim de que a exigência da lei se cumprisse em nós, *que não vivemos segundo a carne, mas segundo o Espírito.*[15]

Eu acrescentei o itálico para mostrar a sinergia nos pensamentos de Paulo. A solução para que nossa carne não tenha controle sobre nós não é ganhar coragem, mas confiar no Espírito Santo. Paulo então continuou a dizer que vivemos "segundo o Espírito" por meio do simples ato de manter nossos pensamentos em Deus:

Os que vivem segundo a carne se inclinam para as coisas da carne, mas os que vivem segundo o Espírito se inclinam para as coisas do Espírito. Pois a inclinação da carne é morte, mas a do Espírito é vida e paz.[16]

É simples assim: pequenos hábitos, práticas e disciplinas regulares que nos aproximam do Espírito Santo e nos afastam da carne.

Deixe-me destacar duas coisas que julgo especialmente importantes e que dizem respeito à carne: jejum e confissão.

Primeiro, jejum

Nenhuma prática de Jesus é mais estranha ou negligenciada na igreja ocidental moderna do que o jejum. No cenário intelectual pós-Iluminista, em que os humanos são vistos como *res cogitans*,[17] ou "coisas pensantes", a ideia de recorrer ao poder do Espírito, não por meio da sua mente, porém, por meio do seu *estômago*, parece absurda. Poucos seguidores de Jesus jejuam regularmente hoje em dia.

No entanto, até a história recente, o jejum era uma das práticas fundamentais do Caminho de Jesus. Durante centenas de anos, a igreja jejuava duas vezes por semana: quartas e sextas. E isso era o que você faria sendo cristão. No século IV, quando a igreja desenvolveu a prática da Quaresma, originalmente ela se assemelhava ao jejum do Ramadã no Islamismo. Na preparação para a Páscoa, os seguidores de Jesus acordariam e ficariam sem comer nada até o pôr do sol. Por quarenta dias. Anualmente.

Por favor, atenção: sem *comida*.

Com frequência ouço as pessoas usando o termo *jejum* para outras formas de abstinência, tais como "Estou fazendo jejum de mídia social/TV/compras online."

O que é ótimo, mas isto não é jejuar, é abstinência, que ainda é uma prática útil com uma longa tradição no Caminho de Jesus. Apoio totalmente. Mas jejuar é uma prática na qual você nega *comida* ao seu corpo na tentativa de não alimentar a sua carne. É um ato psicossomático, no verdadeiro sentido da palavra, que é desenvolvido em torno de uma teologia bíblica da alma como sua pessoa completa. Ao contrário do que muitos cristãos do Ocidente pensam, a sua alma não é a sua parte invisível e imaterial (uma palavra melhor para isso é o seu espírito ou a sua vontade); é a sua pessoa *completa*, que inclui todo o seu corpo — seu cérebro, sistema nervoso e estômago.

Agora, só para não deixar dúvidas, seu corpo não é mau. Foi aqui que o movimento monástico medieval errou por completo. Seu corpo é uma dádiva, assim como o prazer na hora, no lugar e do jeito certos. Mas o seu corpo, como o resto da sua alma, foi corrompido pelo pecado. Como consequência, seu corpo, muitas vezes, trabalha contra você no seu combate com a carne, via seu impulso sexual, seu sistema de luta ou fuga ou instintos de sobrevivência.

O jejum é uma forma de transformar o seu corpo em um aliado em vez de um adversário na sua luta contra a carne.

Se você não acredita em mim, apenas tente. Veja o que acontece.

Agora, a título de aviso, de início, jejuar provavelmente não vai parecer com esse grande acesso ao poder. Richard Foster observou sabiamente: "Mais do que qualquer outra disciplina, jejuar revela as coisas que nos controlam."[18] Pouquíssimas práticas têm a capacidade de nos tornar humildes como a de jejuar. Quando você começa a jejuar, é comum sentir-se triste, até ansioso ou com raiva. Com a prática regular, esses sentimentos (quase todos) vão embora e são substituídos por alegria, contentamento, uma sensação de proximidade com Deus e poder espiritual. Mas leva um tempo para desacostumar sua alma dos vícios dos deuses ocidentais do prazer, da satisfação instantânea e dos desejos sensoriais. A primeira coisa que normalmente acontece é revelar onde você ainda é dependente.

O jejum treina nosso corpo a *não ter o que ele quer*. Pelo menos, não o tempo todo.

Essa é mais uma razão pela qual em uma cultura tão dominada por sentimentos e desejos, o jejum é uma ideia bizarra até mesmo para os cristãos. Assumimos que devemos conseguir o que queremos para ser feliz, e por *querer*, frequentemente significa dizer o que nossa carne quer.

Isso simplesmente não é verdade.

Com o jejum, decidimos por vontade própria não dar ao nosso corpo o que ele quer (comida); por conseguinte, quando alguém decide não nos dar o que queremos (ou as circunstâncias da vida, até mesmo Deus...), não surtamos, nem ficamos com raiva, e nem vamos reclamar no Twitter. Treinamos nossa alma para sermos felizes e ficarmos em paz, *até mesmo quando não conseguimos o que queremos.*

É por essa razão que jejuar — muito além de uma forma medieval de se odiar —, quando feito da maneira certa, é um caminho para a liberdade. Jejuar é praticar o sofrimento, é ensinar nosso corpo a sofrer. O sofrimento é inevitável na vida, a alegria não. No jejum estamos aprendendo como sofrer com alegria.

O que a leitura das Escrituras é para o nosso combate com o diabo (uma forma de preencher nossa mente com verdade para se livrar das mentiras), o jejum é para o nosso combate com a carne (uma forma de não alimentar nossa carne e enfraquecer seu domínio sobre nós).

Ocasionalmente dou orientação espiritual, e sempre que estou sentado com um amigo espiritual que está lutando contra qualquer tipo de pecado habitual, eu recomendo que faça jejum regularmente (de preferência uma vez por semana). *Especialmente* se o pecado for de natureza sexual. Não porque o jejum seja uma solução milagrosa, não é. Estou bem ciente de que a maioria dos vícios, e a maioria de qualquer forma de comportamento autodestrutivo, que é impermeável às nossas tentativas de mudanças, está enraizada no trauma. A perversidade está ligada à mágoa. Todos nós precisamos nos curar. Muito poderia ser dito sobre isso. Ainda assim, por meio do jejum, talvez mais do que qualquer outra prática, o poder do Espírito Santo de quebrar as correntes do pecado é liberado em nosso próprio corpo.

Acabei de tomar café da manhã (sim, a ironia) com um amigo querido que recentemente começou a jejuar todas as quartas-feiras.

Ele é um gourmet, tipo sete no eneagrama, aficionado por vinho, de personalidade divertida. Quando perguntei a ele como ele estava, esperava um relato negativo. Em vez disso, ele me disse entusiasmado que aquilo era uma das coisas mais transformadores que ele já tinha feito.

Eu não devia ter ficado surpreso.

É de se espantar que quando Jesus enfrentou o diabo, Ele estava jejuando? Na verdade, foi depois de quarenta dias de jejum. É fácil interpretar mal essa história, fiz isso por anos. Pensei que o diabo tinha esperado até Jesus ficar exausto e fraco para dar seu bote. Mas este é um terrível mal-entendido da relação recíproca entre jejum e poder espiritual. Depois de quarenta dias, Jesus estava no *auge* do Seu poder espiritual e foi capaz de discernir sabiamente as mentiras do diabo e rejeitar suas tentações com muita habilidade.

Tal é o potencial do jejum.

Segundo, confissão

Para nós ocidentais da igreja protestante, essa talvez seja a segunda das práticas mais negligenciadas de Jesus. Semelhante ao jejum, a igreja católica abusou da confissão no final da Idade Média (e ainda é em partes na igreja hoje). Ela foi deturpada em uma coisa terapêutica e privada entre você e o padre, e não a comunidade, com uma tela para esconder sua identidade, e funcionava essencialmente como um cartão de saída da prisão para o penitente. Na sua pior forma, era um meio para o abuso espiritual ou para financiar um clero corrupto. Como você pode imaginar, foi uma das muitas coisas que provocaram a ira de Martinho Lutero e dos Reformadores, e como consequência, muitos protestantes a excluíram inteiramente.

No entanto, era contra o *abuso* da prática que os Reformadores estavam reagindo e não contra o uso.

O que resta da prática na igreja protestante está em torno da Eucaristia, onde as pessoas em pensamento pedem perdão a Deus antes de receberem o pão e o cálice na igreja. O problema com essa maneira de praticar a confissão é semelhante àquele da igreja medieval — é privado. Para a confissão conceder não apenas perdão, mas também *liberdade*, deve trazer os nossos pecados para a luz, e não os manter em um confinamento solitário.

Dietrich Bonhoeffer falou sobre isso muito bem:

> O pecado demanda que esteja um homem sozinho. Ele o retira da comunidade. Quanto mais isolada a pessoa é, mais destrutivo será o poder do pecado sobre ela... O pecado quer permanecer desconhecido. Ele evita a luz. Na escuridão velada envenena todo o ser da pessoa.[19]

Essa é uma citação do *Vida em Comunhão,* amplamente considerado um dos melhores livros já escritos sobre comunidade. Com base na experiência de Bonhoeffer de viver em Finkenwalde, uma comunidade intencional, que ele formou para resistir à influência cancerígena do Terceiro Reich na igreja, ele passou a ver a confissão como um aspecto decisivo da comunidade, aliás, de qualquer relacionamento.

Porque encontramos nossas intimidades mais profundas em nossas maiores vulnerabilidades.

O irmão de Jesus, Tiago, ordenou: "Portanto, confessem os seus pecados uns aos outros e orem uns pelos outros, para que vocês sejam curados."[20]

Perceba: *uns aos outros.*

Um poder bruto e uma liberdade autêntica vêm quando você nomeia o seu pecado na presença de uma comunidade de amor. Apenas o ato de nomear o seu pecado em voz alta para as pessoas que você conhece e confia tem o poder de quebrar correntes.

É por isso que pedir perdão a Deus em pensamento quando você recebe a Eucaristia (como é praticado na maioria das igrejas hoje) não tem o poder de livramento que tem uma reunião dos AA, onde você se senta, normalmente em um porão esquecido de uma igreja, repleto de pessoas comuns bebendo café ruim, lutando com o pecado e dizendo: "Olá, meu nome é _____, e eu sou alcoólatra. Ontem à noite fiquei bêbado."

Este último está mais perto da prática de confissão do Novo Testamento do que a maior parte do que fazemos na igreja. Não é nenhuma surpresa que "*O Grande Livro* dos AA foi inicialmente chamado de *A Grande Saída*" — não apenas da bebida, mas do "espaço de acesso claustrofóbico do eu".[21]

O meu propósito aqui não é desvalorizar a comunhão, *de forma alguma*. É direcionar você para a prática da verdadeira confissão em comunidade.

Porém, eis aqui o mais importante que espero que você leve deste capítulo: a maneira como lutamos e superamos nossa carne não é por meio da força de vontade, mas pelo poder do Espírito Santo. E conseguimos acesso a esse poder por meio das práticas de Jesus.

Jejum e confissão são apenas duas práticas especialmente úteis na nossa guerra contra a carne, mas existem muitas outras que você pode experimentar. O segredo é encontrar formas de viver confiando na presença e no poder do Espírito Santo na sua vida cotidiana.

Se for para aprender algo, aprenda isto: todos nós enfrentamos uma guerra contra nossa carne. É inevitável. *Mas não precisa ser um cabo de guerra* onde os dois lados estão igualmente equilibrados e, não importa quanto você lute, você apenas acaba numa espécie de estagnação, exausto e resignado à mediocridade.

De volta à frase com que começamos a parte 2: "O coração quer o que ele quer." Com certeza existe verdade nessa afirmação. De maneira específica, não podemos controlar os desejos do nosso coração. O coração tem uma mente própria, literalmente. Mas o que essa afirmação deixa totalmente de lado é que, embora não controlemos nossos desejos, podemos *influenciá-los* e chegar ao ponto em que *eles não nos controlam mais.*

O desejo é um irmão da emoção e funciona de maneira semelhante. Não há uma chave para a emoção. Quando estamos tristes, assustados ou com raiva, não podemos simplesmente ligar a chave da felicidade e fazer com que todos os nossos sentimentos indesejados desapareçam. Mas isso não significa que não temos voz (ou responsabilidade) sobre nossas emoções. Como regra geral, nossos sentimentos seguem nossos pensamentos, então se você quer melhorar suas emoções, mude sua vida de pensamentos. Não podemos mudar o que sentimos, mas podemos, dentro do possível, mudar o que pensamos.

O desejo funciona dentro dos mesmos moldes. Não podemos controlar o que desejamos, mas podemos controlar quais hábitos oferecemos à nossa mente e ao nosso corpo, e ao fazê-lo, afastamos nosso coração da carne e o aproximamos do Espírito Santo. Isso está sob nosso poder e, portanto, é uma forma de responsabilidade diante de Deus e de nossos semelhantes.

É por esse motivo que o autor Tiago foi cuidadoso ao notar que, embora o desejo em si não seja necessariamente uma forma de pecado, nós ainda carregamos a culpa diante de Deus pelos tipos de desejos que geramos.

> Ninguém, ao ser tentado, diz: "Sou tentado por Deus." Porque Deus não pode ser tentado pelo mal e Ele mesmo não tenta ninguém. Ao contrário, cada um é tentado pela sua própria cobiça, quando esta o atrai e seduz. Então a cobiça, depois de haver concebido, dá à luz o pecado; e o pecado, uma vez consumado, gera a morte.[22]

Tiago estava nos alertando sobre os perigos dos desejos sem controle, e também nos chamando para treinar nossos desejos de amar e querer o que o Espírito Santo ama e quer. É isso que o conjunto das Escrituras chama de vigiar o seu coração. Como uma sentinela, devemos policiar o fluxo de movimento dentro de nosso ser. O coração, na literatura bíblica, é o trio de pensamento, sentimento e desejo da pessoa. Ou em outras palavras, o pensamento, as emoções e as vontades. Devemos vigiar os três.

Henri Nouwen escreveu: "O coração é a base da vontade... o órgão central e unificador de nossa vida pessoal. Nosso coração determina nossa personalidade e, portanto, não é apenas o lugar onde Deus habita, mas também para onde o Satã direciona seus ataques mais ferozes."[23] É por isso que devemos nos proteger dos desejos da carne "que guerreiam contra sua alma"[24] e "os muitos desejos tolos e perigosos que lançam as pessoas na ruína e destruição".[25]

E fazemos isso por meio da prática de hábitos. Por nossos atos regulares da mente e do corpo, ou semeamos para a carne e, ao fazer isto, mais à frente consolidamos nossa escravidão nela, ou semeamos para o Espírito Santo e aumentamos nossa capacidade de viver livre e alegremente com Deus neste mundo.

Portanto, devemos passar cada hábito, cada pensamento, cada relacionamento — *tudo* — por este crivo:

> *Isso semeia para a minha carne ou para o meu espírito?*
>
> *Isso vai me tornar mais livre ou mais escravizado?*
>
> *Mais animal ou mais humano?*

Lembre-se, o importante para a formação espiritual é mudar o que *podemos* controlar (nossos hábitos) para influenciar aquilo que *não podemos* controlar (nossa carne).

Para encerrar, estou impressionado com uma das últimas coisas que Paulo disse em Gálatas sobre a carne:

> E não nos cansemos de fazer o bem, porque no tempo certo faremos a colheita, se não desanimarmos.[26]

Observe novamente que a recomendação de Paulo não é para não deixar um trabalho difícil ou continuar a seguir o seu sonho de começar um pequeno negócio. No contexto, o "fazer o bem" a que ele se refere é a luta contra nossa carne.

A primeira finalidade nessa bela passagem é a de não desistir de nossa luta para nos livrar de nossa natureza animal. Porque — e eis a coisa mais bonita — "no tempo certo faremos a colheita, se não desanimarmos". De novo, no contexto, ele se refere à colheita da personalidade e liberdade semelhantes à de Cristo. De volta à metáfora dos juros compostos, se continuarmos depositando nossos recursos, é apenas uma questão de tempo...

Enquanto escrevo isso, acabei de sair de uma semana bem difícil. Algumas coisas interpessoais me estressaram muito, agora que meu dia de descanso chegou, eu realmente estava sentindo todo esse estresse. Tive uma luta longa durante a vida adulta contra a ansiedade que, embora esteja melhor agora, ainda mostra sua cara feia regularmente. Sentado no meu dia de descanso, no meu terraço em um belo dia, eu adoraria dizer a você que eu estava desfrutando da paz de Deus, profundamente feliz e em paz. Mas não estava. Eu estava estressado, bravo com meu amigo, e sentindo a tensão em todo o meu corpo. E para completar, estava sentido ansiedade da minha ansiedade, e uma profunda vergonha da minha falta de habilidade de apenas me livrar daquilo. E naquele momento de desânimo, quando eu estava literalmente pensando: *Será que um dia eu vou amadurecer a ponto de controlar a minha ansiedade?* Eu senti o Espírito Santo trazer para minha mente o gráfico de juros compostos do meu amigo Steve e então o apliquei, não para a minha aposentadoria, mas para minha paz.

Eis John Mark e a paz nos seus vinte e poucos anos... Não tem muita coisa para se ver. Um jovem muito ansioso com uma "sensibilidade torturante".

E agora eis John Mark e a paz nos seus trinta e poucos anos... Melhor, mas com um longo caminho a percorrer.

Quarenta e poucos anos... Nossa, eu vejo uma melhora notável. Porém, com muita estrada pela frente.

Mas e quando eu chegar aos meus sessenta e poucos anos? *Paz profunda, amigos, paz profunda.* Aconteça o que acontecer, minha alma está na paz de Deus.

Então, com essa visão futura do meu eu, aproveito o meu dia de descanso toda semana. Não posso apertar um botão e controlar a minha ansiedade, mas posso desligar o meu telefone. Posso descansar e confiar que, no tempo certo, Deus vai utilizar a prática do dia de descanso para me preencher com mais Espírito Santo, libertar-me da ansiedade e propiciar uma colheita de paz na minha alma. Estou praticando o Caminho de Jesus, da melhor forma que posso, e investindo a longo prazo.

Meu pai foi um pastor por mais tempo do que eu tenho de vida. Na sua mesa tem um pequeno quadro com uma frase simples, um lembrete diário: *Tenha visão de longo prazo.*

O que você está enfrentando agora? Onde precisa de uma solução? De qual padrão de pensamento você não consegue se livrar? Uma compulsão ou um vício está acabando com sua alegria? Uma falha de caráter que transparece de maneira embaraçosa, apesar de seus melhores esforços para extirpá-la pela raiz?

Como você se sente a respeito? Triste? Derrotado? Entregue?

Existem áreas da sua vida e do seu caráter para as quais suas expectativas são baixas? Acomodou-se com o cabo de guerra em vez da vitória? Está anestesiado?

Não.

Não se canse de fazer o bem.

Ele irá retornar com o tempo.

Veja a longo prazo.

Parte 2 passo a passo

Definições:

- **A carne** — nossos impulsos básicos, primitivos e animalescos por autossatisfação, especialmente naquilo que pertence à sensualidade e à sobrevivência
- **O Espírito Santo** — A presença fortalecedora de Deus em nós
- **O uso da liberdade no Ocidente moderno** — a permissão para fazer o que quiser
- **A liberdade no Novo Testamento** — o poder de querer e fazer o que é bom
- **O uso do amor no Ocidente moderno** — desejo; frequentemente o desejo sexual
- **O amor no Novo Testamento** — o compromisso compassivo do coração de se encantar com a alma do outro e desejar o bem dessa pessoa antes do seu próprio, custe o que custar para si mesmo
- **A lei do retorno** — toda ação tem uma reação, e essas reações são com frequência desproporcionais à ação.

Textos fundamentais para meditar:

Gálatas 5:6; Romanos 8:1–13; e 1 Pedro 2:9–22

Teoria funcional da estratégia do diabo: ideias enganosas que geram desejos desordenados que são normalizados em uma sociedade pecadora

Teoria funcional da lei do retorno aplicada à formação espiritual: semeie um pensamento, colha uma ação; semeie uma ação, colha outra ação; semeie algumas ações, colha um hábito; semeie um hábito, colha uma personalidade; semeie uma personalidade, colha um destino, seja ele escravo da carne ou liberto no Espírito Santo.

Teoria funcional de como lutar contra a carne: Alimentamos nosso espírito e não alimentamos nossa carne praticando hábitos definidos por Jesus, especificamente jejuar e confessar os pecados. Conforme fazemos isso ao longo do tempo, não apenas desenvolvemos nossos músculos da força de vontade porém, mais importante, abrimos nossa mente e nosso corpo para um poder que está além de nós — que é o do Espírito de Deus.

Práticas fundamentais para dominar a carne: jejum e confissão.

Em suma: As ideias enganosas do diabo não são aleatórias; elas apelam para nossos desejos desordenados, ou o que os autores do Novo Testamento chamam de carne. A carne é o nosso lado animal, os impulsos primitivos e instintivos de autossatisfação e autopreservação. A solução não é abrir o nosso caminho à força, mas viver pelo Espírito Santo por meio de práticas que nos possibilitem recorrer ao poder de Deus para viver em liberdade.

Parte 3

O MUNDO

Não peço que os tire do mundo, mas que os guarde do mal. Eles não são do mundo, como também eu não sou. Santifica-os na verdade; a tua palavra é a verdade. Assim como tu me enviaste ao mundo, também eu os enviei ao mundo…

— **Jesus, em João 17:15–18**

Não amem o mundo nem as coisas que há no mundo. Se alguém amar o mundo, o amor do Pai não está nele.

Porque tudo o que há no mundo — os desejos da carne, dos olhos e a soberba da vida — não procede do Pai, mas procede do mundo.

Ora, o mundo passa, bem como os seus desejos; mas aquele que faz a vontade de Deus permanece para sempre.

— **João, em 1 João 2:15–17**

Um amigo meu a compartilhou comigo.

— **Shawn Fanning**

A honestidade brutal sobre o normal

Sete de setembro de 2000, MTV Video Music Awards. O apresentador de celebridades Carson Daly está no palco, prestes a anunciar Britney Spears. Mas, antes, ele tem uma surpresa para a plateia. Entra pelo lado esquerdo do palco: Shawn Fanning, o criador do Napster. Vestindo seu esperado jeans largo e também uma camiseta preta do Metallica.

Daly disse: "Camiseta legal."

Fanning: "Um amigo meu a compartilhou comigo."[1]

Agora, para vocês, nativos digitais, que são muito jovens para lembrar o que é Napster ou Metallica, eis aqui a história: Alguns meses antes, os deuses do heavy metal estavam no estúdio trabalhando em uma música chamada "I Disappear" para o lançamento do filme *Missão Impossível*. Num belo dia, eles acordaram e descobriram que sua música estava tocando em todas as rádios do país. Mas aí é que está:

eles não haviam lançado a música ainda. Nem havia sido mixada. Alguém a roubou e a liberou inacabada no éter digital. Eles rastrearam o roubo até um novo programa de compartilhamento de arquivos chamado Napster, onde eles encontraram não apenas "I Disappear", mas todas as suas músicas disponíveis para download. De graça.

Assim começou uma das tretas mais infames na história da música.

O Metallica entrou com uma ação judicial por violação dos direitos autorais e exigia uma quantia nada modesta de US$10 milhões. Eles ganharam no US District Court, mas perderam na corte da opinião pública. Os fãs do Metallica — muitos se tornaram ex-fãs —, a imprensa, os críticos de música e muitos outros os recriminaram como se eles fossem bandidos gananciosos. A controvérsia gerou um dos primeiros vídeos virais, a paródia de desenho animado do Metallica como crianças ex-heavy metal que se venderam por Lamborghinis de ouro.[2]

O argumento básico do Napster foi este: "O Metallica é rico! Podre de rico. Nós somos estudantes pobres. Não temos dinheiro para comprar seus discos. Qual o problema de tirar uma vantagem disto?"

A resposta do Metallica foi simples: "Não importa se você rouba do rico ou do pobre, roubar é ilegal e errado. Além do que, nós queremos manter o controle sobre nossa arte."

Agora, falando o óbvio, isso não é uma área moral cinzenta. Nenhum eticista foi chamado para a discutir o problema ou debater os vários pontos de vista. Em quase toda cultura que os sociólogos já estudaram, roubar é um tabu moral, um tipo de parâmetro moral para as pessoas viverem em comunidade. E o Napster não era Robin Hood, por mais que tivessem tentado provar que o seu modelo de negócios fosse.

(Mais tarde, o Napster foi vendido por US$121 milhões. Então, eles não eram *nada* pobres...)

Napster, como se sabe, foi um dos primeiros sites de pirataria, primeiro com músicas, depois com TV e filmes, que se espalhou rapidamente pela internet e pela cultura geral. Em poucos meses, "todo mundo estava fazendo o mesmo".

Você se lembra daqueles comerciais antipirataria que passavam antes de começar os filmes?

Você não roubaria um carro...

Seguido por imagens de algumas pessoas roubando coisas, incluindo um cara em uma videolocadora escondendo um DVD dentro da jaqueta de couro.

Fazer download pirata de filmes é roubar.

Roubar é contra a lei.

Pirataria. É um crime.[3]

(Escrito com um tipo de letra preta e branca tremida que, apesar de não ser tão antiga, parecia ser sido feita em 1991.)

Ora, isso é ética nível jardim de infância, mas mesmo assim esses comerciais foram veiculados antes de qualquer coisa durante anos. Por quê? Porque embora o certo e o errado fossem legal e eticamente evidentes, ainda *a maioria das pessoas deslocaram a linha moral* para tornar a pirataria socialmente aceita.

Por que eles fizeram isso?

De novo, vocês, nativos digitais, não têm lembranças de um mundo pré-Spotify ou Apple Music. Eu tenho. No ano 2000, quando tudo isso aconteceu, eu estava na faculdade, mas a minha paixão era tocar guitarra com a minha banda de indie rock. Depois de Jesus, a música era minha vida. Eu ganhava US$6,50 por hora trabalhando meio período como barista depois da faculdade, e um CD custava por volta de US$18 na Music Millennium em Burnside. Ou seja, tirando os impostos, era preciso três ou quatro horas de trabalho para comprar apenas um CD. Agora, uma coisa era usar o dinheiro de meio dia de trabalho para comprar o CD do Coldplay *A Rush of Blood to the Head*, mas e algumas bandas de quem ninguém tinha ouvido falar? Sigur Rós? Era muito tempo e dinheiro para arriscar no desconhecido.

Então, naturalmente, o Napster foi bem recebido entre o meu grupo de amigos. Todos os meus parceiros de indie rock emprestavam CDs gravados com o nome de alguma banda nova escrito com o marcador Sharpie (no mundo pós-CD, a Sharpie deve ter entrado em uma crise econômica...), e, não vou mentir, eu ouvi muito esses CDs.

Sim, eu, John Mark Comer, costumava ouvir CDs gravados.

Por fim, cheguei à conclusão de que eu estava roubando e a coisa certa a fazer era parar de gravar (ou dar) CDs gravados. Mas é aí que quero chegar: quando comecei a recusar as ofertas de CDs gratuitos dos amigos, normalmente causava uma ira instantânea — eles ficavam muito bravos comigo. Agora, isso pode ter sido também por causa da minha personalidade moralista imatura, que dizia algo ofensivo e irritante como: "Desculpa, eu não roubo." Mas não importava o meu tom, eu sempre terminava sendo alvo de desdém: "Quem é *você* para *nos* julgar?"

Porque vivíamos naquele momento em um ecossistema moral em que "julgar" seus amigos por gravar CDs era visto como errado, mas roubar era visto como normal. O certo e o errado foram redefinidos dentro dos moldes da opinião popular — ou, melhor dizendo, *desejo* popular — e a conduta moral foi modificada, em apenas poucos anos.

E isso, meus amigos, é um grande exemplo do que Jesus e os autores do Novo Testamento chamaram de mundo.

Finalmente, chegamos ao nosso terceiro inimigo da alma.

Não, não é gravar CDs.

É o mundo.

Eu comecei a parte 3 com uma história datada, mas não emocionalmente carregada, da Napster (poucos de nós têm gatilhos em relação a compartilhar arquivos) para abrandar nossas mentes na categoria final — nossa luta contra o mundo.

Agora, o que exatamente queremos dizer com *o mundo*? Bom, vamos começar com o que Jesus tem a dizer sobre isso...

Talvez a Sua afirmação mais conhecida sobre o mundo é um alerta para não cair em seus encantos:

> De que adianta uma pessoa ganhar o *mundo* inteiro, se vier a perder-se ou causar dano a si mesma?[4]

No entanto, Jesus via o mundo não apenas como uma tentação a se evitar, mas como uma ameaça para se proteger:

> Se o *mundo* odeia vocês, saibam que, antes de odiar vocês, odiou a mim. Se vocês fossem do *mundo*, o *mundo* amaria o que era seu. Mas vocês não são do *mundo*, pelo contrário, eu dele os escolhi. E por isso o *mundo* odeia vocês. Lembrem-se da palavra que eu disse a vocês: "O servo não é maior do que seu senhor." Se perseguiram a mim, também perseguirão vocês.[5]

Ele está alertando Seus aprendizes de que o mundo, que O crucificou, os trataria de maneira semelhante. O relacionamento é hostil.

O que faz sentido se você segue a lógica de Jesus. Ele viu o mundo sob as regras do diabo, não de Deus, e Ele viu Sua morte iminente e ressurreição como a libertação da humanidade da tirania do diabo:

> Chegou o momento *deste mundo* ser julgado, e agora o seu príncipe será expulso.[6]

Mas apesar do relacionamento pouco hostil entre Jesus e o mundo, a intenção dEle nunca foi de que Seus aprendizes abdicassem de suas responsabilidades no mundo. Por mais que eu ame o movimento monástico, Jesus não era um monge. Ele não se evadiu ou se escondeu em uma cela. Ele foi para o deserto, sim, mas *voltou*. Esse é o modelo. Ouça algumas das últimas palavras de Jesus, em uma oração ao Pai por Seus aprendizes:

> Eu lhes tenho dado a Tua palavra e *o mundo* os odiou, porque eles não são do *mundo,* como também eu não sou. Não peço que os tire *do mundo,* mas que os guarde do mal. Eles não são *do mundo,* como também eu não sou. Santifica-os na verdade; a tua palavra é a verdade. Assim como tu me enviaste ao *mundo,* também eu os enviei ao *mundo.*[7]

Essa é uma pequena amostra do que Jesus tinha a dizer sobre o mundo. Existem muitas outras. Como seria de esperar, esse tema maior na obra de Jesus foi escolhido e depois desenvolvido pelos autores do Novo Testamento. Eis o que João com um aviso profundo e revelador diz sobre o mundo e sua atração gravitacional sobre os desejos dos nossos corações:

> Não amem o mundo nem as coisas que há no mundo. Se alguém amar o mundo, o amor do Pai não está nele. Porque tudo o que há no mundo — os desejos da carne, os desejos dos olhos e a soberba da vida — não procede do Pai, mas procede do mundo. Ora, o mundo passa, bem como os seus desejos; mas aquele que faz a vontade de Deus permanece para sempre.[8]

O mundo, embora possa ser uma ideia nova para os seguidores modernos de Jesus, é uma ideia central recorrente desde Jesus até o Novo Testamento.

Agora, vamos combinar todos esses ensinamentos em um tipo de definição. O que exatamente esses autores queriam dizer com *o mundo*?

A palavra em grego para mundo é κόσμος, de onde origina a palavra *cosmos* em inglês. E como a palavra grega para "a carne", ela possui mais de um significado.

A título de lembrança, pense na palavra em inglês *ball*. Ela pode ser um objeto redondo (bola) que você usa para jogar diversos tipos de jogos, (2) um baile onde você se veste de maneira formal, ou (3) ter um bom momento, como na expressão em inglês, *"to have a ball"* (divertir-se muito).

Da mesma maneira, a palavra grega κόσμος possui pelo menos três significados no Novo Testamento.[9]

Às vezes ela apenas significa universo, ou mais especificamente o planeta Terra, como em Romanos 1:20:

> Desde a criação *do mundo* os atributos invisíveis de Deus — o seu eterno poder e a sua divindade — claramente se reconhecem, sendo percebidos por meio das coisas que Deus fez. Por isso, os seres humanos são indesculpáveis.

Sem dúvida, o mundo não é um inimigo, de forma alguma. É um teatro para mostrar "o eterno poder e a divindade" de Deus, significando que é uma indicação diária da realidade de Deus e sua inteligência sábia, generosa, criativa e seu amor. Enquanto escrevo este capítulo, estou em Melbourne, Austrália, uma das minhas cidades favoritas do mundo. Eu acabei de terminar uma longa corrida matinal pelo Yarra Bend Park, e foi maravilhoso. A cada passo, eu sentia minha alma despertando para a glória de Deus.

Mas outras vezes, a palavra κόσμος não se refere à beleza do Yarra River ou do planeta Terra, mas à humanidade, como vemos na passagem icônica de João 3:16:

> Porque Deus amou o mundo de tal maneira que deu o seu Filho único, para que todo o que nele crer não pereça, mas tenha a vida eterna.

Embora eu tenha a certeza de que Deus também ama muito as Montanhas Rochosas ou os Alpes Austríacos, essa passagem está claramente se referindo não ao nosso planeta, mas à humanidade que o povoa e, como parte da sua criação, atrai o olhar amoroso da compaixão do Criador.

Novamente, o mundo aqui é algo positivo, não negativo. Um objeto do amor, não de inquietude ou ressentimento.

Mas o que estamos falando quando nos referimos "ao mundo, à carne, e ao diabo" é o terceiro sentido da palavra κόσμος, afetado por tom muito mais pejorativo.

Um lexicógrafo grego a definiu de maneira simples, como o sistema de práticas e padrões relacionados com a sociedade secular.[10]

(Lembre-se, nós definimos uma sociedade secular como uma tentativa de viver como se Deus não existisse.)

O mundo é um lugar onde, na linguagem de Abraham Joshua Heschel, as pessoas acreditam que

> o homem reina supremo, e as forças da natureza são seus únicos adversários possíveis. O homem está sozinho, livre e ficando cada vez mais forte. Deus não existe ou é indiferente. É a iniciativa humana que faz a história, e é principalmente pela força que as constelações mudam. O homem pode alcançar a sua própria salvação.[11]

Porém, o mundo é mais do que apenas a inexistência de Deus, ele é *anti*Deus.

Eu gostei da definição gentil, mas direta de Dallas Willard *do mundo*:

> Nossas práticas culturais e sociais, que estão sob o poder de Satanás e, desse modo, contrárias a Deus.[12]

Meu mentor teológico Gerry Breshears explicou dessa forma:

> O mundo está sob o domínio de Satanás, onde sua autoridade e seus valores reinam — embora o seu disfarce torne difícil percebê-lo. Se você é do mundo, então tudo parece certo.[13]

Raramente eu leio livros políticos, mas não consigo parar de pensar no livro *Por que o Liberalismo Fracassou?*, de Patrick Deneen. No contexto, ele está escrevendo sobre a crise social moderna dos Estados Unidos, mas honestamente, não posso imaginar uma teologia bíblica melhor, de um parágrafo só, sobre o mundo:

> Neste mundo, a gratidão pelo passado e a responsabilidade com o futuro foram substituídas por uma busca quase universal de gratificação imediata: a cultura, em vez de transmitir a sabedoria e a experiência do passado de maneira a cultivar as virtudes de moderação e civilidade, torna-se sinônimo do estímulo hedônico, da brutalidade visceral, e da distração, todos voltados para promover o consumo, o desejo e o desapego. Como resultado, comportamentos superficialmente superestimados e socialmente destrutivos começam a dominar a sociedade.[14]

Em termos leigos, o mundo é o que acontece quando muitas pessoas se entregam à sua carne e os desejos básicos e animalescos são normalizados.

Talvez o melhor exemplo do mundo, com o qual a maioria de nós possa concordar, seja o racismo sistêmico da escravidão — que muitos têm chamado de o pecado original dos EUA. Mais do que apenas uma ideia, um sentimento, ou até mesmo um pecado, o racismo tornou-se inextricavelmente entrelaçado nas estruturas sociais, morais, legais e econômicas, e, tragicamente, em alguns círculos espirituais da sociedade norte-americana. Primeiro, era praticado por poucos, e depois por muitos. Então, foi aceito como um mal necessário pela sociedade, codificado pela lei, escrito na Constituição,[15] e até mesmo justificado em alguns círculos da igreja (embora ferozmente criticado em outros). Mais à frente, tornou-se "o jeito que as coisas são". Como resultado, um mal bárbaro e hediondo foi normalizado. Um mal que, embora tenha ficado em um passado distante, ainda é um trauma de multigerações na alma coletiva dos Estados Unidos.

O mundo é mais do que um sistema que está lá fora no éter sociopolítico. É, como Eugene Peterson destacou, "uma atmosfera, um estado de ânimo",[16] que nos contagiou como uma doença maligna. Um poluente emocional trazido pelo ar que inalamos todos os dias, um impulso antiDeus que circula em nossos pulmões. É "a sociedade da humanidade orgulhosa e arrogante que desafia e tenta eliminar o governo e a presença de Deus na história".[17]

Em suma, eu definiria *o mundo* como

> um sistema de ideias, valores, moral, práticas e normas sociais que estão integrados à cultura predominante e, no fim, institucionalizados em uma cultura corrompida pelos pecados idênticos da rebelião contra Deus e da redefinição do bem e do mal.

Por *pecados idênticos,* estou me referindo à nossa ação anterior no Jardim do Éden e à tentação paradigmática do diabo com Adão e Eva. Lembre-se, a sua tentação teve essencialmente duas partes: (1) rebeldia ou apropriação da autonomia de Deus, para secularizar sua vida e viver desconsiderando Deus, e (2) redefinição do bem e do mal com base na voz de sua consciência (personificada como a serpente, que mais tarde foi identificada como o diabo) e os desejos desordenados de seu próprio coração.

O mundo é o que acontece quando o pecado de Adão e Eva torna-se viral e se espalha pela sociedade. O resultado? O distorcido torna-se normativo. O pecado é reformulado como uma série de coisas — liberdade, direitos humanos, justiça reprodutiva, "o jeito que as coisas são", natureza, ciência, feminismo — qualquer coisa menos *pecado.*

E a ideia principal para nós aqui é a de que: tudo tem um efeito no nosso raciocínio moral e espiritual ou, para ser mais exato, na *falta* de raciocínio.

Muito antes da controvérsia em torno da série da Netflix *13 Reasons Why*, as pessoas ficaram indignadas com o romance trágico de Johann Wolfgang von Goethe, *Os Sofrimentos do Jovem Werther*, no qual o herói comete suicídio. Após sua publicação em 1774, um surto de suicídio correu a Europa.[18] Era quase como se o suicídio fosse um tipo de doença contagiosa que precisasse de quarentena, por mais irracional que isso possa parecer. Vários países baniram o livro, que foi um anátema para o emergente valor da liberdade de expressão no Iluminismo.

E, no entanto, uma nova área de pesquisa de psicólogos sociais sobre contágios sociais confirmou sua intuição: comportamentos, bons ou ruins, espalham-se por redes de amigos, familiares e conhecidos de uma maneira muito parecida com a de um vírus.

O exemplo clássico é bocejar. Quando alguém boceja perto de você, o que você faz? Provavelmente boceja também. Esse é um fenômeno bem documentado. E não acontece apenas com comportamentos físicos — bocejar, arrepiar, sorrir etc. — mas também com comportamentos *morais*. Fumar, não fumar, comer saudável, comer porcarias, beber moderadamente, alcoolismo, cortesia, falta de educação — praticamente qualquer comportamento que você imagine tem o potencial de se espalhar pela sociedade de pessoa para pessoa, e se comportar de maneira esquisita, como uma doença. O psicólogo do consumidor Dr. Paul Marsden percebeu que "os fenômenos socioculturais podem se espalhar, e pular entre, as populações mais como os surtos de sarampo ou catapora do que por meio de um processo de escolha racional".[19]

A ideia principal aqui é que esse fenômeno se espalha, não por meio de uma campanha dispendiosa de marketing, legislação governamental, ou até mesmo por uma escolha racional, mas por alguma outra motivação menos lógica e mais traiçoeira. "A pesquisa empírica tende a confirmar... a hipótese de que o comportamento humano se agrupa no espaço e no tempo, mesmo na ausência da coerção e racionalidade."[20]

Tradução: o macaco vê, o macaco faz.

A mentalidade de rebanho está literalmente entremeada em nosso cérebro. Todos os búfalos vão caminhar do mesmo lado do campo, adolescentes vão usar o mesmo tênis. Pessoas que vivem em cidades costeiras tendem a votar na esquerda, as que vivem nas regiões centrais, na direita. Fomos criados por nosso Deus relacional para vivermos em comunidade, mas em virtude da queda, voltamos a ser animais de carga. Muitas vezes é dessa maneira que as ideias enganosas do diabo mantêm um controle forte por tanto tempo nas sociedades. "Eu quero" e "todo mundo está fazendo" possuem um poder impressionante por si só. Juntos são quase irresistíveis.

Como Renée DiResta, gerente de pesquisa técnica do Observatório de Internet de Stanford resumiu a ética pós-moderna: "Se você cria uma tendência, a torna verdadeira."[21] Porém, a ampla aceitação social de uma ideia ou de um comportamento *não* os torna verdadeiros, e muito menos os leva à prosperidade. Se a história nos ensina algo, é que a maioria, com frequência, está errada. "As multidões mentem. Quanto mais gente, menos verdade", como colocou Eugene Peterson.[22] As multidões em muitos casos são mais tolas do que sábias.

O Dr. Jeffrey Schwartz escreveu sobre a "ecoesfera" e a "etosfera", definindo esta última como um "mundo compartilhado de atitudes, comportamento e ética". Ele argumentou que nossa geração corre contra o tempo para preservar as calotas polares, as geleiras, as espécies em extinção e, tragicamente, não faz nada, enquanto nossos recursos espirituais e morais mais importantes estão desaparecendo rapidamente.[23]

Felizmente, o contágio social acontece das duas formas. A pesquisa dos cientistas sociais Nicholas Christakis e James Fowler mostrou que "manter-se saudável não tem apenas a ver com seus genes ou com sua dieta, como parece, ter uma boa saúde também é um produto, em parte, da sua proximidade com outras pessoas saudáveis".[24]

Embora seja legal citar um cientista ou dois, essa não é nem remotamente uma ideia nova. Dois milênios antes, Paulo citou o que já era provavelmente uma sabedoria antiga: "Má companhia corrompe o bom caráter."[25]

No Oriente, na lista das trinta e oito maiores bênçãos na vida de Buda, a primeira é "evitar a companhia dos tolos". A segunda? "Relacionar-se com o sábio."[26]

A questão é, você não precisa ser seguidor de Jesus para acreditar nisto; *é* simplesmente assim. Nós nos tornamos como os relacionamentos que cultivamos e a cultura a que pertencemos.

Sobretudo para nós seguidores de Jesus, que queremos permanecer fiéis aos mapas mentais de Jesus em uma cultura que está descambando para uma decadência orbital moral, essa é uma visão crucial.

O profeta e pastor de meados do século A. W. Tozer disse certa vez: "A causa de todas as nossas misérias humanas é um transtorno moral radical."[27] Ele usou a analogia de um marinheiro e seu sextante. Da mesma forma que um marinheiro outrora navegava pelo mundo se guiando pelas estrelas, também outrora navegávamos pelo mundo nos guiando pelo verdadeiro norte de Deus e de sua visão do bem e do mal. Mas no mundo, especialmente no Ocidente secular, (principalmente) progressista, não mais nos guiamos por Deus.[28] As antigas verdades absolutas da moral foram questionadas. A nova autoridade é, como já exploramos antes, o eu autêntico, definido como desejo e sentimentos. Como resultado, nós perdemos completamente um sentido de direção, além do nosso próprio leme emocional interno, e tudo isso muito frequentemente nos desencaminha.

Yuval Noah Harari, o popular historiador e líder do ateísmo do nosso tempo descreveu o xis da questão muito bem:

> Antigamente, era Deus quem podia definir bondade, virtude e beleza. Hoje em dia, essas respostas estão dentro de nós. Nossos sentimentos dão sentido à nossa vida pessoal, mas também [aos] nossos processos políticos e sociais. A beleza está nos olhos de quem vê, o cliente sempre tem razão, o eleitor sabe melhor, se sentir-se bem faça, e pensar por si mesmo: estas são algumas das crenças principais humanistas.[29]

Por mais agradáveis que essas máximas possam parecer elas não nos dão uma Estrela Guia para viver.

O sempre perspicaz David Foster Wallace, ao observar muitos dos seus amigos da era secular, percebeu: "Esta é uma geração que não tem herança de absolutamente nada, assim como não possui valores morais significativos."[30]

Mas embora isso possa parecer um problema grave no Ocidente moderno, é tão velho quando o paraíso.

Observe a definição tripla de mundo do autor João que lemos poucos minutos atrás:

> Porque tudo o que há no mundo — os desejos da carne, os desejos dos olhos e a soberba da vida — não procede do Pai, mas procede do mundo.[31]

Sua escolha pela palavra *desejo* é reveladora. Desejo é amor pervertido, é o desejo voltado para si mesmo.

João alertou contra três desejos do mundo:

"Os desejos da carne" — sem dúvida, ele tinha em mente a tentação sexual, a epítome do amor deformado, onde a figura criada à imagem de Deus a qual deveríamos amar incondicionalmente torna-se um objeto de desejo do qual *obtemos* prazer, mesmo que seja consensual. Porém, isso inclui mais do que apenas desejo sexual; é qualquer desejo de nossa carne — por comida, bebida, gratificação instantânea, controle, domínio sobre os outros e assim por diante.

"O desejo dos olhos" — sem dúvida, a ganância estava no centro de interesse de João, mas também a inveja, o ciúme, o descontentamento, e a "inquietude maligna" da nossa era.[32]

Finalmente, "a soberba do mundo" — a tendência humana em todos para seguir seu próprio caminho, rebelar-se contra a autoridade, e achar que sabemos mais do que os nossos ancestrais. "Quem é você para me dizer algo?" é o hino do projeto eu.

Estas são as três grandes tentações que o próprio Jesus enfrentou no deserto. O discurso é diferente, mas a oferta do diabo foi a mesma. Pense nisso...

"O desejo da carne" — a tentação de transformar pedras em pão, a fim de ceder ao desejo de satisfação gastrointestinal e o desejo de prazer de sua carne.

"O desejo dos olhos" — a tentação de curvar-se e adorar o diabo e em troca receber "todos os reinos do mundo e a glória deles";[33] ter tudo, desejos sem limites.

E "soberba do mundo" — a tentação de se jogar do alto do templo e, ao fazer isso, receber a glória e a veneração da humanidade, para transformar sua vida em um espetáculo, e tornar-se uma celebridade.

Você vê as semelhanças?

Essas são as três tentações paradigmáticas do mundo. E elas são muito, *muito* antigas.

Os estudiosos do Novo Testamento mostraram que tanto João quanto Mateus, autores do evangelho, se referiram à tentação do paraíso em Gênesis 3. Lembra-se do discurso?

> Vendo a mulher que a árvore era boa para se comer, agradável aos olhos e árvore desejável para dar entendimento, tomou do seu fruto e comeu; e deu também ao marido, e ele comeu.[34]

Você pode ver como os três se alinham?

"O desejo da carne" = "boa para se comer" = pedras em pão

"O desejo dos olhos" = "agradável aos olhos" = os reinos do mundo e suas glórias

"A soberba do mundo" = "desejável para dar entendimento" = o espetáculo no templo

Eles remontam à história do paraíso porque é a história *humana* arquetípica. Eles nos alertam para ficarmos atentos porque, no mundo, o desejo da carne, o desejo dos olhos e a soberba do mundo não são apenas tolerados — são comemorados. É mais provável que você os encontre em uma parada do que sendo repreendidos.

Theo Hobson, no seu livro *Reinventing Liberal Christianity* [Reinventando o Cristianismo Liberal, em tradução livre], usa esse silogismo para sintetizar as três marcas da revolução moral moderna:

O que era universalmente condenado agora é celebrado.

O que era universalmente celebrado agora é condenando.

Aqueles que se recusam a celebrar são condenados.[35]

Interessante: no seu livro, ele é *pró*-revolução. E está tentando explicar uma moralidade progressista em funcionamento. Hoje em dia, essas três marcas são o que a maioria das pessoas, ao menos em minha cidade, chamam de progresso. E em algumas áreas, eu concordo. Especialmente no progresso que fizemos em direção aos direitos iguais das mulheres e minorias. Mas em outras áreas, o que chamamos de progresso é o que os *Efésios* chamam de "curso deste mundo". Nota: como *oposto* ao Caminho de Jesus.

Paulo escreveu sobre a "sabedoria deste mundo". Ou seja, o que o mundo pensa que é inteligente, esperto ou até virtuoso "é loucura diante de Deus".[36] Isso reflete as palavras anteriores de Jesus: "Pois aquilo que é elevado entre homens é abominação diante de Deus."[37]

Jesus e Paulo não estavam dizendo que *tudo* o que as pessoas valorizam demais é detestável, muitas das coisas que as pessoas valorizam, mesmo em nossa sociedade secular, são maravilhosas. Nem queriam dizer que não existe sabedoria fora da esfera cristã. Mas pareciam dizer que existem *algumas* coisas que muitas pessoas valorizam, promovem, celebram, e mostram que Deus tem uma visão radicalmente diferente. Jesus, em particular, parece estar agindo a partir de uma série diferente de cálculos morais.

Seríamos sensatos em desacelerar e buscar a sabedoria de Jesus sobre as questões morais de nosso tempo — a sabedoria que surge da Sua inteligência incomparável, discernimento e intenções amorosas. Mas se o fizéssemos, inevitavelmente, encontraríamos ao menos alguns exemplos de diferenças surpreendentes entre Jesus e *ambas* as visões, da esquerda e da direita, sobre a prosperidade humana.

O falecido Dr. Larry Hurtado, historiador do cristianismo antigo, em seu livro extremamente célebre *Destroyer of the Gods* [Destruição dos Deuses, em tradução livre], conta a história de como uma pequena seita judaica de seguidores de Jesus superou o bastião do paganismo e conquistou o Império Romano em apenas alguns séculos. Sua tese era a de que não era a relevância ou a capacidade de se relacionar com a cultura, mas Sua diferença e singularidade que a tornou tão atraente para tantos. A igreja ficou marcada por cinco características singulares, que a destacaram no cenário do império:

1. A igreja era multirracial e multiétnica, com um valor elevado para diversidade, equidade e inclusão.

2. A igreja estava distribuída por linhas socioeconômicas, e havia um alto valor para cuidar dos pobres; aqueles que tinham mais deveriam compartilhar com aqueles que tinham menos.

3. Ficou firme na sua resistência ativa ao infanticídio e aborto.

4. Ficou firme na sua visão de casamento e sexualidade entre o homem e a mulher por toda a vida.

5. Contra a violência, tanto no nível pessoal e político.

Agora, se você traçar essas cinco características no mapa da política norte-americana moderna, as duas primeiras parecem com as posições liberais, pois lidam com questões de raça e classe social. A terceira e a quarta parecem com as posições conservadoras e a última não combina com nenhuma delas.

Nenhum partido político ou ideologia intelectual fora da igreja de Jesus — que eu conheça — mantém as cinco juntas.

No entanto, todas as cinco posições são ortodoxia cristã básica e histórica. *Nada* nas cinco está à margem ou fora do centro para um discípulo de Jesus.

Se você tende para a esquerda na política, provavelmente vai sentir uma pressão esmagadora para priorizar as duas primeiras e ignorar o resto. Se você tende para a direita, para priorizar a terceira e a quarta. Mas se nós nos rendermos para qualquer um dos lados, deixamos que o nome de Jesus se torne capelão para o mundo, em vez de ser uma alternativa convincente ao *status quo*.

Já na década de 1970, Lesslie Newbigin — um pensador fundamental no pós-cristianismo do Reino Unido — previu (ou talvez profetizou?) que, à medida que o Ocidente se secularizasse, a religião não desapareceria, seria redirecionada para a política. Ele alertou para o aumento das religiões políticas.

Estamos vivendo o que ele previu, nossa nação está mais dividida do que esteve na Guerra Civil. A direita e a esquerda não são mais dois lados opostos que se mantêm em equilíbrio. São duas religiões rivais travando uma guerra santa, com fanáticos religiosos lutando online e, cada vez mais, nas ruas de cidades como Portland ou nos salões de Washington DC.

Como David Brooks escreveu em um artigo opinativo no *New York Times*: "No decorrer do último meio século, transformamos a política de uma forma prática de resolver problemas comuns em uma arena cultural para exibir ressentimentos."[38]

As pessoas importam uma devoção e um frenesi do tipo religioso para a política. *O Economist* chamou isso de "A nova guerra religiosa dos EUA".[39] E nessa febre arrebatadora, muitas pessoas foram aprisionadas pela ideologia, que é uma forma de idolatria. Um número crescente de pessoas é mais fiel às suas ideologias ou partidos políticos do que a Jesus e Seus ensinamentos. Sinto esse impulso no meu próprio coração, e precisamos resistir a isso. Ele nos leva para um território fora do reino de Deus e desmagnetiza nossa bússola moral, nos indicando uma direção que não leva à vida e à paz.

Seguidores de Jesus precisam voltar para a realidade de que o batismo é a sua principal promessa de lealdade,[40] o desrespeito não tem lugar no coração daqueles que dizem ser aprendizes de Jesus, e o teste decisivo da nossa fé é o grau em que amamos o nosso inimigo.

Minha afirmação é que: a visão de Jesus de uma vida próspera está 180 graus distante das normas morais de hoje em dia.

Eu lembrei da famosa frase de John Milton no livro *Paraíso Perdido*, "Mal, embora seja meu bem".[41] Milton atribuiu essa fala ao diabo, mas ela é um eco de uma frase do profeta Isaías do século VIII a.C.: "Ai daqueles que chamam o mal de bem e o bem de mal."[42]

Ai é uma escolha de palavra fascinante. Não é bem uma palavra. É apenas uma interjeição de emoção. *Oh* é a versão positiva, a forma como expressamos surpresa ou empolgação, quando nos deparamos com algo bom e inesperado. *Ai* é a versão negativa, o suspiro do coração. Por anos, eu lia isso com um tom de voz infernal, como megafone em alto volume — "Ai daqueles que chamam o mal de bem!" E, honestamente, isso pode estar certo. Porém, quanto mais tempo passo junto do Pai, do Filho e do Espírito Santo e vivencio seu amor e sua compaixão, mais escuto essa interjeição de um pai chorando, com um coração lacerado pelas tolices de seus filhos e consequências que colherão.

Só posso imaginar a resposta emocional de Deus para a redefinição de bem e de mal na nossa sociedade. Uma sociedade onde...

A luxúria é redefinida como amor.

O casamento, que é um contrato de fidelidade vitalício, é redefinido como um contrato de realização pessoal.

O divórcio, que é uma quebra de votos, é redefinido como um ato de coragem e autenticidade.

A objetivação da sexualidade feminina pela pornografia é redefinida como empoderamento feminino.

A ganância é redefinida como responsabilidade com os acionistas.

Injustiças terríveis contra trabalhadores de fábricas nos países em desenvolvimento são redefinidas como globalismo.

A degradação do meio ambiente, como progresso.

A eliminação de economias locais, que eram prósperas, é redefinida como capitalismo de mercado livre.

O racismo, como um problema do passado.

O marxismo, como justiça.

Sinceramente, não consigo pensar em um exemplo mais angustiante do que o aborto, em que o maior infanticídio na história da humanidade é redefinido como "justiça reprodutiva".[43] A ousadia absoluta de usar a palavra *justiça* para se referir à desumanização (não é um bebê, é um "feto") e à destruição de milhares de crianças é inexplicável. A razão moral aqui é desconcertante em sua completa ruptura com a lógica e sabedoria, e até mesmo com a ciência, e ainda assim tem se tornado cada vez mais aceita.

Meu filme favorito de 2019 foi *O Falcão Manteiga de Amendoim* (que divertido!). Reminiscente de Huck Finn, conta as aventuras de um órfão carente chamado Tyler (interpretado por Shia LaBeouf) e Zack (interpretado pelo próprio Zack Gottsagen), um adolescente portador da Síndrome de Down, que foge de uma instituição do Estado enquanto escapam das autoridades rio abaixo. Assistimos várias vezes em família, mas na primeira vez, me impressionou: Eu não via um adulto portador da Síndrome de Down há *anos*.

Desde a década de 1980, quando exames para detectar a Síndrome de Down tornaram-se mais comuns para mulheres grávidas, a maioria dos bebês portadores da síndrome tem sido abortada discretamente, sem alardes. Não temos estatísticas confiáveis, mas estima-se que os EUA abortam 67% dos bebês diagnosticados no pré-natal com Síndrome de Down, a França 77%, e países escandinavos como a Dinamarca em torno de 98%. Devido à popularização dos exames e a facilidade do aborto, a Islândia está perto dos 100%. Um médico islandês disse recentemente: "Basicamente quase erradicamos a

Síndrome de Down da nossa sociedade."[44] Por *erradicamos* ele quis dizer: "Nós matamos todos os bebês portadores da Síndrome de Down." Ele chamou isso de aconselhamento genético. Agora temos pensadores importantes como Peter Singer — o filósofo moral e professor de bioética de Princeton — defendendo uma tese para matar todos os bebês portadores de deficiências[45] e outros exigindo "aborto após o nascimento", dizendo que os pais deveriam esperar alguns dias após o nascimento para decidir terminar ou não a vida do bebê.[46]

No entanto, a atual iteração do infanticídio não é apenas aceita socialmente, mas também celebrada como uma forma de libertação e um direito humano. E eis o problema: se você ousar insinuar que este pensamento está arraigado em lógicas confusas ou que é científica e filosoficamente e (muito menos escrituralmente) indefensável, na hora você é rotulado de regressivo ou pior — opressivo. Se você tentar declarar que todos os bebês, não importa a capacidade intelectual, são merecedores de amor e comemoração é automaticamente rotulado de contra o progresso. Porque na nova hierarquia moral, escolha, desejo, e liberdade sexual sem responsabilidade é mais importante do que a vida de um que ainda não nasceu. Um bebê não é visto como uma alma humana, mas como uma responsabilidade indesejada que precisa ser eliminada.

A jornalista britânica Antonia Senior, em seu artigo para a revista *The Times* "Yes, Abortion Is Killing. But It's the Lesser Evil" [Sim, o aborto está matando. Mas é o mal menor, em tradução livre] chegou a esta conclusão depois que vivenciou a gravidez e o nascimento:

> Minha filha foi formada na concepção... Qualquer outra conclusão é uma mentira conveniente que nós, do lado pró-escolha do debate, dizemos para nos sentirmos melhores em

relação ao ato de tirar uma vida... Sim, o aborto está matando. Mas é o mal menor.

Ela termina a sua defesa do aborto em nome dos direitos das mulheres com essa frase assustadora: "Você precisa estar preparada para matar."[47] É estarrecedor pensar que isso está acontecendo em uma era conhecida pela igualdade e inclusão. Eu apenas espero que o espírito da justiça seja concedido a essas belas crianças que foram criadas à imagem de Deus.

E, no entanto, "aqueles que se recusam a comemorar são condenados".

Esse é o melhor exemplo que posso pensar — por mais emocionalmente carregado — da lógica tortuosa do mundo. Da maneira como as ideias enganosas apelam para os desejos desordenados e, tragicamente, muitas vezes encontram um lar em grande parte da sociedade.

O que Deus deve sentir sobre isso?

Eu imagino, ai daquele.

Ai daquele, não apenas para o desvio moral do aborto, mas para a possibilidade perdida da família. A beleza do filme *O Falcão Manteiga de Amendoim* não é a maneira como ele, agradável e profeticamente, questiona as suposições seculares apenas sobre as pessoas portadoras da Síndrome de Down, mas também sobre todas as crianças indesejadas (personificadas pelo personagem de Shia LaBeouf). Como pai adotivo, estou bem ciente da dor e da complexidade da pobreza geracional, gravidez na adolescência, saúde mental e abusos de substâncias, embora tenha o privilégio de observar minha adorável filha florescer e prosperar. E minha família ficar ainda mais feliz aos domingos, quando estamos todos juntos.

Pesquise o vídeo de Shia LaBeouf e Zack Gottsagen no Oscar. Zack foi a primeira pessoa portadora da Síndrome de Down a ter essa honra.[48] Diga-me se isto não deixa o seu coração mais feliz.

Sei que toda essa conversa pode ser bem pesada, e temos esperanças para um futuro próximo. Mas por enquanto, o que quero frisar é que, o que chamamos de cultura (ou as artes, entretenimento, economia, política ou a maneira de viver do Ocidente), Jesus e os Seus seguidores chamavam de mundo. E eles viam o mundo como um inimigo da alma.

Agora, deixe-me ser bem claro: as *pessoas* do mundo não são nossas inimigas, são o objeto do amor de Jesus. Como escreveu Paulo: "Porque a nossa luta não é contra o sangue e a carne",[49] incluindo as pessoas com perspectivas religiosas, éticas e políticas diferentes. "Porque Deus amou tanto [as pessoas] o mundo que deu Seu filho único";[50] nossa luta não é *contra* eles, mas *por* eles.

No entanto — e sejamos sinceros aqui —, o mundo é um assunto de que não falamos mais na igreja ocidental.

Por que não?

Eis minha teoria: porque fomos colonizados.

Um remanescente

Tenho idade suficiente para me lembrar de alguns pastores do passado criticando os males do mundo. O pessoal das antigas.

Logo depois de terminar o ensino médio, passei alguns anos fazendo parte da equipe de uma igreja que era uma mistura eclética de encontros hippies de Oregon e revivalismo pentecostal. Imagine sandálias, música folk, e um pouco de clima apocalíptico. Voltando no tempo, é o final da década de 1990, quando a marca de roupas Abercrombie e Fitch espalhava seu estilo *preppy* para as massas por meio de uma campanha de marketing sexualizada, algo que era menos comum. Um dos meus colegas pastores saiu de férias e gastou US$500 com roupas da Abercrombie. No seu primeiro domingo, depois das férias, o pastor literalmente deu um sermão sobre a depravação moral da Abercrombie e Fitch.

História verídica.

Por mais ridículo que isso possa parecer hoje, estamos tão distantes do outro lado do espectro, que imagino se seríamos espertos para buscar o motivo por trás de um sermão sobre os perigos dos moletons da Abercrombie, em vez de apenas zombar da ideia.

Em *Cartas de um diabo a seu aprendiz*, C. S. Lewis (que era tudo, menos um fundamentalista raivoso) fez com que o experiente demônio Screwtape escrevesse isso para o seu aprendiz, Wormwood. (Se você não está familiarizado com esse livro, tudo é trocado, então "O Inimigo" é Jesus.)

> Os servos do Inimigo pregam há dois mil anos que "o Mundo" é uma das grandes tentações clássicas... *Mas felizmente todos têm falado muito pouco sobre isso nas últimas décadas.* Nos textos cristãos modernos, embora eu veja muitas referências (de fato, mais do que eu gostaria) a Mamon, vejo que há pouquíssima advertência quanto às Vaidades Mundanas, à Escolha dos Amigos e ao Valor do Tempo. Tudo isso seu paciente certamente classificaria como "puritanismo" — e posso advertir a propósito que o valor que temos dado a essa palavra é uma das maiores vitórias dos últimos cem anos? Por meio dela, conseguimos resgatar anualmente milhares de humanos de uma vida de temperança, castidade e bom senso.[1]

Para esclarecer, por *resgate* Screwtape significa arruinar.

A propósito, Lewis publicou esse livro em 1942. Por mais de um século, cada vez menos tem se falado na igreja ocidental sobre os perigos do mundo. Como consequência, muitos aprendizes de Jesus estão cegos às ameaças impostas pelo ambiente cultural em que vivemos — nossa rede de relacionamentos, nossas escolhas de entretenimento, nossos sistemas operacionais econômicos, e consumo de notícias, informação, e a fonte de sabedoria do Google pela qual navegamos a vida.

No entanto, a atração gravitacional do mundo é maior agora do que já foi em séculos.

O grande intelectual que foi Philip Rieff — sociólogo da religião e uma das grandes mentes do século XX — dividiu a história do Ocidente em três fases: (1) primeira cultura, (2) segunda cultura, e (3) terceira cultura. Ou, para os nossos propósitos...

1. Cultura pré-cristã
2. Cultura cristianizada
3. Cultura pós-cristã[2]

A cultura pré-cristã era o Império Romano antes dos evangelhos, a Irlanda Celta antes de São Patrício, ou as tribos Escandinavas da lenda Viking. Era uma cultura carregada de espiritualidade e superstição, mas tribal, violenta e cruel.

Porém, conforme os evangelhos se firmaram nessas culturas, elas foram mudadas para sempre. Elas passaram para um modo novo cristianizado. Digo cristianizado, não cristão, porque não existe cultura cristã. O que Rieff chamou de segunda cultura foi *sempre* uma mistura de práticas, valores e ideias cristãs e pagãs ou, mais tarde, seculares. Mas houve um tempo no Ocidente em que a estrutura básica do cristianismo foi aceita por todo o espectro social.

Recentemente eu estava lendo um romance histórico ambientado na Inglaterra Vitoriana. Nele havia uma programação diária de um banco no centro de Londres. O dia começava às 8h30 com uma prece matinal. Todos, desde o presidente até o caixa, tinham que estar lá trinta minutos antes da abertura para orar para Jesus. Você consegue imaginar isso hoje em dia em nossos bancos?

Esse tempo já passou, agora nos mudamos para a cultura pós--cristã. E a ideia fundamental de Rieff é que a cultura pós-cristã não é a mesma que a cultura pré-cristã. Ninguém voltou a adorar Odin ou sacrificar seu filho primogênito para os espíritos da floresta.

A cultura pós-Cristã é uma tentativa de ir *além* da visão cristã, enquanto ainda conserva muito da sua estrutura. É uma reação *contra* o Cristianismo — o momento de rebelião adolescente do Ocidente. Somos adolescentes estereotipados, batendo de frente com a autoridade dos nossos pais e criticando todos os seus defeitos, enquanto ainda vivemos em sua casa e comemos toda a sua comida.

Meu amigo Mark Sayers explica isso muito bem:

> O pós-Cristianismo não é o pré-Cristianismo, pelo contrário, aquele tenta ir além do Cristianismo, enquanto se banqueteia de seus frutos.
>
> A cultura pós-cristã tenta conservar o conforto da fé, *enquanto se livra dos custos, compromissos e limites que o evangelho impõe sobre a vontade individual*. O pós-Cristianismo intuitivamente anseia por justiça e pela paz do reino, enquanto defende o reino da vontade individual.[3]

No discurso de Mark, queremos o reino, sem o Rei.[4]

Na verdade, a cultura pós-cristã ainda é muito moral, penosa às vezes. Existe nela uma defesa sem precedentes pelos direitos humanos e pela igualdade, que admiro e com a qual concordo. Mas note como a sua ascensão vem junto com a cultura do cancelamento e linchamento virtual, com a turba da internet sendo juiz, júri, carrasco e a opinião da maioria como o mediador moral. O Ocidente herdou do cristianismo padrões incrivelmente altos de direitos humanos, mas sem a presença e sem o poder de Cristo, está cada vez mais desprovido dos recursos necessários para alcançar seus objetivos morais. O resultado é uma cultura que raramente pode viver de acordo com seus próprios padrões. E sem nenhum meio de expiação, assim como, um aumento da hostilidade diante da ideia do perdão, uma vez que você peque (como definido pela nova moralidade), você é um pária.

Como Nathan Finochio, pastor professor e vocalista da Le Voyageur, publicou em um stories no Instagram: "Tudo é ético. Todos os millennials são éticos. A próxima geração será dolorosamente ética. A que vier a seguir adotará o totalitarismo ético. Isso é o que acontece quando as pessoas não têm um propósito e sua referência cultural é a cristã. O resultado final não é o retorno agradável ao paganismo, é a marcha militante para o legalismo."

Ou vejamos o que escreveu Tim Keller, em um ensaio primoroso sobre como as várias visões de justiça se alinham (ou não) com a teologia bíblica:

> A visão pós-moderna vê todas as injustiças acontecendo em um nível humano, e então demoniza os seres humanos, em vez de reconhecer as forças do mal — "o mundo, a carne, e o diabo" — agindo por toda vida humana, incluindo na sua própria. Seguidores dessa visão também terminam sendo utópicos — eles se veem como salvadores, em vez de reconhecer que somente um verdadeiro Salvador divino será capaz de finalmente trazer a justiça.[5]

Mas é aqui que quero chegar: o que Rieff e Sayers mostraram é que, se você vem de uma cultura cristianizada para uma cultura pré-cristã — digamos da Inglaterra do século XIX para a África ou Aotearoa como um missionário — então o grande perigo é que você *colonize* a cultura. Que você desonre e prejudique a cultura indígena, em vez de honrá-la e servi-la. Podemos encher uma biblioteca com histórias de como os missionários ocidentais fizeram isso terrivelmente errado. Muito se tem falado sobre isso recentemente, e o ajuste de contas está atrasado há muito tempo.

Mas — e fique comigo agora — se você está vindo de uma cultura cristianizada para uma cultura *pós*-cristã — digamos que você seja um imigrante da Nigéria indo para a Inglaterra, um refugiado da Síria indo para os EUA, ou um seguidor de Jesus da Igreja de Bridgetown indo para uma cidade como Portland — o grande perigo não é que você colonize a cultura, mas que seja *colonizado pela* cultura. Claro que estou me referindo à "colonização ideológica", do Papa Francisco, não à exploração socioeconômica do domínio colonial anterior.

Você vê isso em romances como *White Teeth* [Dentes Brancos, em tradução livre] de Zadie Smith ou em um filme como *Doentes de Amor* com Kumail Nanjiani, onde a imigração para as cidades ocidentais divide famílias multigeracionais. Conforme o mais jovem da família assimila a vida ocidental, o secularismo desgasta as normas morais e religiosas da cultura anterior. Os pais choram, seus filhos desertores marcando encontros pelo Tinder. Todos parecem estar à deriva.

Como seguidores de Jesus, somos a personificação de uma minoria cognitiva, independente de nossa etnia. E a atração gravitacional do mundo é difícil de resistir. Em parte, porque ela costuma ser tão sutil que não percebemos.

O cientista político Joseph Nye de Harvard cunhou a linguagem do poder duro *versus* poder brando para falar sobre tipos diferentes de influência sociopolítica. Suas ideias se tornaram base para estratégias, tanto para Clinton quanto para Obama na Casa Branca.

Basicamente, poder duro é a coerção por força bruta. Para um governo, isso poderia significar violência militar ou sanções econômicas. É o estado policial e os campos de trabalho forçado da Coreia do Norte, os tanques na Praça Tiananmen na China, a "desradicalização" do povo Uigur em campos de internamento.

O poder duro acaba desencadeando uma reação adversa. Como Foucault disse: "Onde há poder, há resistência."[6] Pressione demais as pessoas, e elas inevitavelmente pressionam de volta.

Mas o poder brando é uma fera diferente. É "a capacidade de moldar as preferências dos outros" e "a capacidade de atrair".[7] Hollywood é o símbolo do poder brando. Ela fez mais para mudar as convenções ocidentais sobre sexo, divórcio, adultério, discurso vulgar e consumismo do que qualquer outra coisa, simplesmente fazendo filmes que eram engraçados de assistir. Outro exemplo é a indústria da propaganda, que tenta controlar nosso comportamento, não pela coerção, mas pelo consumismo, apelando simplesmente para os nossos desejos.

O analista cultural Rod Dreher chamou a cultura emergente do Ocidente de um "totalitarismo brando", e escreveu: "Este totalitarismo não vai se parecer com o da União Soviética. Não está se consolidando por meios 'duros', como a revolução armada, ou se impondo com os gulags. Em vez disso, exercita o controle, pelo menos inicialmente, de forma branda. Este totalitarismo é terapêutico. Mascara seu ódio aos dissidentes de sua ideologia utópica, sob o pretexto de ajudar e curar."[8]

Para os seguidores de Jesus no Ocidente democrático, o poder brando é a grande ameaça. É sutil, sim, mas corrosivo. Ele devora seu coração, apelando para sua carne, até você acordar um dia e perceber, *Nooosa, eu fui colonizado.*

Todo seguidor de Jesus, em *toda* cultura, tem que constantemente fazer as perguntas: De que formas venho assimilando a cultura anfitriã? Onde foi que me desviei de minha identidade e minha herança?

A tentação para nós do Ocidente é menos para o ateísmo e mais para a fé do faça você mesmo, que é uma mistura do Caminho de Jesus, consumismo, éticas sexuais seculares e o individualismo radical.

Tudo isso nos traz o fechamento de um ciclo de Jesus como o revelador da realidade. Estamos finalmente prontos para revisitar a tese central deste livro e colocar as três peças juntas.

Tudo começa com *ideias enganosas,* ou mentiras em que acreditamos (confiamos e pelas quais vivemos) sobre a realidade — mapas mentais vindo do diabo, não de Jesus, e que levam à morte, não à vida.

Mas ideias enganosas chegam tão longe porque apelam para nossos *desejos desordenados,* ou nossa carne.

E, então, entra o mundo para completar o círculo dos três inimigos. Nossos desejos desordenados são *normalizados em uma sociedade pecadora,* que funciona como um tipo de câmara de ressonância para a carne. Um feedback de autovalidação onde estamos dizendo uns para os outros o que queremos (ou o que a carne quer) ouvir.

É como quando pergunto para minha esposa se ela quer que eu pegue uma sobremesa para ela. Como qualquer casal sabe, não estou perguntando se ela quer uma sobremesa. Estou pedindo permissão a ela para *eu* comer a sobremesa sem culpa. Se eu conseguir enganar o meu cérebro, ao pensar que estou comendo a sobremesa como um ato de amor por minha esposa, em vez de ser pelo meu desejo por açúcar, então posso justificar o meu comportamento (comer sorvete de morango na noite de segunda-feira). Essa é a dinâmica do mundo em quase toda a sociedade.

Então, chega de críticas. E vamos ao que interessa: Como resistimos aos inimigos do mundo?

Bem, nossa teoria funcional tem sido que *disciplinas espirituais são guerras espirituais*. Ou dito de outra maneira as práticas de Jesus são como combatemos o mundo, a carne e o diabo.

Agora vamos à prática mais básica de todas. Tão básica, que com frequência penso nela menos como uma prática, e mais como meio pelo qual praticamos o Caminho de Jesus: a igreja.

Independentemente de você definir igreja como uma reunião de domingo em torno de um púlpito, ou em uma comunidade muito menor, em torno de uma mesa, ou, como eu recomendaria, uma mistura dos dois, *não conseguimos seguir Jesus sozinhos.* Jesus não tinha apenas um discípulo (singular); ele tinha discípulos (plural). O chamado para seguir Jesus era — e ainda é — um chamado para se juntar à sua comunidade do Caminho. E ao seguirmos Jesus *juntos,* não sozinhos, somos capazes de (1) discernir entre as verdades de Jesus e as mentiras do diabo, (2) ajudar uns aos outros a suprimir nossa carne pelo Espírito Santo, e (3) formar uma comunidade sólida de relacionamentos profundos que funciona como uma contracultura ao mundo. Fazendo isso, estamos preparados para resistir à atração gravitacional dos três inimigos da alma.

Mas eis uma ideia decisiva que precisamos resgatar na nossa geração: *a igreja é uma contracultura*. Ela é, como disse meu amigo Jon Tyson da cidade de Nova York, uma "bela resistência"[9] ao mundo e sua visão de vida de se rebelar contra Deus.

A partir do momento em que o mundo ocidental secular é atualmente mais uma anticultura do que uma cultura, mais sobre destruição do que edificação, mais sobre desconstrução do que construção, então talvez seja melhor dizer que a igreja é uma contra-anticultura. Na linguagem do pensamento anabatista, a igreja é uma "sociedade alternativa".[10] Um grupo à margem da cultura de acolhimento, vivendo de maneira alternativa, mas bonita e cativante. Um sinal profético para o reino da vida em uma cultura de morte.

Essa era a visão de Jesus da igreja como "uma cidade construída no alto de uma colina", e Ele também disse: "Da mesma forma, suas boas obras devem brilhar, para que todos as vejam e louvem seu Pai, que está no céu."[11] É o chamado de Pedro para nos "exilarmos" da Babilônia moderna e para vivermos "de maneira exemplar entre os que não creem. Assim, mesmo que eles os acusem de praticar o mal, verão seu comportamento correto e darão glória a Deus quando ele julgar o mundo".[12] É a igreja de Atos 2, Romanos 13 e Apocalipse 3. É a igreja a confessar-se sob o Terceiro Reich, o movimento da igreja dentro de casa na China, na época de Mao, são os cristãos ortodoxos na Síria atualmente. Cada vez mais, sou eu e você.

Existe uma oportunidade extraordinária em nosso momento cultural para a igreja voltar às suas raízes como uma contra-anticultura. E enquanto espero não ser crucificado nos próximos cinquenta anos em algum tipo de distopia secular e progressista, como as de Huxley, eu já aceitei a realidade óbvia:

Eu nunca vou me encaixar.

Eu nunca vou ser descolado.

Eu nunca vou ser querido, bem respeitado ou admirado pela cultura.

E está tudo bem.

A própria palavra *igreja* (ἐκκλησία em Grego) significa aqueles que "foram convocados".[13] Não é uma comunidade de conforto, mas de missão.

Porém, o que queremos dizer quando falamos sobre a prática da igreja não é apenas o comparecimento regular aos cultos dominicais num templo. Apoio os serviços aos domingos, agora mais do que nunca. Depois de horas de programação secular assimiladas durante toda a semana, precisamos do apoio das reuniões de domingo para reorganizar nosso pensamento na verdade e voltar nosso coração a Deus para cura e renovação. Todo domingo quando vejo outros seguidores de Jesus ao meu redor na igreja, me lembro: Eu não estou sozinho. Eu faço parte da nova humanidade — os futuros dirigentes do mundo, por mais comuns e imperfeitos que possamos ser.

Mas a igreja não é *apenas* o culto aos domingos, é *muito mais*. Ela precisa ser assim para sobrevivermos ao apocalipse espiritual do Ocidente. A igreja deve se tornar uma rede abundante de relacionamentos interdependentes entre discípulos resilientes de Jesus profundamente fiéis ao Caminho.

Quer a nossa igreja seja anabatista ou anglicana; urbana, suburbana ou rural; uma mega igreja ou uma igreja doméstica; em um teatro, catedral ou sala de estar — devemos ir além dos cultos dominicais e de uma rede de laços frouxos, para nos tornarmos uma contra-anticultura sólida não apenas contra o mundo, mas para o mundo. Porque não somos apenas contra o mal, somos a favor do *bem*. Somos a favor do amor, da alegria, de casamentos e famílias prósperas, crianças educadas com amor, adultos saindo do sistema operacional egocêntrico para nos tornarmos pessoas de amor, *verdadeira* liberdade, justiça para *todos*, e unidade na diversidade.

Deixe-me dar três exemplos notáveis que vejo como especialmente fundamentais para o nosso momento cultural. Para nos tornarmos a igreja do nosso tempo, devemos nos tornar...

1. Uma comunidade de laços relacionais profundos em uma cultura de individualismo e isolamento

Em um mundo de "você faz você", "mantenha suas leis longe do meu corpo" e "não me provoque", devemos escolher — de nossa própria vontade — viver sob a autoridade do Novo Testamento, como mais bem exemplificado no Sermão da Montanha, e precisamos fazer isso juntos. Em relacionamentos interdependentes, vulneráveis e profundos que se destacam fortemente na superficialidade e autonomia do nosso tempo. Pense na honestidade e intimidade invioláveis dos Alcoólicos Anônimos, não na postura de um jogador de golfe; pense na confissão do pecado, não no papo furado; pense na confiança que acontece dentro dos relacionamentos de longo prazo, e não nas conexões relâmpagos de semelhante atrai semelhante.

Poderia ser como um compromisso rigoroso com um grupo pequeno, uma comunidade doméstica ou companheirismo de mesa.

Poderia ser como começar um grupo de parentesco multigeracional e convidar as pessoas para essa experiência em família.[14]

Poderia ser como uma reunião comum com outros dois ou três seguidores de Jesus para aliviar seu coração, confessar os fracassos e oferecer amor, compaixão e sabedoria uns aos outros.

Poderia ser como fazer o seu orçamento anual com os membros da sua comunidade e estabelecer um limite daquilo que você gasta sem a aprovação da sua comunidade. (No meu são US$1.000. Para qualquer coisa acima disso, fazemos uma reunião.)

Ou poderia ser apenas como uma refeição normal ao redor da mesa com pessoas que seguem Jesus e estão com você nessa busca.

Próximo exemplo...

2. Uma comunidade de santidade em uma cultura de hedonismo

A palavra *sagrado* em hebraico, שׁדק (qadosh), literalmente significa "diferenciar" ou "único" ou "diferente". Viver o sagrado é viver diferente do mundo — diferente na maneira como gastamos o nosso dinheiro e tempo, em como administramos o poder (dica: nós abrimos mão dele), em como nos envolvemos (ou recusamos a nos envolver) com procedimentos do mal e injustiça, em como falamos, em como nos envolvemos nas mídias sociais (pense: "disposto a ouvir, cauteloso ao falar e demorando para se enfurecer"[15]), e claro na maneira como lidamos com o casamento, a família, o sexo, romance, namoro, a vida de solteiro e no que os cristãos há muito tempo chamam de castidade.

Em um mundo onde o corpo é "apenas carne", o sexo é "apenas uma diversão para os adultos", e gênero é "apenas uma bobagem", devemos escolher "oferecer [nosso] corpo como um sacrifício vivo, sagrado e agradável a Deus", e "não se conformar com o padrão deste mundo, mas transformá-lo".[16]

Devemos adotar o que o Papa João Paulo II chamou de uma "teologia do corpo",[17] onde tratamos nosso corpo não apenas como veículo biológico para o prazer, ou o que Melinda Selmys chamou de "máquina do prazer, uma ferramenta que você pode usar e trocar por qualquer coisa quando convier",[18] mas como um "templo do Espírito Santo"[19] — o ponto central do nosso relacionamento com o próprio Deus. Devemos rejeitar o Neognosticismo dos nossos dias e honrar a Deus com nosso corpo. "Para que possam experimentar qual é a boa, agradável e perfeita vontade de Deus."[20]

Eu sei que abordei muito a sexualidade neste livro, e hesitei em fazê-lo, sabendo o quão complexo e delicado é para todos nós, e por odiar quando as pessoas são usadas para posições ideológicas. Mas eu continuo retornando a esse assunto porque (1) acho que é o teste principal de fidelidade da nossa geração ao Caminho de Jesus ou às ideias e ideologias do mundo, (2) é um dos exemplos mais comuns no Novo Testamento de um comportamento não cristão, e (3) sexualidade sempre foi uma área onde os seguidores de Jesus permaneceram em nítido contraste com o mundo. Desde Acrópole em Atenas até as calçadas do Brooklyn.

The Economist chamou a escritora Nancy Pearcey de "A proeminente intelectual protestante evangélica dos EUA".[21] Em seu livro surpreendente *Ama Teu Corpo*, Pearcey escreveu: "O que os cristãos fazem com sua sexualidade é um dos testemunhos mais importantes que eles dão ao mundo que nos rodeia."[22]

É importante; é profundamente importante.

Lembre-se, o que hoje consideramos valores tradicionais, como o casamento entre homem e mulher até que a morte os separe, era algo *radical* quando foi apresentado por Jesus e pelos autores das Escrituras. Para os judeus, em uma cultura patriarcal de divórcio fácil (isto é, para os homens), os ensinamentos de Jesus sobre a igualdade das mulheres (que agora admitimos como natural) e o mal do divórcio foram surpreendentes. Para os Greco-Romanos, para quem qualquer forma de promiscuidade que se possa imaginar era ok, a exigência de Jesus para limitar sua sexualidade a um parceiro (do sexo oposto) por toda a vida foi desconcertante. Essas ideias se tornaram tradicionais porque muitas pessoas perceberam que elas levavam à prosperidade humana. Mas no nosso espírito de época pós-cristão e desconstrucionista, elas se tornaram radicais novamente.

Precisamos descobrir "a alegria da convicção em uma cultura de compromisso".[23] E finalmente...

3. Uma comunidade de ordem em uma cultura de caos

Quando você lê sobre a história da igreja, percebe uma tendência: em tempos de caos, a igreja ia na direção da ordem.

Por exemplo, no século IV, quando o Império Romano caiu em desordem e o mundo Mediterrâneo começou a colapsar, os seguidores de Jesus começaram a erguer mosteiros. Primeiro, eles eram distantes das cidades, nos desertos do Norte da África ou Síria; então com São Patrício e os cristãos celtas na Irlanda, *tornaram-se* cidades. Mas o mosteiro sempre foi uma rocha de ordem em um mar de caos.

Muitas pessoas inteligentes traçaram paralelos entre o declínio do Império Romano nos séculos IV e V e a cultura ocidental de hoje em dia. Não sei se estamos vivendo o fim da civilização do Ocidente ou se estamos passando por momentos difíceis (esperamos que seja a última opção). Mas creio que o impulso do Espírito Santo agora está na direção do que os antigos chamavam de *stabilitas*, um tipo de estabilidade, estrutura e paz em nosso tempo de ansiedade, liberdade em excesso e transitoriedade.

Os seguidores de Jesus têm feito isso desenvolvendo uma Regra de Vida. Se é uma linguagem desconhecida para você, não pense em regras (plural), mas regra (singular). A palavra em latim era *regula*, de onde vieram as palavras *governante* ou *regulação*. Era também a palavra para denominar um pedaço de madeira reto (régua).[24] Muitos estudiosos acham que era a palavra grega usada para uma treliça em um vinhedo.[25]

Uma Regra de Vida é simplesmente um cronograma e um conjunto de práticas e ritmos relacionais que organizam nossa vida em torno do convite de Jesus para permanecermos com Ele. É como vivemos alinhados com nossos desejos mais profundos de vida com Deus em Seu reino.

Antes de São Bento, no século VI, a denominação *regra de vida* foi usada de forma intercambiável com *modo de viver*. Sua regra é apenas o modo como você vive e segue Jesus na comunidade.

Passamos os últimos anos na nossa igreja em Portland desenvolvendo uma Regra de Vida, especificamente projetada para criar uma "bela resistência" na cidade que chamamos de lar e em que vivemos. Em seguida, estamos trabalhando para começar uma ordem de igrejas neomonásticas com outras igrejas pelo mundo.

Você também pode fazer isso.

Reúna-se com a sua comunidade e escreva sua própria Regra.[26] Comece a sua mini ordem. Faça com os seus amigos. Eu fiz. A questão não é arrebatar o mundo todo, mas permanecer em nosso lugar no mundo e permanecer leal a Jesus, não importa o que aconteça.

Para terminar, deixe-me apresentar uma última ideia para você...

Algumas páginas antes eu disse que a igreja é uma minoria no Ocidente — não uma minoria ética, mas moral e espiritual. Porém, o tipo de minoria a que estamos nos referindo aqui é o que o historiador Arnold Toynbee chamou de uma minoria criativa, que ele descreveu como pequeno, mas um grupo influente de cidadãos comprometidos que — motivados pelo amor — abençoa a cultura de acolhimento, não do centro, mas das margens.[27]

Eis a definição de Jon Tyson:

> Uma comunidade cristã em uma rede de relacionamentos obstinadamente fiéis, entrelaçados em uma rede viva de pessoas, em um contexto cultural desafiador e complexo, que se comprometem a praticar juntos o Caminho de Jesus para a renovação do mundo.[28]

É claro que os judeus são os melhores exemplos de minoria criativa. Nossos ancestrais espirituais tiveram grande destaque nas margens da sociedade, não apenas como sobreviventes espirituais, mas como alguns escritores, poetas, cientistas, filósofos, políticos, empreendedores, pessoas de negócios mais influentes que já existiram.

Mas, como qualquer judeu vai lhe afirmar, o exílio não é fácil.

Fui apresentado à ideia da igreja como uma minoria criativa pelo Rabino Chefe Jonathan Sacks. Em uma palestra para a *First Things*, Sacks disse o seguinte:

> Tornar-se uma minoria criativa, não é fácil, porque envolve manter fortes vínculos com o mundo lá fora, enquanto se mantém fiel à sua fé, buscando, não apenas manter a chama sagrada acesa, mas também transformar a sociedade maior da

qual você faz parte. Isto é, como os Judeus podem testemunhar, uma escolha exigente e cheia de riscos.[29]

O que Sacks chamou de minoria criativa, os autores da Bíblia chamaram de remanescente.

O *remanescente* é o título usado em todo o conjunto das Escrituras para o pequeno grupo dentro de Israel (e mais tarde da igreja) que era fiel a Deus, quando a maioria das pessoas não eram — o que Barna chamou de discípulos resilientes.

É o que diz Paulo em Romanos: "Assim também nos dias de hoje sobrevive um remanescente segundo a eleição da graça."[30]

É a palavra de Deus para Elias em 1 Reis 19:18: "Conservei em Israel sete mil — todos os joelhos que não se dobraram a Baal e cujas bocas que não o beijou." Aqui, sete mil é um número simbólico, que significa: "Existem mais do que você pensa." Não estamos sozinhos, mesmo quando, como Elias, nos sentimos sozinhos.

São aqueles com uma fidelidade corajosa à ortodoxia, em um tempo de sincretismo generalizado dos dois lados, da esquerda e da direita.

Claro que Jesus é o exemplo principal de remanescente. Ele foi um relato minoritário para a cultura de acolhimento — um desafio para o *status quo* de compromisso e cumplicidade e um catalisador para cura e renovação das margens para a sociedade mais ampla. E por meio da Sua vida, Seus ensinamentos, Seu sofrimento, Sua perseguição, morte e ressurreição para permanecer à direita do Pai como um Senhor e Rei, Ele literalmente mudou o curso da história — não apenas para Israel, mas para o mundo.

A pergunta que está diante de nós hoje é esta: *Vamos nos juntar a Jesus como remanescentes?*

Embora seja novo para muitos de nós o atual nível de hostilidade e oposição da cultura secular para com os seguidores de Jesus, a igreja já foi exilada anteriormente. Lá, ela prosperou. Não perdeu sua identidade, descobriu-a. Não adormeceu, despertou.

Isso poderia parecer com mil coisas diferentes...

Em Portland, parece com a Every Child Oregon, uma organização sem fins lucrativos, baseada na fé, que reúne igrejas e crianças órfãs. Uma combinação letal de éticas sexuais do ocidente, de famílias despedaçadas, pobreza geracional, epidemia de opioides e a guerra das drogas tem deixado milhares de crianças sem um lar ou uma família. Famílias da nossa igreja estão enfrentando essa crise, não escrevendo um recado raivoso para um político no Twitter, mas com amor humilde e tranquilo, recebendo essas crianças em seus lares, pelo tempo que for preciso para curá-las. Cerca de 1.200 famílias adotivas, de 1.500, em minha cidade, são famílias cristãs recrutadas em igrejas locais.

De maneira semelhante, uma equipe de mais de setenta pessoas na nossa igreja organiza mensalmente uma noite de folga para os pais adotivos, em que dão uma super festa para as crianças e para os pais uma noite para jantar fora ou apenas recuperarem o fôlego.

Meus amigos Pete e Gav começaram em Londres a Ark, um espaço de coworking para criadores e empreendedores, na vizinhança do bairro Kings Cross. Eles estão criando uma comunidade numa cidade muito transitória e doando uma boa porcentagem da receita para as instituições de caridade locais.

Meus amigos da Praxis em Nova York começaram um acelerador de negócios para o "empreendedorismo redentor", dando à nova geração de cristãos uma visão de negócios na vanguarda do reino.

Eu poderia escrever *páginas* com exemplos de seguidores de Jesus, entusiasmados, inteligentes, humildes que estão vivendo como minoria criativa bem no meio de algumas das cidades mais seculares no mundo.

Eles despertaram o meu coração para sonhar novamente, para trocar ansiedade por possibilidade.

Eles me mostram o caminho da fidelidade a Jesus na Babilônia digital.

Eles me dão a visão do que é possível no exílio.

Honestamente, hoje tenho mais esperanças do que nunca. O Ocidente pós-cristão está fracassando. Os desafios de 2020 quase nos destruíram. A ansiedade e a raiva ainda estão acima da média. A polarização no meu país está profunda e violenta. A diferença entre os que têm e os que não têm é angustiante, e não está ficando melhor. A utopia prometida está se transformando em algo mais parecido com *Admirável Mundo Novo* ou *Jogos Vorazes* do que com a visão de Jesus do reino de Deus. Não está cumprindo sua promessa de reinado sem rei. E com o crescente espectro da China, o avanço da internet e o aumento da diversidade em nações ocidentais, estamos entrando no verdadeiro globalismo, que agora está atrapalhando o importuno que é o pós-cristianismo. À medida que as cidades ocidentais continuam a se diversificar pela imigração, o rótulo de "pós-cristão" está cada vez mais impreciso.

E se isto não for uma ameaça para se temer, mas uma chance para algo novo surgir?

E se houver uma conspiração de Deus em tudo isso?

Qualquer coisa poderia acontecer a seguir.

Os ídolos da ideologia estão fracassando. E se no final as pessoas voltassem para o Deus vivo?

As pessoas não podem viver sem sentido, propósito e comunidade. O mundo secular parece não poder oferecer isso: Jesus pode e oferece. E se a igreja voltasse para o Seu chamado como uma comunidade radiante com amor de Deus?

Ninguém sabe onde o Ocidente vai parar nos próximos anos. Os mais espertos podem imaginar.

Mas este pode ser o nosso melhor momento.

Poderíamos estar perto de uma renovação arrebatadora por toda a igreja do Ocidente. Isso já aconteceu antes, no momento em que era menos provável.

E poderia acontecer novamente.

Então, vou acordar amanhã e seguir com minha vida em Portland. Vou carregar as alegrias e dores da cidade nas profundezas do meu coração. Vou criar os meus filhos aqui. Pagar meus impostos, fazer minhas compras de mercado e convidar meus vizinhos para jantar. Vou fazer voluntariado com meus filhos e ajudar as pessoas em situação de rua. Vou fazer a minha pequena contribuição não dramática para a paz e prosperidade da minha cidade, que eu chamo de lar.

E vou lutar contra os três inimigos que rondam pelas ruas da cidade.

Vou permanecer com a beleza da resistência.

Vou viver e, se der, morrer na esperança.

Mas não farei isso sozinho.

Parte 3 passo a passo

Definições:

- **O mundo** — um sistema de ideias, valores, moral, práticas e normas sociais que são integradas à comunidade e institucionalizadas em uma cultura corrompida pelos pecados idênticos da rebelião contra Deus e a redefinição do bem e do mal
- **Cultura pré-cristã** — uma cultura de deuses e deusas
- **Cultura cristianizada** — um momento cultural em que as normas sociais empurram você para uma visão que é uma mistura de Jesus e ideias pagãs ou seculares
- **Cultura pós-cristã** — uma reação contra a cultura cristianizada que tenta manter alguns elementos fundamentas da visão de Jesus, enquanto rejeita outros, e tenta promover um reino de Deus sem o rei. Uma utopia que tem tendências distópicas
- **Poder duro** — força coercitiva, como forças legais ou militares
- **Poder brando** — a tentativa de controlar ou influenciar um comportamento apelando para os desejos sensoriais das pessoas
- **Minoria criativa** — um grupo pequeno que opera às margens da sociedade e vive em conjunto em uma rede abundante de relacionamentos e, por meio de suas vidas e de seu trabalho, abençoa a cultura de acolhimento com cura e renovação

Textos fundamentais para meditar: João 17 e 1 João 2:15–17

Teoria funcional da estratégia do diabo: ideias enganosas que geram desejos desordenados que são normalizados em uma sociedade pecadora

Prática fundamental para lutar contra o mundo: congregar com sua igreja

Em suma: As ideias enganosas do diabo costumam ir tão longe, porque apelam para os nossos desejos animais da carne. E isso por sua vez encontra um lar no nosso corpo pela câmara de ressonância do nosso mundo, que nos permite aliviar qualquer culpa ou vergonha e viver da maneira que quisermos. Como resultado, o mal é com frequência rotulado de bem, e o bem, de mal. A alma e a sociedade degeneram em um reino de anarquia, por causa da perda de uma verdadeira direção moral e espiritual. Em um momento de exílio como esse, a igreja como uma contra-anticultura tem o potencial de sobreviver e também prosperar como uma minoria criativa, amando a cultura de acolhimento a partir das margens.

Venho sem demora. Conserve o que você tem, para que ninguém tome a sua coroa. Ao vencedor, farei com que seja uma coluna no santuário do meu Deus, e dali jamais sairá. Gravarei sobre ele o nome do meu Deus, o nome da cidade do meu Deus, a nova Jerusalém que desce do céu, vinda da parte do meu Deus, e o meu novo nome. Quem tem ouvidos, ouça o que o Espírito diz às igrejas.

— Jesus, em Apocalipse 3:11–13

Epílogo: Renúncia em uma era de autossatisfação

Antes de Gandhi.

Antes de Dr. King.

Antes de Madiba.

Havia Jesus de Nazareth.

Quem — *há dois milênios* — disse coisas como:

> Ame seus inimigos.[1]
>
> Orem pelos que maltratam vocês.[2]
>
> Quem vive pela espada, pela espada morrerá.[3]

A contradição de escrever sobre lutar contra nossos inimigos em um livro baseado na vida e nos ensinamentos de um rabino que nos ensinou a *amar* nossos inimigos não passou despercebida por mim.

E, no entanto, Jesus foi um guerreiro, como as antigas profecias previram que Ele seria. Ele foi o Messias, o Rei tão aguardado. Diferentemente dos líderes políticos atuais, no antigo mundo, um rei era sinônimo de um guerreiro à frente de um exército — pense no Rei Davi ou em Júlio César. Nos EUA, chamamos o presidente de comandante supremo, mas ele nunca é deixado perto de uma batalha real. Porém, no tempo de Jesus, era esperado que o rei fosse aquele a liderar a mudança.

Não é nenhuma surpresa que os seguidores de Jesus mais fervorosos pensassem que Ele pegaria a espada, reuniria um exército e começaria uma guerra contra Roma. Ele era o Rei, e era isso o que os reis faziam: usavam a violência para tomar o poder político e conseguir o que queriam.

Mas, em vez disso, um tema central nos ensinamentos de Jesus era a não violência e amar o inimigo — uma ideia que ainda é bem radical para muitas pessoas no nosso mundo esclarecido e moderno, incluindo muitos cristãos, da esquerda e da direita. E em vez de derramar sangue, Ele foi crucificado para *dar* Seu próprio sangue, para as mesmas pessoas que O ridicularizaram na multidão.

Ao fazer isso, Jesus radicalmente redefiniu a natureza da nossa guerra e os meios pelos quais lutamos.

Para Jesus, nossa guerra não é contra Roma, os "bárbaros" do norte, ou até mesmo contra a corrupta aristocracia judaica da época, que apoiou Sua tortura e morte em nome da religião, assim como atualmente nossa luta não é contra a Rússia, Estado Islâmico, ou "outro" partido político. Em vez disso, é contra o triunvirato do mundo, da carne e do diabo. E nossa vitória não será pela espada, lança, ou por ataques de drones predadores, mas com a verdade personificada no amor abnegado.

É por isso que é absolutamente crucial para nós recuperarmos a ideia de guerra espiritual, porque, quanto mais negarmos a realidade do mal demoníaco, mais vamos demonizar as *pessoas* — as mesmas pessoas que devemos amar e servir. Em vez de lutarmos contra Satã, vamos transformar as pessoas, ou até mesmo grupos inteiros, em Satã. Como resultado, em vez de lutar contra o ódio, a violência e a escuridão dos três inimigos, vamos apenas adicionar *mais* ódio, violência e escuridão em uma cultura que precisa desesperadamente de cura.

Então, não é surpresa que Jesus chame Seus aprendizes, não para pegar uma espada e matar, mas para seguir Seu exemplo e morrer.

Sim, morrer.

Leia o chamado mais comum de Jesus:

> Se alguém quer vir após mim, negue a si mesmo, tome a sua cruz e siga-me.[4]

Jesus colocou um símbolo evocativo no centro do seu aprendizado — não uma espada, mas uma cruz. A cruz era um símbolo da morte. O chamado de Jesus para segui-lO era um chamado para a morte — se não literalmente no corpo, então de maneira figurativa em abnegação. Como Dietrich Bonhoeffer disse: "Quando Cristo chama um homem, Ele pede que venha e morra".[5]

Bonhoeffer mais tarde foi torturado pela Gestapo.

Então, para ele, foi literalmente.

Mas esse chamado para renúncia soa estranho para nossos ouvidos modernos, certo? O bombardeio de mensagens culturais que recebemos constantemente pelo grande número de nossos dispositivos digitais diz exatamente o contrário — tudo é sobre *autorrealização*, e não renúncia. A ideia de dizer não para você mesmo e sim para Jesus parece, digamos que, louca. Muitos de nós não podem compreender uma visão de uma vida boa que não envolva conseguir o que queremos.

Então, o que exatamente Jesus está pedindo para negarmos?

A melhor maneira que posso enquadrar isso é: Ele está pedindo para negarmos nossos *eus*, não nós mesmos.

O eu do chamado de Jesus não é a nossa essência, nosso tipo de personalidade ou o número do eneagrama. Sob a nossa rubrica do mundo, da carne, e do diabo, o eu se parece com a nossa carne, o eixo do ataque dos três inimigos contra nossas almas. É onde as ideias enganosas do diabo, de um lado, e uma sociedade pecadora que normaliza comportamentos, do outro, se encontram e direcionam seus ataques contra o ponto fulcral dos nossos desejos desordenados.

Temos uma pequena dica da famosa declaração de Paulo:

> Estou crucificado com Cristo, logo, já não sou eu quem vive, mas Cristo vive em mim.[6]

É óbvio que Paulo ainda estava respirando. Então, em qual parte ele foi crucificado? A resposta vem em um parágrafo mais à frente:

> E os que são de Cristo Jesus crucificaram *a carne* com suas paixões e seus desejos.[7]

Paulo morreu para sua carne e, ao fazer isso, ganhou a vida.

Uma felicidade profunda e uma calma de espírito vêm para aqueles que morreram para o eu. Seus desejos foram mortos ou, pelo menos, colocados em seus devidos lugares abaixo de Deus. E como resultado, eles foram libertados da dominação do querer.

Para Jesus, a cruz é o ponto de *entrada* para a vida "completa" do reino. É como entramos na vida — morremos.

Mas veja bem, a recíproca também é verdadeira: a recusa em negar o eu é o ponto de entrada do diabo em nosso próprio minirreino. Quando rejeitamos a cruz, abrimos nossa alma para a infiltração do inimigo.

É por isso que Jesus coloca a cruz diretamente na frente do Seu convite para ser Seu aprendiz. Também é por isso que encontramos esse convite para "vir e morrer" nos quatro Evangelhos. Ela é repetida várias vezes. Não é uma ideia secundária, mas *central* para o Caminho de Jesus. Certa vez João Calvino usou a palavra *renúncia* para resumir toda a jornada espiritual.[8]

Dizer sim para o convite de Jesus é dizer não para mil outras coisas. Como os monges costumavam dizer: "Cada escolha é uma renúncia."[9] Dizer sim para Jesus é dizer não para viver com a minha própria definição de bem e mal, para gastar o meu tempo e dinheiro do jeito que eu quiser, para o hiperindividualismo, para o antiautoritarismo e para a busca hedonista total de nossos dias. São milhares de pequenas mortes que vão nos levar para uma vida grandiosa. Não é uma ganância fútil pelo controle, mas a liberdade de se submeter ao Amor. É dizer para Jesus: *Seja o que for, quando for, onde for, sou Seu.*

Lembramo-nos das Cruzadas como uma fase ruim na história da igreja (embora os historiadores contem uma história muito mais complexa que aquela da imaginação popular). A lenda diz que antes de irem para as batalhas, os Cavaleiros Templários eram batizados, mas eles seguravam suas espadas acima de suas cabeças, enquanto mergulhavam na água. Como se estivessem dizendo: "Jesus, Você pode ter tudo de mim, exceto isso. Minha violência. Minha busca pela glória."

Lenda ou história, o imaginário é penetrante. *Todos nós fazemos isso.* Podemos não estar segurando uma espada, para nós poderia ser um cartão de débito, um relacionamento, uma ética sexual, uma mágoa, um hábito de entretenimento, uma posição política ou até mesmo teológica. Poderia ser qualquer coisa. Porém, quantas vezes dizemos, se não com palavras, por nossas ações: *Isso não, Jesus. Isso não.*

Muitos seguidores de Jesus ainda não perceberam que a cruz não é apenas algo que Jesus fez *por nós*, é também algo que fizemos *com Ele*. Mesmo nas tradições da igreja com alta consideração pela cruz, sua interpretação da morte de Jesus na cruz é com frequência mais transacional do que transformacional. Eu não estou nem remotamente questionando a doutrina da expiação substitutiva: que Jesus morreu pelos nossos pecados é fundamental nos Evangelhos. Mas pense sobre isso: *ainda morremos.* Jesus não morreu, então não temos que morrer; Ele morreu para nos ensinar *como* morrer — como segui-lO para a morte e na vida.

Eu acho que, para a maioria de vocês, isso parece como uma ideia difícil de vender (sem mencionar uma maneira realmente depressiva de terminar um livro). O seu cético interior deve estar pensando: *Por que eu faria isso?*

Jesus, sempre o Mestre dos mestres, antecipou o seu questionamento e disse porque:

> Pois quem quiser salvar a sua vida a perderá; e quem perder a vida por minha causa e por causa do evangelho, esse a salvará.[10]

A palavra *vida* aqui também pode ser traduzida como "alma".[11] Jesus está nos alertando sobre a gravidade da nossa decisão de renunciar ou de buscar a autossatisfação, e sobre a trajetória dessa decisão para nossas almas.

Perceba, isto é uma declaração, não um mandamento. Ou você a *perderá* ou a salvará. Não que você *pudesse* perdê-la ou salvá-la. Jesus frequentemente terminava os Seus ensinamentos não com um mandamento, mas com uma declaração sobre a realidade. Ele tem acesso ao conhecimento moral de que precisamos para prosperar. Se confiamos ou não nos mapas mentais de Jesus, em vez dos nossos e os da nossa cultura, cabe a nós decidir.

Para Jesus, você tem duas escolhas:

Opção A: *você nega Jesus e segue você mesmo*. Ou seja, você coloca o desejo no trono da sua vida. Você transforma aquilo que quer na principal autoridade e força motivadora da sua vida.

Ou opção B: *você nega a si mesmo e segue Jesus*. Ou seja, você crucifica os desejos da carne e explora seus desejos mais profundos pelo próprio Deus.

Os resultados?

Perder a vida.

Ou salvá-la.

De acordo com Jesus, essas são suas opções.

Agora, ou pensar é um anátema na nossa era pós-moderna. Odiamos posturas definidas, preferimos as indistintas. No entanto, Jesus, subversivo como sempre, não nos deixa com uma saída preguiçosa. Suas escolhas binárias estão destinadas a chocar e tirar Seus ouvintes da apatia e nos encorajar a tomar uma decisão.

De segui-lO ou não.

Voltando a Bonhoeffer, seu livro *Discipulado* foi um dos grandes livros do século XX. Aproveitando um pouco de suas palavras, precisamos pesar o custo do discipulado. Mas também temos que calcular o custo do *não discipulado*.

Ou seja, é claro que irá nos custar seguir Jesus, *mas custará ainda mais não O seguir.*

Jesus está apenas tentando fazer com que você pense em uma análise simples de custo-benefício: sua alma *versus* seu eu.

Você está mesmo disposto a trocar felicidade de longo prazo por prazer a curto prazo?

Trocar mapas mentais da realidade por autonomia da autoridade?

Amor por um encontro sexual passageiro?

A intimidade e confiança do casamento pela emoção instantânea de um caso?

Contentamento com o que você tem pela sensação de comprar coisas novas?

Os juros cumulativos e compostos das bênçãos e recompensas acumuladas ao longo de décadas de fidelidade a Jesus e ao Seu Caminho pela facilidade de desistir quando você entra em uma fase difícil?

Faça as contas.

Quanto sua alma vale para você?

Voltamos ao nosso ponto de partida, a necessidade de confiança.

Quando Jesus expôs as boas-novas do reino de Deus, disponíveis a todos, Ele terminou convocando as pessoas dizendo: "arrependam-se e creiam no Evangelho!"[12]

Ou parafraseando: "Repense tudo que você acha que sabe sobre o que levará você para uma vida boa, e coloque sua confiança em Mim."

"Acreditar na boa-nova" é confiar, comprometer-se, viver em permanente fidelidade com Jesus. Para entrar no Seu reino, temos que confiar que os mapas mentais de Jesus são os guias precisos e verdadeiros para a vida que buscamos.

Por que outro motivo o diabo visaria a nossa confiança em Deus acima de tudo? Desde Eva no paraíso até você e eu hoje, o seu ataque mais feroz é contra nossa confiança em Jesus. Porque sem uma confiança profunda nEle, nunca assumiremos nossa cruz, que significa que nunca entraremos no reino.

Por que resistimos a crucificar os nossos desejos? Por que essa resistência interna e instintiva ao chamado de Jesus? Não é necessariamente porque somos maus, ou até mesmo narcisistas, é porque estamos apavorados. Estamos apavorados de perder algo que valorizamos, algo que pensamos (ou sentimos) que precisamos para viver uma vida feliz. Até chegarmos ao ponto onde sinceramente acreditamos nos mapas mentais de Jesus, em vez de nossa própria intuição ou sentimento, e confiarmos que Deus é um Pai sábio e amoroso com boas intenções para a nossa alegria, a morte do eu permanecerá uma guerra de atrito, em que ninguém ganha, entre as partes de nossa alma fragmentada.

Para vencer, devemos entregar nosso coração para Jesus em uma renúncia radical.

E, para esclarecer uma última vez, Jesus não está chamando você para viver pela fé. Você já está fazendo isso. *Todos* nós vivemos pela fé, todos nós confiamos em alguém ou em algo que nos leve para a vida que desejamos, seja a nossa fé em um político, professor, cientista, uma subcultura ou ideologia ou apenas a nossa própria bússola interna do desejo. A questão não é "Você vive pela fé?", mas "Em quem ou no que você *coloca* a sua fé?" Jesus está chamando você para viver pela fé *nEle*.

Mesmo que isso signifique que devemos morrer.

Três semanas antes de Hitler cometer suicídio, e de o Terceiro Reich colapsar, Bonhoeffer foi despido e executado na floresta, fora do campo de prisioneiros. Temos um registro da sua morte, do seu guarda na prisão, que ficou profundamente fascinado pelo sacrifício de Bonhoeffer. Veja o seu relato da manhã em que foi mandado para transportar Bonhoeffer até o pelotão de fuzilamento:

> Pela porta meio aberta do seu quarto em uma das cabanas eu vi o Pastor Bonhoeffer, ainda com suas roupas de prisioneiro, ajoelhado rezando ardorosamente para o Senhor seu Deus. A

devoção e convicção evidente de estar sendo ouvido, que vi na oração deste homem extremamente cativante, me comoveu profundamente.[13]

Essa vida grandiosa *ainda* está comovendo pessoas, não apenas para viver pela fé, mas para morrer na fé.

Para terminar, um último suspiro profundo...

O pastor/escritor Eugene Peterson disse: "Palavras escritas honestamente e apresentadas com coragem revelam a realidade e expõem nossas tentativas egoístas de violar a beleza, manipular a bondade e dominar as pessoas, enquanto desafiamos a Deus... Escritas honestas nos mostram o quão mal estamos vivendo e o quão boa a vida é."[14]

Neste livro, dei o meu melhor para expor "o quão mal estamos vivendo e o quão boa a vida é." Mas eu não sou um especialista, sou um pastor, um companheiro e guia para uma jornada espiritual, para o retorno da alma ao seu lar em Deus. Meu trabalho é "advertir a todos e ensinar a cada um com toda a sabedoria, para apresentá-los maduros em Cristo."[15]

Já venho seguindo Jesus por mais de três décadas, e mesmo com o aumento da cultura da hostilidade dos anos recentes, posso dizer a você de maneira completamente honesta que a vida é difícil, mas é boa. A cada ano que passa, a cada pequena morte do eu, a cada pequena vitória sobre os três inimigos, sinto cada vez mais a alegria crescente da vida interna da Trindade. Eu me sinto em paz, feliz e mais vivo do que jamais pensei que fosse possível.

No entanto, você não tem que confiar em mim, mas em Jesus.

Lembra-se da definição de Santo Inácio de pecado? "A relutância em confiar no que Deus quer para mim é apenas a minha felicidade mais profunda."

Até que cheguemos a um lugar de profunda confiança de que o que Deus quer para nós é apenas a nossa felicidade mais profunda e o que realmente queremos — o desejo sob todos os outros desejos — é o próprio Deus, vamos lutar para controlar nossas vidas. Vamos continuar achando que sabemos melhor do que Deus o que nos leva à nossa felicidade. E vamos semear vento e colher tempestade.

Mas, amigos, aqui está a boa notícia, *e realmente é a melhor notícia:* nós já temos tudo de que precisamos para viver uma vida feliz, livre e bonita — acesso à vida com o Pai, por meio de Jesus, pelo Espírito Santo.

Honestamente, é isto.

O resto é bônus.

Então, como lutamos na guerra pela nossa alma em uma era secular que alega que nem ao menos temos uma? Como derrotamos os três inimigos — o mundo, a carne e o diabo?

Nós morremos.

E, então...

Vivemos.

Apêndice:
Um manual monástico para combater demônios

Eis um pequeno guia para você fazer o seu manual monástico para combater demônios. Evágrio escreveu um, e você também pode fazer o mesmo. O manual de Evágrio tinha quinhentos tópicos; o seu pode ter cinco. Apenas comece de onde está.

O objetivo é seguir o exemplo de Jesus em Mateus 4. Esses tópicos o ajudarão a adestrar sua mente para afastar os pensamentos obsessivos do inimigo enraizados nas mentiras, para as verdades das Escrituras.

Quando as mentiras chegarem, não converse com elas. Apenas "mude o canal" para a verdade. Resista pelo redirecionamento. Evágrio e os antigos chamavam isso de *antirrhesis*, ou "conversa contrária."

Na caixa 1, escreva um pensamento obsessivo que sempre volta à sua mente, uma mentira de que você não consegue se livrar, um sentimento tóxico (como vergonha ou preocupação), ou uma sensação no seu corpo (como um aperto no coração, uma respiração ofegante, ou sensação de medo). Pensamentos, emoções e sensações são apenas separados quando escritos como capítulos diferentes em um livro. No seu corpo, eles se sobrepõem, colidem e se misturam como uma reação química.

> **Qual o pensamento, sentimento e ou a sensação?**
>
> *Estou preocupado em perder meu emprego e não ser capaz de pagar a prestação do meu carro.*

Na caixa 2, veja se consegue enunciar a mentira *por trás* do pensamento, sentimento ou sensação. Se você está sentindo medo, e o seu peito está apertado, pode ser uma mentira do tipo: *Não me sentirei seguro se as pessoas me criticarem.* Nesse caso, qual é o apego por trás da ansiedade? Poderia ser um apego para viver uma vida sem sofrimento, na qual todas as pessoas falarão bem de você? Segurança não é algo ruim, mas a necessidade de estar em constante segurança pode se tornar uma prisão que nos prende no medo e fora do amor.

> **Qual é a mentira por trás do pensamento, sentimento e ou da sensação que revela o seu apego?**
>
> *Minha segurança e proteção estão no meu trabalho, e ter coisas legais e mais novas me fará feliz.*

Na caixa 3, anote uma Escritura ou uma palavra do Espírito Santo que *combata* a mentira. E, então, volte a sua mente para essa verdade, sempre que a mentira reaparecer no fluxo mental. E isso acontecerá muitas vezes.

Não perca a coragem. Isso acontece com todos nós, constantemente. Resista.

Qual é a verdade?

"Que a vida de vocês seja isenta de avareza. Contentem-se com as coisas que vocês têm, porque Deus disse: 'De maneira alguma deixarei você, nunca jamais o abandonarei.'"

Hebreus 13:5

Muito bem, caro leitor, é hora de começar a desenvolver o seu próprio manual monástico para combater as mentiras:

Qual é o pensamento, sentimento e/ou a sensação?

O que está por trás do pensamento, sentimento e/ou da sensação que revela o seu apego?

Qual é a verdade?

Agradecimentos

Por trás de todo livro que você lê, existe um exército de almas boas e inteligentes que faz um escritor como eu *parecer* muito mais esperto e muito melhor do que ele é. De longe, este é o projeto mais difícil que já realizei, e não fiz isso sozinho. Então, do excesso de gratidão do meu coração, deixe-me citar nomes.

Obrigado ao meu agente literário, Mike Salisbury, e ao elenco de Yates & Yates; isto *nunca* teria acontecido sem a sua ajuda. Mike, você é meu Yoda. Admiro demais como você foi muito além do esperado.

Obrigado à equipe de pessoas bonitas da WaterBrook e Penguin Random House. Meu editor, Andrew Stoddard, podemos começar um novo projeto imediatamente? Eu *amo* trabalhar com você — sua sabedoria, perspicácia teológica e sua bondade são uma grande alegria. Laura Wright e Tracey Moore, vocês literalmente me pouparam semanas de trabalho. Os copidesques são os heróis anônimos de todos os amantes de livros. Prometo que um dia vou saber o número da página em que está uma citação. Tina Constable, finalmente consegui trabalhar com alguém de Nova York! A sua crença neste livro foi o começo de tudo. Laura Barker, muito obrigado por sua paciência com todos os atrasos. Douglas Mann — quantas ligações, que pessoa paciente você é. Lisa Beech, programadora profissional de podcast, parabéns. E tantas outras pessoas que nem ao menos conheci. Obrigado a todos vocês.

Obrigado Ryan Wesley Peterson por suas incontáveis revisões no projeto. Cara, isso demorou muito, mas adorei o resultado.

Obrigado aos meus irmãos da Searock Fraternity. Não tenho certeza se continuaria a fazer isso sem a presença constante de vocês na minha vida. A "fidelidade corajosa na ortodoxia" de vocês, a chama interna do amor de Deus de vocês, a inteligência cultural, as palavras proféticas na minha vida e, acima de tudo, nossa amizade, que tornou possível eu ir mais além.

Em Portland, obrigado à igreja Bridgetown. Os últimos dezoito anos foram repletos de momentos de autoquestionamento; sim, tivemos nossos momentos difíceis, mas ainda estamos juntos. Este livro nasceu da nossa experiência de praticar o Caminho de Jesus, juntos, nesta cidade. Amo muito vocês. Obrigado aos presbíteros por me concederem tempo para escrever, um obrigado especial para Gerald Griffen e Bethany Allan por nossos muitos anos de parceria. Colaborar com todos vocês tem sido uma das maiores alegrias da minha vida.

Obrigado a todos que desempenharam o papel de conselheiro para mim. Sou uma grande parte do que vocês semearam em mim: Chris e Meryl Weinand, Dr. Jim Lundy, John Ortberg, Jim McNeish, e tantas outras pessoas.

Obrigado minha família e comunidade: a todo clã Comer, especialmente minha mãe e meu pai, por uma vida de apoio, e a você, Beks, por basicamente trabalhar em meio período, como uma segunda editora, durante todos os meus projetos; você é de longe a Comer/Opperman/Kenn mais esperta! E obrigado a todos que se sentam à nossa mesa nas tardes de descanso e durante a semana — Yinka, Christian, Jay, Pam, Hannah, Hooks, Normans — vocês nos veem como na verdade somos e ainda assim nos amam, com vocês nos sentimos seguros e amados.

Obrigado Dave Lomas por ser aquele tipo de amigo a quem posso expor minha alma em um momento e no outro dar risada, enquanto você me ensina todas as coisas da cultura da internet. Você é um amigo para toda a alma.

E, por último, obrigado à minha família: minha esposa, já são vinte anos juntos. Amo você. Não sei se seria capaz de lançar este livro sem a sua força como um suporte diário. Jude, Moses, e Sunday, escrevi muito deste livro para vocês. Vocês não são o futuro da igreja, vocês *são* a igreja. Meu maior sonho é vê-los seguindo Jesus, não importa o que aconteça. Estou com vocês sempre que precisarem.

Notas

A guerra contra as mentiras

1. "Programa de Rádio 'A Guerra dos Mundos' de 30 de outubro de 1938", Wellesnet, 9 de outubro de 2013, www.wellesnet.com/the-war-of-the-worlds-radio-script. Você pode ouvir essa gravação em www.youtube.com/watch?v=nUsq3fLobxw.
2. "Programa de Rádio 'A Guerra dos Mundos' de 30 de outubro de 1938".
3. Dawn Mitchell, "Hoosiers Swept Up in Martian Invasion of 1938", *IndyStar*, 30 de outubro de 2019, www.indystar.com/story/news/history/retroindy/2015/10/28/hoosiers-swept-up-martian-invasion-1938/74755844.
4. Ei, esse último bem que poderia ser verdade.
5. A. Brad Schwartz, "The Infamous 'War of the Worlds' Radio Broadcast Was a Magnificent Fluke", *Smithsonian Magazine*, 6 de maio de 2015, www.smithsonianmag.com/history/infamous-war-worlds-radio-broadcast-was-magnificent-fluke-180955180. Em 1877, o astrônomo italiano Giovanni Schiaparelli traçou um mapa detalhado da superfície de Marte e marcou uma série de linhas escuras como "canais." Schiaparelli era agnóstico quanto à natureza das linhas, mas seu trabalho foi traduzido para o inglês como "canals" (canais), dando a impressão de que foram construídos por algum tipo de inteligência, mais tarde os astrônomos especularam que Marte abrigou uma raça agonizante, cujos habitantes construíram canais enormes para drenar água das calotas de gelo polar para sobreviver. Poucos cientistas levaram essa teoria a sério, mas mesmo assim ela se espalhou na imaginação pública. Ou seja: muitas pessoas pareciam achar que havia alienígenas em Marte e algumas temiam que viessem para o nosso planeta.
6. "The Great New England Hurricane of 1938", National Weather Service, 21 de setembro de 2020, www.weather.gov/okx/1938HurricaneHome.
7. Schwartz, "The Infamous 'War of the Worlds' Radio Broadcast Was a Magnificent Fluke". É realmente interessante ver a mudança da ficção científica de suas

origens — como comentário social e político escrito por críticos e intelectuais (tais como H. G. Wells, George Orwell, Aldous Huxley, Isaac Asimov, C. S. Lewis e Ursula Le Guin) para um gênero mais conhecido para o cinema e piadas nerd do que críticas literárias.

8. Seu anunciante começou a transmissão dizendo: "O Columbia Broadcasting System e suas estações afiliadas apresentam Orson Welles e Mercury Theatre no Ar em A Guerra dos Mundos por H. G. Wells." "Programa de Rádio 'A Guerra dos Mundos' de 30 de outubro de 1938".
9. Christopher Klein, "How 'The War of the Worlds' Radio Broadcast Created a National Panic", History, 28 de outubro de 2019, www.history.com/news/inside-the-war-of-the-worlds-broadcast.
10. A. Brad Schwartz, *Broadcast Hysteria: Orson Welles's* War of the Worlds and the *Art of Fake News* (Nova York: Hill and Wang, 2015), 7.
11. "Manchete da Primeira Página do *New York Daily News* de 31 de outubro de 1938", Getty Images, www.gettyimages.com/detail/news-photo/daily-news-front-page-october-31-1938-headline-fake-radio-news-photo/97298590.
12. Richard J. Hand, *Terror on the Air!: Horror Radio in America, 1931–1952* (Jefferson, NC: McFarland, 2006), 7.

Um manifesto por exílio

1. Achamos esta linguagem já na obra-prima de São Tomás de Aquino, *Summa Theologica* em 1265, que os estudiosos ainda apontam como uma das obras teológicas mais importantes de todos os tempos. Ela aparece de novo no Concílio de Trento em 1543, um momento importante na Reforma Protestante. A partir daí, ela entra em um mundo falante de inglês por meio do *Livro de Oração Comum* em 1549: "**De todos os enganos do mundo, da carne e do diabo: Que o bom Deus nos livre.**"
2. Por exemplo, Efésios 2:1–3.
3. Efésios 6:10–20, 2 Timóteo 2:4, etc.
4. 1 Timóteo 6:12.
5. Efésios 6:11.
6. 1 Timóteo 1:18.
7. Efésios 6:12
8. 2 Coríntios 10:4.
9. *Pacifista* não é realmente uma boa palavra, já que é emocionalmente carregada e tem várias conotações. Mas a maioria dos seguidores de Jesus, antes de Constantino e Santo Agostinho, entendiam que matar é incompatível com os ensinamentos de Jesus. Para uma excelente defesa da não-violência, leia o livro estimulante *Fight* do meu amigo Preston Sprinkle.
10. John Mark Comer, "Fighting the World, the Flesh, and the Devil: The Truth About Lies: Part 2," Bridgetown Church, 7 de outubro de 2018, https://bridgetown.church/teaching/fighting-the-world-the-flesh-the-devil/the-truth-about-lies-part-2.
11. Bem, esta é a citação comum. O que ele *realmente* disse foi "Se você conhece o inimigo e conhece a si mesmo, não precisa temer o resultado de cem batalhas. Se você conhece a si mesmo, mas não o inimigo, para cada vitória obtida, você também sofrerá uma derrota." Sun Tzu, "3. Ataque por Estratagema", *A Arte da Guerra*, https:// suntzusaid.com/book/3/18.
12. Esta é minha adaptação do ensinamento de Jon Tyson de suas séries de sermões *Creative Minority*. É excelente! Leia ou assista: Jon Tyson e Heather Grizzle, *A Creative Minority: Influencing Culture through Redemptive Participation* (edição do autor 2016); Jon Tyson, "A Creative Minority Discussion Guides", série de sermões janeiro-fevereiro 2021, www.church.nyc/a-creative-minority?rq=a%20creative%20minority.
13. "In U.S., Decline of Christianity Continues at Rapid Pace", Pew Research Center, 17 de outubro de 2019, www.pewforum.

org/2019/ 10/17/in-u-s-decline-of-christianity-continues-atrapid-pace.
14. "What Do Young Adults Really Mean When They Say They Are Christians?", Barna Group, 11 de dezembro de 2019, www.barna.com/research/resilient-discipleship.
15. Hebreus 12:4.
16. Lee Beach, *The Church in Exile: Living in Hope After Christendom* (Downers Grove, IL: InterVarsity, 2015), 21. Veja também Walter Brueggemann, *Cadences of Home: Preaching Among Exiles* (Louisville: Westminster John Knox, 1997), 115.
17. Wendy Everett e Peter Wagstaff, "Introduction", em *Cultures of Exile: Images of Displacement* (Oxford: Berghahn, 2004), x.
18. Paul Tabori, *The Anatomy of Exile: A Semantic and Historical Study* (Londres: Harrap, 1972), 32.
19. "Digital Babylon: Our Accelerated, Complex Culture", Barna Group, 23 de outubro de 2019, www.barna.com/research/digital-babylon.
20. Judy Siegel-Itzkovich, "Stars of Hollywood's Golden Era Were Paid to Promote Smoking", *Jerusalem Post*, 24 de setembro de 2008, www.jpost.com/health-and-sci-tech/health/stars-of-hollywoods-golden-era-were-paid-to-promote-smoking.
21. C. S. Lewis, *Surpreendido pela alegria* (Londrina: Thomas Nelson Brasil, 2021).
22. Evan Andrews, "8 Reasons It Wasn't Easy Being Spartan", History, 1 de setembro de 2018, www.history.com/news/8-reasons-it-wasnt-easy-being-spartan. Todos os outros trabalhos foram feitos por não cidadãos.
23. M. E. Bradford, "Faulkner, James Baldwin, and the South", The Georgia Review 20, n. 4 (inverno de 1966): 435, www.jstor.org/stable/41396308?seq=1. Ele disse isso para uma multidão de estudantes em Nagano, Japão, em um evento literário em 1955, comentando a onda de produção criativa na literatura e poesia japonesa após os desastres de Nagasaki e Hiroshima.

A verdade sobre as mentiras

1. Por exemplo, ele foi capaz de enunciar o pensamento pré-verbal, como as emoções se constituem, visão mental e mais.
2. Para um resumo excelente e de fácil leitura, do mundo do pensamento dos Pais e Mães do Deserto eu recomendo *A Beginner's Introduction to the Philokalia* por Anthony M. Coniaris.
3. *Encyclopaedia Britannica Online*, verbete "seven deadly sins", www.britannica.com/topic/seven-deadly-sins. Os teólogos juntaram orgulho e vanglória devido à sua similaridade.
4. Evágrio do Ponto, *Talking Back: A Monastic Handbook for Combating Demons*, tradução inglesa de David Brakke (Collegeville, MN: Liturgical Press, 2009), www.amazon.com/Talking-Back-Monastic-Combating-Cistercian/dp/0879073292.
5. Uma breve referência aqui ao livro do meu amigo Tim Chaddick *The Truth About Lies: The Unlikely Role of Temptation in Who You Will Become* (Colorado Springs: David C Cook, 2015).
6. Esta frase e a história que estou prestes a resumir se encontram em João 8:31–47.
7. João 8:44.
8. Blue Letter Bible, verbete "*diabolos*", www.blueletterbible.org/ lang/lexicon/lexicon.cfm?Strongs=G1228&t=KJV.
9. Muitos de nós pensam em Satã como um nome próprio, mas em Hebreus, consta o artigo na sua frente, *ha satan*, ou "o satã." Tem o mesmo significado de *diabolos* em Grego — "o acusador." "Job 1", The *Pulpit Commentary,* Bible Hub, 2010, https://biblehub.com/commentaries/pulpit/job/1.htm. "O grande dragão... que engana o mundo inteiro se encontra em NKJV.
10. João 12:31; 14:30; 16:11.
11. Mateus 4:8–10.
12. Ezequiel 28:15.

13. Jó 1:6-12; 2:1-7; Mateus 4:1-11; veja também "Job 1", *Cambridge Bible for Schools and Colleges*, Bible Hub, https://biblehub.com/commentaries/cambridge/job/1.htm.
14. Gênesis 3; Isaías 14:12-13; Ezequiel 28:12-15. Veja também "God's Divine Council", Truth or Tradition? 2 de julho de 2018, www.truthortradition.com/articles/gods-divine-council.
15. Ezequiel 28:15-17; Apocalipse 12:1-9; 14:9-12; Lucas 10:18; Isaías 14:12-17.
16. Essa é uma posição da minoria, mas sua popularidade está crescendo. Meu professor do seminário Dr. Gerry Breshears apresentou-me a esta ideia, mas você pode ler mais em *Satan and the Problem of Evil* by Gregory A. Boyd.
17. Isaías 14:12-15; Ezequiel 28:16-19; Lucas 4:5-8; 10:18; Apocalipse 12:1-9.
18. João 14:30; 2 Coríntios 4:4; 1 João 5:19.
19. Greg Boyd defende de forma mais convincente em *Satan and the Problem of Evil*, mas claro que isso abre uma série de dúvidas não apenas sobre a evolução mas também sobre o debate do livre-arbítrio *versus* soberania. Por mais estranho que isso possa soar, existe uma teoria evolutiva que sustenta que os seres humanos interferiram na evolução dos cães interagindo com o processo natural para transformar os lobos em melhores amigos do homem. Quem diz que inteligências não humanas não poderiam interferir no processo de uma forma semelhante, porém com finalidades mais nefastas? Estamos conjecturando agora. Só estou dizendo que é um conceito fascinante e que poderia ajudar em nossa busca por uma teodiceia (teologia do mal) plausível. Se tudo isso parece ridículo, eis um breve e acessível ensinamento de meu amigo Josh Porter em nossa igreja sobre o tema chamado "God of Evil" (4 de novembro de 2018): https://bridgetown.church/teaching/fighting-the-world-the-flesh-the-devil/god-of-evil.
20. 1 João 3:8.
21. Marcos 3:27.
22. João 8:32, 36.
23. Colossenses 2:15.
24. Mateus 16:18, kjv.
25. 1 Peter 5:8.
26. Lisa H. Trahan e outros., "The Flynn Effect: A Meta-analysis", *Psychological Bulletin* 140, n. 5 (2014): 1332-60, www.ncbi.nlm.nih.gov/pmc/articles/PMC4152423.
27. Bernt Bratsberg e Ole Rogaberg, "Flynn Effect and Its Reversal Are Both Environmentally Caused", *Proceedings of the National Academy of Sciences* 115, n. 26 (junho 2018): 6674-78, www.pnas.org/content/115/26/6674.
28. Lea Winerman, "Smarter Than Ever?", *Monitor on Psychology* 44, n. 3 (2014), www.apa.org/monitor/2013/03/smarter; veja tambem Daniel Engber, "The Great Endumbening", *Slate*, 19 de setembro de 2018, https://slate.com/technology/2018/09/iq-scores-going-down-research-flynn-effect.html.
29. Bratsberg e Rogaberg, "Flynn Effect and Its Reversal Are Both Environmentally Caused." O artigo da *Slate* referenciado acima também dá um resumo divertido.
30. Yuval Noah Harari, *Sapiens: Uma breve história da humanidade* (Companhia das Letras, 2020), 21.
31. "Citações", do filme *Os Suspeitos*, dirigido por Bryan Singer, PolyGram Filmed Entertainment, 1995, www.imdb.com/title/tt0114814/quotes/?tab=qt&ref_=tt_trv_qu.
32. João 10:10.
33. Uma ótima frase de James K. A. Smith, *How (Not) to Be Secular: Reading Charles Taylor* (Grand Rapids, MI: Eerdmans, 2014), 4.
34. C. S. Lewis, *Christian Reflections*, org. Walter Hooper (Grand Rapids, MI: Eerdmans, 1967), 41.
35. C. S. Lewis, *Cartas de um diabo a seu aprendiz* (Londrina: Thomas Edson Brasil, 2017).

36. João 8:44–45.
37. Eu recomendaria você ler um desses três livros: *Supernatural* por Michael S. Heiser (Bellingham, WA: Lexham, 2015), uma ótima introdução de fácil leitura; *Deliverance* por Jon Thompson, para a melhor visão geral da demonização que eu conheço; e *God at War* por Gregory A. Boyd (Downers Grove, IL: InterVarsity Academic, 1997), para material teológico de peso. De longe o meu livro favorito sobre isso *Deliverance* por Jon Thompson.

Ideias, usadas como armas

1. Uma obra conhecida sobre isso é Jordan B. Peterson, *Mapas do Significado - A Arquitetura da Crença* (São Paulo: É realizações editora, 2021).
2. Ver Lisa Cron, *Wired for Story: The Writer's Guide to Using Brain Science to Hook Readers from the Very First Sentence* (Nova York: Ten Speed, 2012), cap. 1.
3. Dallas Willard, *Renovation of the Heart: Putting on the Character of Christ* (Colorado Springs: NavPress, 2002), 96–97.
4. Diane Kwon, "Neanderthal Ancestry in Europeans Unchanged for Last 45,000 Years", The Scientist, 23 de janeiro de 2019, www.the-scientist.com/news-opinion/neanderthal-ancestry-in-europeans-unchanged-for-last -45-000-years-65364.
5. Yuval Noah Harari, *Sapiens: Uma breve história da humanidade* (Companhia das Letras, 2020), cap. 2.
6. Dallas Willard, *Hearing God: Developing a Conversational Relationship with God*, edição atualizada e expandida (Downers Grove, IL: InterVarsity, 2012), 12.
7. Esta frase foi inspirada pela melhor frase de Dallas Willard: "A realidade não se ajusta para acomodar nossas falsas crenças, ou hesitações em ação." *Knowing Christ Today: Why We Can Trust Spiritual Knowledge* (Nova York: HarperCollins, 2009), 39.
8. 1 Corinthians 5:12. Eu continuo retornando a esta passagem como um modelo de como consideramos a sexualidade na igreja. Ela começa com um casamento contra o desígnio de Deus, depois tem advertências sobre como "um pouco de fermento leveda a massa (Coríntios 5:6), depois esclarece que nossa postura sobre a moralidade sexual fora da igreja é totalmente diferente da de dentro.
9. Brittany Almony, "Attachment Theory and Children of Divorce", Bartleby Research, 10 de maio de 2015, www.bartleby.com/essay/ Attachment-Theory-And-Children-Of-Divorce-F3UTUVQ3FV8X.
10. Corie Lynn Rosen, "Men v. Women: Who Does Better in a Divorce?", LegalZoom, 16 de setembro de www.legalzoom.com/articles/men-v-women-who-does-better-in-a-divorce.
11. Alicia Vanorman, "Cohabiting Couples in the United States Are Staying Together Longer but Fewer Are Marrying", Population Reference Bureau, 5 de novembro de 2020, www.prb.org/cohabiting-couple-staying-together-longer.
12. Scott Stanley, "Premarital Cohabitation Is Still Associated with Greater Odds of Divorce", Institute for Family Studies, 17 de outubro de 2018, https://ifstudies.org/blog/premarital-cohabitation-is-still-associated-with-greater-odds-of-divorce.
13. Juliana Menasce Horowitz, Nikki Graf e Gretchen Livingston, "Marriage and Cohabitation in the U.S.", Pew Research Center, 6 de novembro de 2019, www.pewsocialtrends.org/2019/11/06/marriage-and-cohabitation-in-the-u-s.
14. Abigail Tucker, "What Can Rodents Tell Us About Why Humans Love?", *Smithsonian Magazine*, fevereiro de 2014, www.smithsonianmag.com/science-nature/what-can-rodents-tell-us-about-why-humans-love-180949441.
15. "The Long-Term Effects of Abortion", Epigee Women's Health, www.epigee.org/the-long-term-effects-of-abortion.html.

Notas 297

16. "The Proof Is In: Father Absence Harms Children", National Fatherhood Initiative, www.fatherhood.org/father-absence-statistic.
17. "The Consequences of Fatherlessness", fathers.com, https://fathers.com/statistics-and-research/the-consequences-of-fatherlessness/.
18. Veja este resumo simples, mas excelente do maior estudo até agora: Ryan T. Anderson, " 'Transitioning' Procedures Don't Help Mental Health, Largest Dataset Shows", The Heritage Foundation, 3 de agosto de 2020, www.heritage.org/gender/commentary/transitioning-procedures-dont-help-mental-health-largest-dataset-shows.
19. Audrey Conklin, "Hawley, Sasse Lead Charge Against Pornhub, Human Trafficking", FoxNews, 9 de dezembro 2020, www.foxnews.com/politics/hawley-sasse-lead-charge-against-pornhub-human-trafficking; veja também Exec. Order No. 13903, Fed Reg. Doc. 2020-02438 (31 de janeiro de 2020), www.federalregister.gov/documents/2020/02/05/2020-02438/combating-human-trafficking-and-online-child-exploitation-in-the-united-states.
20. Matthew McNulty, " 'Fifty Shades of Grey' Tops Decade's Best Seller List", Fox Business, 19 de dezembro de 2019, www.foxbusiness.com/markets/penguin-random-house-dominates-top-selling-books-of-the-decade-one-day-after-news-of-675-bertelsmann-sale; Scott Mendelson, "Box Office: Hugh Jackman's 'Greatest Showman' Is Still Leggier Than 'Titanic' ", Forbes, 25 de fevereiro de 2018, www.forbes.com/sites/scottmendelson/2018/02/25/box-office-hugh-jackmans-greatest-showman-is-still-leggier-than-titanic/?sh= 72c6869b2c13.
21. Mary Eberstadt, introdução de *Adão e Eva depois da Pílula: Paradoxos da Revolução Sexual* (São Paulo: Quadrante editora, 2019).
22. Robert D. McFadden, "Philip Rieff, Sociologist and Author on Freud, Dies at 83", New York Times, 4 de julho de 2006, www.nytimes.com/2006/07/04/us/ 04rieff.html.
23. Jeffrey Schwartz, *A Return to Innocence* (Nova York: Harper, 1998).
24. Willard, *A Renovação Do Coração. Assuma O Caráter De Cristo*, 100.
25. Gênesis 3:4.
26. M. Scott Peck, *People of the Lie: The Hope for Healing Human Evil*, 2ª ed. (New York: Touchstone, 1998), 207.
27. David G. Benner, *Soulful Spirituality: Becoming Fully Alive and Deeply Human* (Grand Rapids, MI: Brazos, 2011), 135.
28. Willard, *A Renovação Do Coração. Assuma O Caráter De Cristo*, 100–101.
29. Willard, *A Renovação Do Coração. Assuma O Caráter De Cristo*, 99.
30. Hannah Arendt, *Origens do Totalitarismo*, (Companhia de Bolso: São Paulo, 2013), 474.
31. Winston S. Churchill, "The Gift of a Common Tongue" (discurso, Harvard, Cambridge, MA, 6 de setembro de 1943), https://winstonchurchill.org/resources/speeches/1941-1945-war-leader/the-price-of-greatness-is-responsibility.
32. Inés San Martín, "Pope Francis: Ideological Colonization a 'Blasphemy Against God'", Crux, 21 de novembro de 2017, https://cruxnow.com/vatican/2017/11/pope-francis-ideological-colonization-blasphemy-god.
33. Veja, Timothy Keller *A fé na Era do Ceticismo* (São Paulo: Vida Nova, 2015) e *Deus na era secular* (Nova York: Viking, 2016), e os romances de Zadie Smith especialmente o *White Teeth* (Nova York: Vintage International, 2000) e *Ritmo Louco* (São Paulo: Companhia das Letras, 2018).
34. David Foster Wallace, *Graça Infinita* (São Paulo: Companhia das Letras, 2014), 389.
35. 2 Timóteo 2:26.
36. João 18:37.
37. João 18:38.

38. Para uma versão popular dessas ideias leia o livro de Willard *Knowing Christ Today*, um dos meus favoritos! Ou procure o volume *The Disappearance of Moral Knowledge*.
39. Willard, *Renovação Do Coração. Assuma O Caráter De Cristo*, 30–31.
40. A expressão separação da Igreja e Estado na verdade não está na constituição como muitos supõem, mas em uma carta de Thomas Jefferson para os Batistas de Danbury em 1802. São precisos apenas alguns minutos para ler a sua correspondência, e você pode facilmente ver que a intenção foi manter o Estado fora da Igreja e assegurar a "liberdade religiosa." Veja "Letters Between Thomas Jefferson e Danbury Baptists (1802)", Bill of Rights Institute, https://billofrightsinstitute.org/primary-sources/ danburybaptists.
41. Willard, *Renovação Do Coração. Assuma O Caráter De Cristo*.
42. Atos 20:35.
43. Willard, *Renovação Do Coração. Assuma O Caráter De Cristo*, 19–22.
44. João 17:3.
45. 2 Timóteo 1:12.
46. Colossenses 2:2–3.
47. Willard, *Renovação Do Coração. Assuma O Caráter De Cristo*, 21.
48. Na verdade, é mais interessante: na parábola tradicional que o rei é aquele que observa os homens cegos no pátio. Usado pelos ocidentais, está dizendo "nós ocidentais iluminados vemos o que essas pessoas abaixo de nós não conseguem". Ou seja, mais colonização ideológica.
49. João 8:12.
50. Lucas 4:18.
51. Willard, *Renovação Do Coração. Assuma O Caráter De Cristo*, 20–21.
52. D. Elton Trueblood, "Capítulo 3": The Impotence of Ethics", em *The Predicament of Modern Man* (New York: Harper and Row, 1944), www.religion-online.org/book-chapter/chapter-3-the-impotence-of-ethics.
53. Marcos 1:15.

Dezinformatsiya

1. Sarah E. Needleman, "As FaceApp Goes Viral, So Do Concerns About Privacy, Russia Ties", *Wall Street Journal*, 18 de julho de 2019, www.wsj.com/articles/ as-faceapp-goes-viral-so-do-concerns-about-privacy-russia-ties-11563485572.
2. Colin E. Babb, "Dezinformatsiya and the Cold War", Naval Science and Technology Future Force, 17 de março de 2020, https://futureforce.navylive.dodlive.mil/2020/03/ dezinformatsiya-and-the-cold-war.
3. Garry Kasparov (@Kasparov63), Twitter, 13 de dezembro de 2016, 11:08 a.m., https://twitter.com/Kasparov63/status/808750564284702720, grifo nosso. Essa citação é muito boa.
4. Colossenses 2:15.
5. Em teologia, isto é chamado de uma teoria da expiação, os teólogos separam o fato da expiação (Jesus morreu nas mãos dos romanos e dos líderes judeus; foi enterrado em uma tumba; três dias depois Deus o ressuscitou dentre os mortos) das teorias da expiação (o que tudo isso significa). Existem seis grandes pontos de vista da história da igreja; eu os incluo no que Dr. Gerry Breshears, meu mentor teológico e professor no seminário, chamou de "uma visão de diamante multifacetado da expiação."
6. Um termo no título do livro de Shoshana Zuboff sobre este tema: *A Era do Capitalismo de Vigilância* (Rio de Janeiro: Intrínseca, 2021).
7. Mark Sayers, "The Devil's Disinformation Campaign", Bridgetown Church, 21 de outubro de 2018, 28:46, https://bridgetown.church/teaching/fighting-the-world-the-flesh-the-devil/the-devils-disinformation-campaign.
8. "Syria's War Explained from the Beginning", Al Jazeera, 14 de abril de 2018,

www.aljazeera.com/news/2018/4/14/syrias-war-explained-from-the-beginning.

9. Esta matéria é fascinante: Raphael Satter, "Deepfake Used to Attack Activist Couple Shows New Disinformation Frontier", Reuters, 15 de julho de 2020, www.reuters.com/article/us-cyber-deepfake-activist/deepfake-used-to-attack-activist-couple-shows-new-disinformation-frontier-idUSKCN24G15E.

10. História real. Centenas apareceram para protestar e contraprotestar, mas a coisa toda foi organizada pela Rússia. Claire Allbright, "A Russian Facebook Page Organized a Protest in Texas. A Different Russian Page Launched the Counterprotest", *Texas Tribune*, 1 de novembro de 2017, www.texastribune.org/ 2017/11/01/russian-facebook-page-organized-protest-texas-different-russian-page-l.

11. Alana Abramson, " 'We Don't Share a Common Baseline of Facts.' Barack Obama Reflects on Divisiveness in Politics", *Time*, 12 de janeiro de 2018, https://time.com/5099521/barack-obama-david-letterman-interview.

12. Glenn Kessler e Meg Kelly, "President Trump Made 2,140 False or Misleading Claims in His First Year", *Washington Post*, 20 de janeiro de, 2018, www.washingtonpost.com/news/fact-checker/wp/2018/01/20/president-trump-made-2140-false-or-misleading-claims-in--his-first-year.

13. "Full Text: Jeff Flake on Trump Speech Transcript", *Politico*, 17 de janeiro de 2018, www.politico.com/story/2018/01/17/full--text-jeff-flake-on-trump-speech-transcript-343246.

14. "Countering Truth Decay", RAND Corporation, www.rand.org/research/projects/truth-decay.html.

15. Michiko Kakutani, *A morte da verdade: Notas sobre a mentira na era Trump* (Rio de Janeiro: Intrínseca, 2018), 47, 54.

16. Stephen J. Burn, org., *Conversations with David Foster Wallace* (Jackson, MS: University Press of Mississippi, 2012), 49. Para alguém que não foi um seguidor de Jesus, Wallace tinha uma interpretação incomum da falha trágica do secularismo. Acho seus textos mais jornalísticos incrivelmente perspicazes.

17. Mateus 24:4–12.
18. 1 Coríntios 6:9.
19. Colossenses 2:4.
20. 2 Timóteo 3:13.
21. Tito 3:3.
22. 2 Coríntios 11:3.
23. 1 João 3:7.
24. Romanos 1:25; 1:18.
25. Judas 4.
26. Veja Apocalipse 18:23; 19:20; 20:3, 8, 10.
27. Apocalipse 12:9.
28. Uma parte significativa do Novo Testamento foi escrita para combater falsos mestres/ensinamentos. Vale a pena pensar nisto.

29. Deus pode, mas geralmente opta por não fazer, embora seja um velho debate em teologia. Utilizarei o autocontrole e não levarei você por essa armadilha — seja bem-vindo!

30. Veja seu livro *Duped: Truth-Default Theory and the Social Science of Lying and Deception* (Tuscaloosa, AL: University of Alabama, 2020).

31. Malcolm Gladwell, *Falando com Estranhos* (Rio de Janeiro: Sextante, 2019), 74.

32. Veja, por exemplo, a obra de Dr. John Gottman em The Gottman Institute, www.gottman.com/about/research/couples.

33. Dito isso, estou consciente de que há muita coisa em jogo com a narrativa do Gênesis e não pretendo menosprezar a leitura histórica. Existem amplas implicações: a historicidade de Adão e Eva, como isto se relaciona com o discurso de Paulo nos Atos, como o pecado original passou para a humanidade, como tudo isto se harmoniza com a biologia evolucionária,

caso as teorias atuais sobre a origem humana sejam "exatas" e assim por diante. E quando digo *mitologia*, não quero dizer no sentido popular da gíria de uma mentira, mas no sentido acadêmico ou técnico de uma narrativa grandiosa que explica as grandes questões da existência humana. Não que minha opinião importe tanto, já que não sou um especialista em exegese hebraica ou historiador do Oriente Próximo Antigo, mas minha hipótese atual é que Gênesis 1-11 é uma parábola, da mesma forma que é a parábola de Jesus das dez moedas, sobre o rei que foi para um país distante e deixou seus servos para trás (Lucas 18:11-26). Existe alguma realidade história por trás desta história: em 4 a.C. Arquelau, filho de Herodes o Grande, viajou até Roma para que César o coroasse Rei de Israel, numa disputa sobre quem era o legítimo herdeiro do trono de Herodes. Mas da forma como Jesus conta a história, não se trata de jornalismo. É claramente uma parábola que não visa ensinar história e sim dar aos ouvintes uma visão da vida no reino de Deus. Meu palpite é que algo assim está acontecendo nos primeiros capítulos do Gênesis.

34. Gênesis 3:1.
35. Bible Hub, verbete. "crafty," https://biblehub.com/topical/c/crafty.htm.
36. Gênesis 3:1.
37. Gênesis 3:4–5.
38. Que tal uma citação do calvinista do século XVI? "Por que meios satã inicialmente afastou a humanidade da obediência de Deus? As Escrituras testemunham, a saber, despejando nos seus corações aquele veneno — *que Deus não os amava*, e afirmando que, pela transgressão dos Mandamentos de Deus, eles poderiam alcançar felicidade e alegria; assim fez com que buscassem a vida, onde Deus pronunciou que estava à morte." John Knox, *Writings of the Rev. John Knox* (Londres: The Religious Tract Society, 1830), 308, grifo nosso.
39. Gênesis 3:6.
40. Strong's Hebrew Lexicon (niv), verbete "H120, 'adam," Blue Letter Bible, www.blueletterbible.org/lang/lexicon/lexicon.cfm?Strongs=H120&t=NIV.
41. Strong's Hebrew Lexicon (niv), verbete "H2332, Chavvah", Blue Letter Bible, www.blueletterbible.org/lang/lexicon/lexicon.cfm?Strongs=H2332&t= NIV.
42. "Jeff Goldblum: Malcolm", *Jurassic Park*, dirigido por Steven Spielberg, Universal Pictures, 1993, www.imdb.com/title/tt0107290/characters/ nm0000156.
43. Claro que não podemos colocar toda a culpa nos "secularistas malvados". Muitos secularistas que eu conheço são pessoas muito boas, a própria igreja tem uma forte responsabilidade pelo secularismo ocidental. A hipocrisia cristã, o abuso do poder pelos líderes da igreja, em um mundo anterior à separação entre Igreja e Estado, e a lenta aceitação das descobertas científicas em torno da evolução, sem falar na relutância de "alguns cristãos" em defender os direitos humanos, isso tudo torna muito difícil para vários de nossos amigos seculares confiarem em Jesus.
44. Scotty Hendricks, " 'God Is Dead': What Nietzsche Really Meant", Big Think, 12 de agosto de 2016 https://bigthink.com/scotty-hendricks/what-nietzsche-really-meant-by-god-is-dead.

E, tendo vencido tudo, permaneça inabalável

1. "G.I. Joe —'Don't Jump Your Bike Over Downed Power Lines' PSA", YouTube, 8 de maio de 2014,www.youtube.com/watch?v= 1NwvJlbnD5E.
2. Laurie R. Santos e Tamar Gendler, "Knowing Is Half the Battle", série 2014: What Scientific Idea Is Ready for Retirement? Edge, 2014, www.edge.org/response-detail/25436. Fiz o curso da Laurie Santos no Coursera "What Is the G.I. Joe Fallacy?" e adorei.

3. João 4:23-24.
4. Veja o seu livro de mesmo nome: *Gordon D. Fee, God's Empowering Presence: The Holy Spirit in the Letters of Paul* (Peabody, MA: Hendrickson, 1994; Grand Rapids, MI: Baker, 2009).
5. Hebreus 4:15.
6. M. Scott Peck, *The Road Less Traveled: A New Psychology of Love, Traditional Values, and Spiritual Growth*, edição de 25 anos. (Nova York: Simon & Schuster, 2002), 50. Um dos meus dez livros favoritos de todos os tempos.
7. Corrie ten Boom, *Not Good If Detached* (Fort Washington, PA: CLC Publications, 1957), cap. 21 epígrafe.
8. Fui exposto pela primeira vez a esta ideia por Patrick Deneen em *Por que o liberalismo fracassou?* (Belo Horizonte, Editora Âyiné, 2020), um livro que elogiarei mais no final deste livro. Ele escreveu sobre como a esquerda e a direita são bem mais semelhantes do que a maioria das pessoas admite e se concentrou nos 80% que elas têm em comum — a saber, individualismo exacerbado e a mudança da criação para "natureza" que aparece em tudo, do transgenerismo à degradação ambiental. Fique ligado para mais.
9. Louis Brandeis, *Other People's Money: And How the Bankers Use It* (Nova York: Frederick A. Stokes, 1914), 92.
10. 2 Coríntios 2:11.
11. Lucas 4:1-2.
12. Lucas 4:3.
13. Lucas 3:22.
14. Lucas 4:13.
15. Edwin H. Friedman, *A Failure of Nerve: Leadership in the Age of the Quick Fix* (Nova York: Seabury Books, 2007), 230.
16. Por exemplo, veja Steven Porter, "Living in a Material World with an Immaterial God", Dallas Willard Center, 28 de junho de 2018, https://vimeo.com/277532616.
17. Esta definição é de uma palestra que ele deu em Westmont College em 2018 para o quadragésimo aniversário do livro de Richard J. Foster, *Celebration of Discipline*. Foi tirado das minhas anotações de sua palestra.
18. Do meu livro favorito de Henri J. M. Nouwen book, *The Way of the Heart* (Nova York: Ballantine Books, 1981), 13-14.
19. Romanos 8:6.
20. Evágrio do Ponto, *Talking Back: A Monastic Handbook for Combating Demons*, tradução David Brakke (Collegeville, MN: Liturgical Press, 2009), 49-50.
21. Jeffrey M. Schwartz e Rebecca Gladding, *Você Não É O Seu Cérebro: A Solução Em 4 Passos Para Mudar Maus Hábitos, Acabar Com Pensamentos Destrutivos E Tomar As Rédeas Da Sua Vida* (Campinas: Editora Auster, 2011), 21.
22. Veja 1 Coríntios 2:16.
23. Salmo 23:1.
24. Mateus 19:6; Efésios 5:25; 1 Pedro 3:7.
25. Hebreus 13:5.
26. Dallas Willard, *A Renovação Do Coração. Assuma O Caráter De Cristo* (São Paulo: Mundo Cristão, 2007), 95.
27. Nova hashtag? #curateyourinputs.
28. Habacuque 1:13.
29. Hwee Hwee Tan, "In Search of the Lotus Land", *Quarterly Literary Review Singapore 1*, n° 1. (outubro 2001), www.qlrs.com/essay.asp?id=140.
30. "The State of Traditional TV: Updated with Q1 2020 Data", Marketing Charts, 14 de setembro de 2020, www.marketingcharts.com/featured-105414.
31. Chris Holmes, "5 Ways to Limit Screentime at Bedtime", WhistleOut USA, 5 de novembro de 2020, www.whistleout.com/CellPhones/Guides/5-ways-to-limit-screentime-at-bedtime #screentime.
32. David Kinnaman e Mark Matlock, *Faith for Exiles: 5 Ways for a New Generation to Follow Jesus in Digital Babylon* (Grand Rapids, MI: Baker, 2019), 26.

33. Mary Oliver, *Upstream: Selected Essays* (Nova York: Penguin, 2016), 8.
34. Romanos 12:1–2.
35. Efésios 6:10–14.
36. 1 Pedro 5:8–9.

A escravidão da liberdade

1. Seu dia de nascimento exato é desconhecido, portanto aproximadamente sete.
2. Veja a entrevista aqui: Walter Isaacson, "The Heart Wants What It Wants", *Time*, 24 de junho 2001 publicado pela primeira vez em 31 de agosto de 1992), http://content.time.com/time/magazine/article/0,9171,160439,00.html.
3. Na verdade, a frase originou-se em uma carta de Emily Dickinson. Mas foi Allen quem a divulgou.
4. Efésios 2:1–3.
5. Efésios 6:12.
6. *Thayer's Greek Lexicon*, verbete. "Strong's NT 4561: σάρξ", Bible Hub, https://biblehub.com/greek/4561.htm.
7. Filipenses 3:3.
8. 2 Pedro 2:10.
9. 2 Pedro 1:4.
10. Eugene H. Peterson, *A Long Obedience in the Same Direction: Discipleship in an Instant Society*, edição comemorativa (Downers Grove, IL: InterVarsity, 2000), 113.
11. Gautama Buddha, versículo 326 em *Dhammapada*, citado em Jonathan Haidt, *The Happiness Hypothesis: Finding Modern Truth in Ancient Wisdom* (Nova York: Basic Books, 2006), 2.
12. Platão, *Fedro*, citado em Haidt, *The Happiness Hypothesis*, 2–3.
13. Rabino Schneur Zalman, *Tanya*, parte 1, capítulo 28, Chabad.org, www.chabad.org/library/tanya/tanya_cdo/aid/1028992/jewish/Chapter-28.htm.
14. Henry David Thoreau, *Walden* (São Paulo: Edipro, 2018).
15. Haidt, *The Happiness Hypothesis*, 22.
16. Jeffrey M. Schwartz, "Neuroplasticity and Spiritual Formation", *The Table*, Biola University Center for Christian Thought, 18 de abril de 2019, https://cct.biola.edu/neuroplasticity-and-spiritual-formation.
17. "Full Transcript: #1169—Elon Musk", *Joe Rogan Experience*, 26 de setembro de 2018, 11:03, 34:27, https://sonix.ai/resources/full-transcript-joe-rogan-experience-elon-musk.
18. Jordan Peterson, 12 Regras para a vida: Um antídoto para o Caos (Rio de Janeiro: Alta Books, 2018), 9–10.
19. Charles Taylor, *A Era Secular* (São Paulo, Instituto Piaget, 2012).
20. Gênesis 1:28.
21. William Shakespeare, *Hamlet: Prince of Denmark*, The Picture Shakespeare series (London: Blackie and Son, 1902), 32.
22. Este, é claro, é um campo minado ético. O que é a moralidade se não um lugar para resistir aos nossos desejos? Qualquer moralidade eficaz precisa traçar limites que o desejo não possa ultrapassar, tem que impor limites.
23. Jonathan Grant, *Sexo Divino: Uma visão cativante sobre relacionamentos cristãos em uma era hipersexualizada* (Rio de Janeiro, Editora Concílio, 2021).
24. Robert C. Roberts, "Psychobabble", *Christianity Today*, 16 de maio de 1994, www.christianitytoday.com/ct/1994/may-16/psychobabble.html.
25. David Wells, *Sem lugar para verdade* (São Paulo, Shedd Editora, 2018), 183.
26. Cornelius Plantinga Jr., *Not the Way It's Supposed to Be: A Breviary of Sin* (Grand Rapids, MI: Eerdmans, 1995), 83.
27. David G. Benner, *The Gift of Being Yourself: The Sacred Call to Self-Discovery*, edição expandida. (Downers Grove, IL: InterVarsity, 2015), 50.
28. Estou me referindo aqui ao ótimo livro de David Bennett de mesmo nome — *A War of Loves* — que para ser claro não é so-

bre comida; é sobre sexualidade. Dei um exemplo bem menos sério.

"Suas paixões forjam seus grilhões"

1. Seymour Drescher, "The Atlantic Slave Trade and the Holocaust: A Comparative Analysis", em *Is the Holocaust Unique?: Perspectives on Comparative Genocide*, org. Alan S. Rosenbaum (Nova York: Routledge, 2018), 105.
2. Robert Bellah e outros., *Habits of the Heart: Individualism and Commitment in American Life* (Berkeley, CA: University of California, 1985), vii–viii.
3. Obama disse: "Em uma época de desigualdade crescente, mudança em aceleração e desilusão crescente com a ordem democrática liberal que conhecemos nos últimos séculos, achei este livro instigante. Não concordo com a maioria das conclusões do autor, mas o livro oferece vislumbres convincentes da perda de sentido e comunidade que muitos do Ocidente sentem, questões que as democracias liberais ignoram por sua conta e risco." "These Are the Six Books Barack Obama Thinks You Need to Read", *Harper's Bazaar*, 20 de junho de 2018, www.harpersbazaar.com/uk/culture/culture-news/a21696261/barack-obama-book-recommendations.
4. Gálatas 5:13–15.
5. Jeffrey Schwartz e Patrick Buckley, *Dear Patrick: Life Is Tough — Here's Some Good Advice* (Nova York: HarperCollins, 1998), 245.
6. Para uma análise profunda veja o livro: Matt Jenson, *The Gravity of Sin: Augustine, Luther, and Barthe on homo incurvatus in se* (Nova York: T&T Clark, 2006).
7. Gálatas 5:16–17.
8. Laura Snapes, " 'It's All About What Makes You Feel Good': Billie Eilish on New Music, Power Dynamics, and Her Internet-Breaking Transformation", *Vogue*, 2 de maio de 2021, www.vogue.co.uk/news/article/billie-eilish-vogue-interview.
9. Kaitlyn Engen, "Former EWU Professor Rachel Dolezal Charged with Welfare Fraud", *The Easterner*, 31 de maio de 2018, https://theeasterner.org/42882/news/former-ewu-professor-rachel-dolezal-charged-with-welfare-fraud.
10. Gálatas 5:19–21.
11. Gálatas 5:22–23.
12. Gálatas 5:24–25.
13. Planned Parenthood of Southeastern Pa. v. Casey, 505 U.S. 833 (1992), 851, https://tile.loc.gov/storage-services/service/ll/usrep/usrep505/usrep505833/usrep505833.pdf.
14. Na ausência de transcendência, algum tipo de significado último para a vida, a maioria das pessoas regride aos instintos básicos de sobrevivência e sentir-se bem, assim tudo gira em torno do poder e prazer, e como o poder é melhor definido como a capacidade de moldar a sua vida como você achar melhor, para a maioria das pessoas, a felicidade pessoal se torna o objetivo da vida. Este não é o caso de todas as pessoas seculares, mas é o da maioria do Ocidente, incluindo muitos cristãos no Ocidente.
15. 2 Pedro 2:19.
16. Provérbios 11:6.
17. Tito 3:3.
18. Andrew Sullivan, "The World Is Better Than Ever. Why Are We Miserable?", Nova York, 9 de março de 2018, https://nymag.com/intelligencer/2018/03/sullivan-things-are-better-than-ever-why-are-we-miserable.html.
19. *Cambridge Dictionary*, verbete. "compulsion", https://dictionary.cambridge.org/us/dictionary/english/compulsion.
20. Do livro maravilhoso de Gerald G. May's, *The Dark Night of the Soul: A Psychiatrist Explores the Connection Between Darkness and Spiritual Growth* (San Francisco: HarperSanFrancisco, 2004), 60–61.

21. Edmund Burke, *A Letter from Mr. Burke, to a Member of the National Assembly, in Answer to Some Objections to His Book on French Affairs*, 2ª edição (London: J. Dodsley, 1791), 68– 69.
22. Santo Agostinho, *On Reprimand and Grace*, citado em James K. A. Smith, "Liberdade: Como Escapar" em *Na Estrada com Agostinho Uma espiritualidade do mundo real para corações inquietos* (Editora Thomas Nelson, Curitiba, 2019).
23. Timothy Keller, *Making Sense of God: An Invitation to the Skeptical* (New York: Viking, 2016), 102.
24. Jim McNeish, obrigado por tudo.
25. Gustave Thibon, citado em Gabriel Marcel, *Homo Viator: Introduction to a Metaphysic of Hope*, tradução inglesa Emma Craufurd (Nova York: Harper Torchbooks, 1962), 28.
26. João 8:34; 8:32.
27. Michael Green, *Who Is This Jesus?* (Vancouver, BC: Regent College, 1992), 26.
28. Em contexto, ele na verdade estava escrevendo sobre masturbação. Eis um grande artigo sobre isso: Wesley Hill, "Escaping the Prison of the Self: C. S. Lewis on Masturbation", 10 de fevereiro de 2014, www.firstthings.com/blogs/ firstthoughts/2014/02/escaping-the-prison-of-the-self.

A lei do retorno

1. Leslie Jamison, *The Recovering: Intoxication and Its Aftermath* (Nova York: Back Bay Books, 2018), 9.
2. Gálatas 6:7–9.
3. Gálatas 6:8.
4. Lucas 6:38.
5. Mateus 7:2.
6. Eis um gráfico com mais detalhes: "Reflections", Windgate Wealth Management, https://windgatewealth.com/the-power-of-compound-interest-and-why-it-pays-to-start-saving-now.
7. Cornelius Plantinga Jr., *Not the Way It's Supposed to Be: A Breviary of Sin* (Grand Rapids, MI: Eerdmans, 1995), 68.
8. Sara Chodosh, "Muscle Memory Is Real, but It's Probably Not What You Think", *Popular Science*, 25 de janeiro de 2019, www.popsci.com/what-is-muscle-memory.
9. Santo Agostinho, *Confissões*, (São Paulo: Penguim-Companhia, 2017).
10. Santo Agostinho, *Confissões*, (São Paulo: Penguim-Companhia, 2018).
11. Plantinga, *Not the Way It's Supposed to Be*, 70.
12. Note, isto não se choca com a doutrina cristã do pecado original. Por "mal" ele quis dizer impregnado do mal a um ponto em que o mal não é algo que as pessoas fazem; é algo que as pessoas são.
13. M. Scott Peck, *People of the Lie: The Hope for Healing Human Evil*, 2ª ed. (Nova York: Touchstone, 1998), 82.
14. Erich Fromm, *The Heart of Man: Its Genius for Good or Evil* (Nova York: Perennial Library, 1964), 173–75, 178, grifo nosso.
15. C. S. Lewis, *O Grande Divórcio* (Londrina: Thomas Nelson Brasil, 2020).
16. Gregory A. Boyd, *Satan and the Problem of Evil: Constructing a Trinitarian Warfare Theodicy* (Downers Grove, IL: IVP Academic, 2001), 190.
17. C. S. Lewis, *Cristianismo Puro e Simples* (Londrina: Thomas Nelson, 2017), 86–87. Facilmente um dos melhores livros cristãos do último século.
18. C. S. Lewis, *O Peso da Glória*; (São Paulo: Vida livros, 2008), 15.
19. Lewis, *O Grande Divórcio*, 127.
20. Dallas Willard, citado em John Ortberg, *Soul Keeping: Caring for the Most Important Part of You* (Grand Rapids, MI: Zondervan, 2014), 22.
21. Pessoalmente não creio que Deus mande alguém para o inferno; acho que Ele respeita e honra a nossa dignidade humana e liberdade de escolha. Eu não aceito a ideia do inferno como uma câmara de tor-

tura eterna. Entendo que muitas pessoas acreditam nisso, e respeito, mas eu não acredito. Não acho que venha dos ensinamentos de Jesus ou do Novo Testamento, e sim da fantasia medieval e raiva fundamentalista. O oposto da vida não é tortura; é morte. A maioria dos meus amigos seculares supõe que quando morrerem, cessarão de existir. Embora eu não pretenda conhecer os detalhes, imagino que não estejam tão longe assim da verdade. Jesus foi muito claro de que existe um julgamento pós-morte vindo, portanto existe um mistério aqui que não consigo explicar totalmente, mas minha leitura favorita sobre isso é: Edward William Fudge, *The Fire That Consumes*, 3ª ed. (Eugene, OR: Cascade, 2011). Recomendo.

22. Timothy Keller, *A Fé na Era do Ceticismo: Como a razão explica Deus* (São Paulo: Vida Nova, 2008), 78.
23. C. S. Lewis, *Deus no Banco dos Réus*, (Londrina: Thomas Nelson Brasil, 2018), 404.
24. Ronald Rolheiser, "Purgatory as Seeing Fully for the First Time", ronrolheiser.com, 4 de novembro de 2012, https://ronrolheiser.com/purgatory-as-seeing-fully-for-the-first-time/#.X_i_INhKjIU.
25. Apocalipse 22:5.

Digo, porém, o seguinte, vivam no Espírito

1. Ruth Burrows, *Before the Living God* (Mahwah, NJ: HiddenSpring, 2008), 5.
2. New Catholic Encyclopedia, verbete. "guilt (in the Bible)", Encyclopedia.com, 21 de dezembro de 2020, www.encyclopedia.com/religion/encyclopedias-almanacs-transcripts-and-maps/guilt-bible.
3. 1 Timóteo 4:2.
4. Colossenses 2:19.
5. Dr. Jim Wilder distingue entre vergonha saudável e tóxica diferentes termos, mas a mesma ideia. Veja: Jim Wilder e Michel Hendricks, *The Other Half of Church: Christian Community, Brain Science, and Overcoming Spiritual Stagnation* (Chicago: Moody, 2020), capítulo 6.
6. Saint Thérèse of Lisieux, *Collected Letters of St. Thérèse of Lisieux*, tradução inglesa F. J. Sheed (Nova York: Sheed and Ward, 1949), 3030, citado em M. Scott Peck, *People of the Lie: The Hope for Healing Human Evil*, 2ª ed. (Nova York: Touchstone, 1998), 11.
7. Gálatas 5:24–25.
8. "Where Does *Mortification* Come From?", Dictionary.com, www.dictionary.com/browse/mortification.
9. "Commentaries: Genesis 4:7", Bible Hub, https://biblehub.com/commentaries/genesis/4-7.htm.
10. Jeffrey Schwartz e Patrick Buckley, *Dear Patrick: Life Is Tough — Here's Some Good Advice* (Nova York: HarperCollins, 1998), 185.
11. 2 Pedro 2:10, 12.
12. Leslie Jamison, *The Recovering: Intoxication and Its Aftermath* (Nova York: Back Bay Books, 2018), 304.
13. De novo, veja o seu livro de mesmo nome, *God's Empowering Presence*, ou o seu comentário magistral sobre 1 Coríntios.
14. Romanos 8:3.
15. Romanos 8:3–4.
16. Romanos 8:5–6.
17. Este era o discurso usado por René Descartes e outros, tais como Thomas Edison, que teria dito: "A função principal do corpo é carregar o cérebro." Embora a teologia bíblica nos dê uma visão muito elevada da mente, *res cogitans* não é uma visão bíblica da pessoa humana.
18. Richard Foster, *Celebração da Disciplina. O Caminho do Crescimento Espiritual* (São Francisco: Vida Livros, 2007), 55.
19. Dietrich Bonhoeffer, *Vida Em Comunhão* (São Leopoldo: Sinodal Editora, 2012).
20. Tiago 5:16.
21. Jamison, *The Recovering*, 328.
22. Tiago 1:13–15.

23. Henri J. M. Nouwen, *The Way of the Heart* (New York: Ballantine Books, 1981), 60.
24. 1 Pedro 2:11. A nova versão internacional diz "desejos pecaminosos", mas outras versões dizem "desejos da carne" ou "cobiça da carne", que é o mais exato.
25. 1 Timóteo 6:9.
26. Gálatas 6:9.

A honestidade brutal sobre o normal

1. Veja aqui: Carson Daly and Shawn Fanning, "Lars Ulrich", 2000 MTV Video Music Awards, YouTube, 7 de setembro de 2000, www.youtube.com/watch?v=_q0Z-3gBActg.
2. Você pode ler sobre o caso aqui: Jonathan Bailey, "20 Years Later: Metallica v. Napster, Inc.", *Plagiarism Today*, 13 de abril de 2020, www.plagiarismtoday.com/2020/04/13/20-years-later-metallica-v-napster-inc.
3. "Piracy. It's a Crime", YouTube, 4 de dezembro de 2007, www.youtube.com/watch?v=HmZm8vNHBSU.
4. Lucas 9:25.
5. João 15:18–20.
6. João 12:31.
7. João 17:14–18.
8. 1 João 2:15–17.
9. Bible Hub, verbete. "2889. *kosmos*", https://biblehub.com/greek/2889.htm.
10. Johannes P. Louwe e Eugene Nida, *Greek-English Lexicon of the New Testament Based on Semantic Domains*, 2ª ed., Logos research ed. (n.p.: United Bible Societies, 1996), 41.38, Logos.
11. Abraham J. Heschel, *The Prophets*, vol. 1 (Nova York: Harper & Row, 1969), 190.
12. Dallas Willard, *Life Without Lack: Living in the Fullness of Psalm 23* (Nashville: Nelson Books, 2018), 75.
13. Isto é de um e-mail quando ele estava lendo previamente o meu livro para corrigir todos os meus erros de teologia.
14. Patrick Deneen, *Por que o Liberalismo Fracassou?* (Belo Horizonte: Âyinéu, 2020). Este é um livro fácil de se discordar e difícil de descartar.
15. Para mais sobre o racismo na Constituição e Declaração de Independência, veja a obra do ativista Navajo Mark Charles, ou ouça a excelente palestra que ele fez na nossa igreja: "Saving Justice", Bridgetown Church, 23 de janeiro de 2017, https://bridgetown.church/teaching/race-justice/racial-justice-lecture.
16. Eugene H. Peterson, *A Long Obedience in the Same Direction: Discipleship in an Instant Society*, ed. comemorativa (Downers Grove, IL: InterVarsity, 2000), 9.
17. Peterson, *A Long Obedience in the Same Direction*, 113.
18. Patrick Devitt, "13 Reasons Why and Suicide Contagion", *Scientific American*, 8 de maio de 2017, www.scientificamerican.com/article/13-reasons-why-and-suicide-contagion1.
19. Paul Marsden, "Memetics and Social Contagion: Two Sides of the Same Coin?", *Journal of Memetics — Evolutionary Models of Information Transmission* 2, nº. 2 (dezembro de 1998): 171–85, http://cfpm.org/jom-emit/1998/vol2/marsden_p.html.
20. Marsden, "Memetics and Social Contagion."
21. Renée DiResta, "Computational Propaganda", *Yale Review*, https://yalereview.yale.edu/computational-propaganda.
22. Eugene H. Peterson, *Run with the Horses: The Quest for Life at Its Best* (Downers Grove, IL: InterVarsity, 1983), 135.
23. Jeffrey Schwartz and Patrick Buckley, *Dear Patrick: Life Is Tough — Here's Some Good Advice* (Nova York: HarperCollins, 1998), 33.
24. Clive Thompson, "Are Your Friends Making You Fat?", *New York Times Magazine*, 10 de setembro de 2009, www.nytimes.com/2009/09/13/magazine/13contagion-t.html.

25. 1 Coríntios 15:33.
26. Minerva Lee, "Mangala Sutta: 38 Blessings", Lotus Happiness, www.lotus-happiness.com/mangala-sutta-essential-blessings-part-1-2.
27. A. W. Tozer, *Em Busca de Deus* (São Paulo: Vida Editora, 2017), 99.
28. No tempo do Iluminismo, as elites seculares tentaram manter uma versão da visão judaico-cristã viva, mas simplesmente não conseguiram desenvolver nenhum tipo de fonte de autoridade intelectualmente coerente e alternativa para a Bíblia.
29. Este é o resumo de Gideon Rosenblatt para as ideias de Harari. Gideon Rosenblatt, "*Homo Deus: A Brief History of Tomorrow* (My Notes)", *Vital Edge* (blog), 15 de junho de 2017, www.the-vital-edge.com/homo-deus; veja também Yuval Noah Harari, *como Deus: Uma Breve história do amanhã* (São Paulo: Companhia das Letras, 2016).
30. Stephen J. Burn, org., *Conversations with David Foster Wallace* (Jackson, MS: University Press of Mississippi, 2012), 18.
31. 1 João 2:16.
32. Esta é uma frase de Ronald Rolheiser em *Forgotten Among the Lilies: Learning to Love Beyond Our Fears* (New York: Doubleday, 2004), 16.
33. Mateus 4:8.
34. Gênesis 3:6.
35. Theo Hobson, *Reinventing Liberal Christianity*, citado em Tim Challies, *Final Call* (blog), 17 de janeiro de 2017, www.challies.com/final-call/final-call-january-17.
36. 1 Coríntios 3:19.
37. Lucas 16:15.
38. David Brooks, "America Is Facing 5 Epic Crises All at Once", *New York Times*, 25 de junho de 2020, www.nytimes.com/2020/06/25/opinion/us-coronavirus-protests.html.
39. "America's New Religious War: Religious Fervour Is Migrating into Politics", *The Economist*, 27 de março de 2021, www.economist.com/united-states/2021/03/27/religious-fervour-is-migrating-into-politics.
40. Um elogio a Lee C. Camp, *Scandalous Witness: A Little Political Manifesto for Christians* (Grand Rapids, MI: Eerdmans, 2020), proposta 11.
41. John Milton, *Paraíso Perdido* (Rio de Janeiro: Editora 34, 2016).
42. Isaías 5:20.
43. "Reproductive Justice", Sister Song, www.sistersong.net/reproductive-justice.
44. Julian Quinones e Arijeta Lajka, " 'What Kind of Society Do You Want to Live in?': Inside the Country Where Down Syndrome Is Disappearing", CBS News, 14 de agosto de 2017, www.cbsnews.com/news/down-syndrome-iceland.
45. Scott Klusendorf, "Peter Singer's Bold Defense of Infanticide", Christian Research Institute, 16 de abril de 2009, www.equip.org/article/peter-singers-bold-defense-of-infanticide.
46. Alberto Guibilini e Francesca Minerva, "After-Birth Abortion: Why Should the Baby Live?", *Journal of Medical Ethics* 39, n°. 5 (fevereiro de 2012), https://jme.bmj.com/content/39/5/261.full; veja também Eugene C. Tarne, "The Dark Ladder of Logic: After-Birth Abortion", Charlotte Lozier Institute, 27 de abril de 2012, https://lozierinstitute.org/899.
47. Antonia Senior, "Yes, Abortion Is Killing. But It's the Lesser Evil", *The Times*, 1 de julho de 2010, www.thetimes.co.uk/article/yes-abortion-is-killing-but-its-the-lesser-evil-f7v2k2ngvf8.
48. Alexandra Del Rosario, " 'The Peanut Butter Falcon' Star Zack Gottsagen Takes Stage as First Oscar Presenter with Down Syndrome", *Hollywood Reporter*, 9 de fevereiro de 2020, www.hollywoodreporter.com/news/peanut-butter-falcon-star-zack-gottsagen-makes-history-at-oscars-1277720.
49. Efésios 6:12.
50. João 3:16.

Um remanescente

1. C. S. Lewis, *Cartas de um Diabo ao seu Aprendiz* (Londrina: Thomas Nelson, 2017), grifo nosso.
2. John Sutherland, "The Ideas Interview: Philip Rieff", *The Guardian*, 4 de dezembro de 2005, www.theguardian.com/education/2005/dec/05/ highereducation.uk1.
3. Mark Sayers, *Disappearing Church: From Cultural Relevance to Gospel Resilience* (Chicago: Moody, 2016), 15–16. Este é meu livro favorito de Mark. Cada um deles vale a pena ser lido, mas este é especial.
4. Citação é de Sayers, *Disappearing Church*, 80. Nós queremos "o reino, mas não queremos reconhecer a autoridade do Rei."
5. Timothy Keller, "A Biblical Critique of Secular Justice and Critical Theory", *Life in the Gospel*, newsletter trimestral Gospel in Life, https://quarterly.gospelinlife.com/a-biblical-critique-of-secular-justice-and-critical-theory.
6. Michel Foucault, *História da Sexualidade*, vol. 1, (São Paulo: Paz e Terra , 2020).
7. Joseph S. Nye Jr., *Soft Power: The Means to Success in World Politics* (Nova York: PublicAffairs, 2004), 5–7.
8. Rod Dreher, *Live Not by Lies: A Manual for Christian Dissidents* (New York: Sentinel, 2020), 7. Rod, sinto muito pela semelhança dos nossos títulos! Obrigado por ser tão gentil a respeito.
9. Veja o seu livro de mesmo nome: *Beautiful Resistance: The Joy of Conviction in a Culture of Compromise* (Colorado Springs: Multnomah, 2020).
10. John D. Roth, "Be Not Conformed", *Christian History*, nº 84 (2004), www.christianitytoday.com/history/issues/issue-84/be-not-conformed.html.
11. Mateus 5:14, 16.
12. 1 Pedro 2:11–12.
13. Blue Letter Bible, verbete "G1577—*ekklēsia*," www.blueletterbible.org/lang/lexicon/lexicon.cfm?Strongs=G1577&t= KJV.
14. Algo como as "famílias forjadas" descritas aqui: David Brooks, "The Nuclear Family Was a Mistake," *Atlantic*, março de 2020, www.theatlantic.com/magazine/archive/2020/03/the-nuclear-family-was-a-mistake/605536.
15. Tiago 1:19.
16. Romanos 12:1–2.
17. Papa João Paulo II, *Teologia do Corpo: O amor Humano no Plano Divino* (Campinas: Ecclesiae, 1997).
18. Melinda Selmys, *Sexual Authenticity: An Intimate Reflection on Homosexuality and Catholicism* (Huntington, IN: Our Sunday Visitor, 2009), 85.
19. 1 Coríntios 6:19.
20. Romanos 12:2.
21. J.D., "Rallying to Restore God", *The Economist*, 10 de dezembro de 2010, www.economist.com/prospero/2010/12/10/rallying-to-restore-god.
22. Nancy Pearcey, *Ama Teu Corpo: Contrapondo a cultura que fragmenta o ser humano criado à imagem de Deus* (São Paulo: CPAD, 2021).
23. O subtítulo do livro do meu amigo Jon Tyson sobre a igreja, *Beautiful Resistance*. Leia-o!
24. *Online Etymology Dictionary*, verbete "regular," www.etymonline.com/word/regular.
25. Jane Tomaine, *St. Benedict's Toolbox: The Nuts and Bolts of Everyday Benedictine Living* (Nova York: Morehouse, 2005), 5.
26. Temos toda uma série didática prática e livros de exercícios, disponíveis grátis em: http://practicingtheway.org/practices/unhurry.
27. Arnold J. Toynbee, *A Study of History: Abridgement of Volumes I–VI*, ed. D. C. Somervell (Oxford: Oxford University, 1946); veja também Michael Metzger, "The Church as a Creative Minority", *Religion Unplugged*, 28 de janeiro de 2020, https://religionunplugged.com/news/2020/1/28/the-church-as-a-creative-minority.

28. Jon Tyson e Heather Grizzle, *A Creative Minority: Influencing Culture Through Redemptive Participation* (edição dos autores, 2016), 12.
29. Dedique 10 minutos bem gastos e leia aqui: Jonathan Sacks, "On Creative Minorities", 2013 Erasmus Lecture, *First Things*, janeiro de 2014, www.firstthings.com/article/2014/01/on-creative-minorities.
30. Romanos 11:5.
31. "Our Mission and Model", Praxis, https://praxislabs.org/ mission-and-model.

Epílogo: Renúncia em uma era de autossatisfação

1. Mateus 5:44.
2. Lucas 6:28.
3. Veja Mateus 26:52. Esta é a frase popular; a citação real é "todos os que lançam mão da espada à espada perecerão."
4. Marcos 8:34.
5. Dietrich Bonhoeffer, *Discipulado* (Londrina: Mundo Cristão, 2016).
6. Gálatas 2:20.
7. Gálatas 5:24.
8. João Calvino, "A Summary of the Christian Life. Of Self-Denial," em *On the Christian Life*, tradução para o inglês Henry Beveridge (n.p.: Calvin Translation Society, 1845), Christian Classics Ethereal Library, https://ccel.org/ccel/ calvin/chr_life/chr_life.iv.html.
9. Ronald Rolheiser, *The Holy Longing: The Search for Christian Spirituality* (Nova York: Doubleday, 1999), 9.
10. Marcos 8:35.
11. Blue Letter Bible, verbete "*psychē*", www.blueletterbible.org/lang/lexicon/lexicon.cfm?Strongs=G5590&t=ESV.
12. Marcos 1:15.
13. Eugene H. Peterson, *A Long Obedience in the Same Direction: Discipleship in an Instant Society*, edição comemorativa (Downers Grove, IL: InterVarsity, 2000), 178.
14. Eugene H. Peterson, *Run with the Horses: The Quest for Life at Its Best* (Downers Grove, IL: InterVarsity, 1983), 128.
15. Colossenses 1:28, um texto em que todo o pastor deveria se inspirar.

Índice

A
A Arte da Guerra. *Consulte* inimigo
aborto, 58, 245, 246, 247
abstinência, 204–217
abuso, 208–217
ações, 177–192
afirmações falsas ou enganosas.
 Consulte mentira
alegrar, 182–192
 alegria, 182–192
alienação. *Consulte* exílio
alma, 17–29, 64–76, 82–98, 100–127, 135–
 150, 156–170, 195–217, 232, 246, 248, 271,
 276, 277, 279, 280, 281, 284
 alma fragmentada, 282
 pessoa completa, 204
 retorno da alma, 283
 três inimigos da alma, 18–29, 135–150,
  201–217, 257
 carne, 18–29
 diabo, 18–29
 mundo, 18–29
 o mundo, a carne e o diabo, 20–29

almas, 42–50
amor, 19–29, 155–170, 176–192
 amar, 156–170
aniquilação, 187
apocalipse espiritual do Ocidente, 259
Apple TV, 121
arma, 64–76
armas, 37–50
arte do engano, 78–98
autodeterminação, 154
autonomia, 108–127
autores
 Novo Testamento, 19–29
autoridade externa, 167–170
 abuso, 167–170

B
bem, 47–50, 63–76, 91–98, 107–127, 156–170,
 172–192, 200–217, 233, 237, 243, 259, 270,
 271, 277
 fazer o bem, 172–192
besta interior, 198. *Consulte* pecado
Bíblia, 90–98, 108–127, 142–150, 153–170

bom, 160–170
bons pais, 105–127
Buda, 139, 236

C

cabo de guerra, 17–29
Caminho de Jesus, 109–127, 169–170, 204–217
    Espírito e verdade, 109–127
câncer ideológico. *Consulte* mentira
caos, 61–76, 104–127
capacidade, 55–76
caráter, 177–192
carne, 88–98, 135–150, 153–170, 171–192, 196–217, 229, 230, 232, 240, 248, 253, 256, 257, 261, 275, 276, 277
    carnal, 156–170
    corpo, 137–150
    desejos animais da carne, 271
    desejos da carne, 279
    desejos desordenados, 256
    desejos humanos, 138–150
    etnia, 137–150
    humanidade, 137–150
        fisicalidade, 137
    obras da carne, 160
casamento, 244
celebração, 182–192
céu, 185–192
    reino dos céus, 187–192
colheita, 212–217
colonização ideológica, 254.
    Consulte ideologia
comportamento, 64–76
comportamento autodestrutivo, 200–217
comportamentos morais, 234
compulsão, 165–170. *Consulte* escravização
comunidade, 107–127
confissão, 203–217
    confissão em comunidade, 209
conflito espiritual, 18–29
conhecimento, 69–76, 175–192
    economia do conhecimento, 175–192

conjunto de ideias sobre Deus.
    Consulte teologia
contra-anticultura, 258, 259, 271.
    Consulte igreja
contracultura, 56–76
controle, 139–150, 198–217
corações, 100–127
corpo, 17–29, 195–217
corpos, 100–127
crença, 70–76, 163–170
criatividade, 54–76
cristão, 199–217
    caráter cristão, 200–217
    tradição Cristã, 116–127
cristãos, 56–76, 139–150, 158–170
cristianismo, 36–50, 252
crucificação, 197–217
    "crucificar" nossa carne, 197–217
cruz, 275, 277, 278, 281
    ponto de entrada para a vida, 277
C. S. Lewis, 47–50
culpa, 193–217
cultura, 22–29, 56–76, 161–170, 253
    anticultura, 61–76
    cultura cristianizada, 253
    cultura de acolhimento, 265, 270, 271
    cultura do cancelamento, 252
    cultura emergente, 255
cultura de acolhimento, 22

D

dano, 152–170
decisões, 181–192
    decisão, 182–192
desafio do secularismo.
    Consulte secularismo
desejo, 197–217, 227, 232, 237, 238
desejos, 61–76, 100–127, 139–150, 160–170, 228, 247
    desejos da carne, 211–217
    os desejos da carne, 229, 238, 239
        tentação sexual, 238
    os desejos dos olhos, 229, 238, 239

desejos desordenados, 276
desejos disciplinados. *Consulte* felicidade
desinformação, 78–98
  desinformação digital, 78
desvio espiritual, 40–50
deterioração da verdade, 81, 83–98
Deus, 38–50, 53–76, 91–98, 102–127, 139–150, 156–170, 172–192, 195–217, 228, 229, 230, 231, 233, 237, 240, 243, 244, 247, 248, 257, 259, 261, 264, 266, 270, 277, 279, 281, 282, 283
  antiDeus, 231
    impulso antiDeus, 233
  concílio divino de Deus, 40
  conspiração de Deus, 268
  Criador, 230
  Deus relacional, 235
  glória de Deus, 230
  governo de Deus, 40
  Pai, 244
  reino de Deus, 243, 268, 270, 281
  verdadeiro norte de Deus, 237
dezinformatsiya, 78–98.
  Consulte desinformação
diabo, 35–50, 62–76, 78–98, 100–127, 135–150, 193–217, 228, 230, 233, 235, 239, 243, 253, 256, 257, 271, 275, 276, 281.
  Consulte três inimigos da alma
  a antiga serpente, 38
  as regras do diabo, 228
  demônio, 250
  ideias enganosas do, 235
  o destruidor, 38
  o grande dragão, 38
  o impostor, 38
  o maligno, 38, 42–50
  o satanás, 38
  o tentador, 38
  pai das mentiras, 90–98
  planos do diabo, 109–127
  príncipe da potestade do ar, 135–150
  príncipe deste mundo, 40–50
  Satã, 275

tentações demoníacas, 36
Teoria funcional da estratégia do diabo, 271
direitos humanos, 158
disciplinas espirituais, 112–127, 201–217, 257. *Consulte* guerras espirituais
divórcio, 57–76, 244

E

ecoesfera, 235
ecossistema moral, 226
emoção, 210–217
emoções, 100–127
energia animadora. *Consulte* Espírito
energia inspiradora, 202–217
engano, 78–98
escolhas, 180–192
escravidão, 152–170, 171–192, 212–217, 232
  escravização, 165–170
  servidão, 179–192
Escrituras, 39–50, 79–98, 110–127, 149–150, 164–170, 206–217, 266
  autores das Escrituras, 262
esnobismo cronológico, 43–50, 90–98
espírito, 141–150
Espírito, 102–127, 157–170, 172–192, 197–217
  Espírito de Deus, 197–217
  Espírito Santo, 161–170, 172–192, 199–217, 244
  poder do Espírito, 199
Espírito Santo, 257, 262, 263, 284
espiritual, 95–98
  espiritualidade, 95–98
essência, 17–29
estratégia dos três inimigos, 172
estudo sobre demônios. *Consulte* Evágrio
ética, 70–76, 134–150, 154–170, 225, 235, 248, 253
  ética pós-moderna, 134–150, 160–170, 235
  eticista, 224
  eticistas, 141–150
  totalitarismo ético, 253

Índice 313

etosfera, 235
eu, 146, 147, 148, 150
eu autêntico, 145–150
Evágrio, 35–50, 65–76
   oito pensamentos de Evágrio, 36
   sete pecados capitais, 36
   paradigma de Evágrio, 36
evangelhos, 251, 281
Evangelhos, 277, 278
evolução, 54–76
exílio, 24–29

F

fake news, 80–98, 122–127
família, 64–76
fé, 47–50, 53–76, 96–98
felicidade, 53–76, 141–150, 151–170
filosofia, 179–192
filósofos franceses, 81–98
   Derrida, 81–98
   Foucault, 81–98
força de vontade, 200–217
força espiritual, 202–217
formação espiritual, 101–127, 176–192, 217
Freud, 142–150

G

gratidão, 182–192, 232
   gratificação imediata, 232
guerra, 19–29, 40–50, 78–98, 141–150, 201–217, 243, 274, 282
   guerra contra as mentiras, 20–29
   guerra de ideias, 65–76
   guerra espiritual, 53–76, 78–98, 101–127, 275
   guerras espirituais, 201–217, 257
   luta, 227

H

Habakkuk, profeta, 120
habilidade, 54–76, 155–170
hábito, 196–217
   poder do hábito, 202–217
   prática de hábitos, 212–217
hábitos, 177–192
   poder do hábito, 180–192
honestidade, 223
Hwee Hwee Tan, 121

I

ideia, 62–76
ideias, 53–76
   ideologia, 66–76
ideias enganosas, 271, 276
ídolos, 166–170
igreja, 19–29, 64–76, 80–98, 241, 257, 258, 259, 260, 263, 265, 267, 271, 278
   igreja de Jesus, 242
igualdade relacional, 103–127
Iluminismo, 152
ilusão, 122–127
imaginação, 54–76
   capacidade de imaginar, 54–76
impulsos, 154–170, 183–192
   impulsos evolutivos primitivos, 154–170
individualismo, 109–127
individualismo radical, 256
infanticídio, 246. *Consulte* aborto
inferno, 41–50, 182–192, 201–217
influência, 42–50
inimigo, 21–29
   desmascarar os nossos inimigos, 21
   estratégia para contra-atacar, 21
inimigos, 256
   círculo dos três inimigos, 256
   inimigos do mundo, 257
instintos básicos e animalescos. *Consulte* carne
integridade, 81–98
isolamento social, 108–127

J

jejuar, 112–127
jejum, 203–217
   práticas fundamentais do Caminho de Jesus, 204–217

Jejum e confissão. *Consulte* práticas de Jesus
Jesus, 17–29, 35–50, 51–76, 62–76, 79–98, 100–127, 141–150, 153–170, 171–192, 193–217, 226, 227, 236, 238, 240, 241, 242, 243, 248, 250, 256, 257, 258, 261, 262, 264, 266, 268, 274, 275, 276, 277, 278, 279, 281, 282
    aprendizes de Jesus, 243, 250, 275
    Caminho, 259
    Caminho de Jesus, 18–29, 141–150, 240, 256, 257, 262, 265, 277, 281
    Cristo, 213–217, 253, 283
    discípulo de Jesus, 242
    Filho, 244
    mapas mentais de, 236
    mapas mentais de Jesus, 279, 281
    práticas de Jesus, 257
    sabedoria de Jesus, 241
    seguidor de Jesus, 236, 243
    seguidores de Jesus, 254, 255, 259, 260, 262, 263, 267, 268, 278
    últimas palavras de Jesus, 228
João, 228, 238, 239
justiça reprodutiva, 245. *Consulte* aborto

L

lei do retorno, 173–192, 216, 217
liberdade, 151–170, 172–192, 198–217
    liberdade autodeterminada, 154–170
    liberdade de expressão, 64–76
    livre, 186–192
    tipos diferentes de liberdade: negativa e positiva, 162
        negativa, 162
        positiva, 162, 163
líderes, 23–29
    líderes de pensamentos seculares, 23
linchamento virtual, 252
livre-arbítrio, 183–192
logismoi, 36–50. *Consulte* pensamentos
logosmoi, 114–127
    padrões de pensamentos, 114–127
luta, 37–50

luta espiritual. *Consulte* guerra espiritual
luxúria, 244

M

mal, 36–50, 63–76, 91–98, 101–127, 158–170, 176–192, 193–217, 232, 237, 243, 259, 261, 270, 271, 277
    sistemas globais do mal, 42
mapas mentais, 52–76, 100–127, 102–127, 143–150, 256, 280. *Consulte* professor
mapas mentais da realidade, 52–76
Martinho Lutero, 157, 208–217
Mateus, 239
matriz relacional, 105–127
mentalidade de rebanho, 235
mente, 17–29, 53–76
mente humana, 52–76
mentes, 37–50
mentira, 38–50, 52–76, 80–98, 101–127, 195–217
    Grande Mentira, 81
mentiras, 20–29, 37–50, 256
    ideias enganosas, 256
mestre manipulador, 86–98. *Consulte* diabo
minoria cognitiva. *Consulte* igreja
minoria criativa, 265, 268, 270, 271. *Consulte* igreja
misérias humanas, 236
moral, 236
    desvio moral, 247
    normas morais, 243
moralidade, 97–98
mudanças tectônicas, 22–29
mundo, 201–217, 227, 230, 231, 232, 233, 235, 238, 240, 247, 248, 250, 253, 256, 257, 261, 262, 264, 266, 270, 274, 275, 276
    atração gravitacional do mundo, 251
    definição tripla de mundo, 238
    o mundo, 227, 228, 229
    perigos do mundo, 250
    Prática fundamental para lutar contra o mundo, 271
    renovação do mundo, 265

N

não-violência, 274. *Consulte* Jesus
narcóticos culturais, 195
narrador das verdades. *Consulte* professor
negatividade, 182–192
Netflix, 121–127
neurobiologia, 120–127, 198–217
   neurônios espelhos, 120–127
neurociência, 177–192
Novo Testamento, 19–29, 71–76, 78–98, 135–150, 153–170, 173–192, 194–217, 227, 229, 239, 260, 262
   autores do Novo Testamento, 227, 228
   linguagem do, 20

O

o certo e o errado, 225, 226
ódio, 176–192
o pai da mentira. *Consulte* diabo
opressão, 167–170
o príncipe deste mundo. *Consulte* diabo
oração, 112–127
   Oração silenciosa, 113–127

P

Pacto Mosaico, 153
pai da mentira. *Consulte* diabo
paradigma dos três inimigos da alma.
   Consulte três inimigos da alma
Paulo, 171–192, 194–217, 236, 240, 248, 266, 276
Paulo, apóstolo, 19–29
paz, 20–29, 68–76, 213–217
pecado, 24–29, 37–50, 89–98, 107–127, 146–150, 157–170, 171–192, 193–217, 232, 233, 284
   pecados idênticos, 233
Pedro, 258
Pedro, apóstolo, 24–29
pensamento, 214–217
pensamentos, 36–50, 61–76, 100–127, 177–192
   estruturas de crenças internas, 36

narrativas internas, 36
perdão, 208–217, 253
perseguições, 24–29
   perseguição cultural e socioemocional, 24
Philip Rieff, 251
   Cultura cristianizada, 251, 270
   Cultura pós-cristã, 251, 270
   Cultura pré-cristã, 251, 270
poder, 42–50, 183–192
   das decisões, 183–192
   de suas escolhas, 183–192
   dos hábitos, 183–192
poder brando, 255, 270
poder de Satanás, 231. *Consulte* diabo
poder duro, 255, 270
poder para escolher. *Consulte* liberdade
pornografia, 58
prática, 110–127
   práticas de Jesus, 112
práticas, 201–217
   práticas de Jesus, 202–217
Práticas fundamentais para dominar a carne, 217
prazer, 141–150, 157–170
presença amorosa, 103–127
presença fortalecedora de Deus, 202
príncipe da potestade do ar. *Consulte* diabo
privacidade, 109–127
   privacidade digital, 109–127
   privacidade online, 108–127
professor, 68–76
professor iluminado. *Consulte* Jesus
propósito na vida, 195–217
psicologia, 179–192
purgatório, 187–192

Q

questões morais, 241

R

racismo, 245
racismo sistêmico, 152, 232

realidade, 51–76, 102–127
realidades, 152–170
redes sociais, 113–127
   Instagram, 121–127, 161
   Tinder, 160
   Twitter, 161
Regra de Vida, 264
relacionamento, 64–76, 102–127, 212–217
relacionamentos. *Consulte* Espírito
religião, 70–76
remanescente, 266. *Consulte* minoria criativa
renúncia, 276, 277
   chamado para renúncia, 276
      negarmos nossos eus, 276
      renúncia radical, 282
repetição, 177–192
repressão, 179–192
responsabilização, 97–98
ressurreição de Jesus, 202–217
revolução, 56–76

S

Santo Agostinho, 142–150, 157–170, 178–192
   visão agostiniana, 142
saúde mental, 104–127
secular, 110–127, 198–217, 230
   era secular, 237
   ideias seculares, 122–127
   Ocidente secular, 237
   secularizar sua vida, 233
   sociedade secular, 110–127, 230, 240
   suposições seculares, 247
seculares, 158–170, 187–192, 251
   cidades seculares, 268
   cultura secular, 267
   era secular, 284
   éticas sexuais seculares, 256
   ideias pagãs ou seculares, 270
   meca do secularismo, 169
   mundo ocidental secular, 258
   mundo secular, 269

programação secular, 259
secularismo, 254
secularismo, 95–98
secularistas, 56–76
   mundo secular, 59–76
   secularismo, 66–76
      desconstrução da família tradicional, 66
      ênfase no individualismo, 66–76
      negação de Deus, 66
      visão secular de sexualidade e gênero, 60
semear, 172–192, 198–217
   colherá, 172–192
   semeia, 172–192
sentimento, 196–217
sentimentos, 61–76, 237
seres humanos, 53–76
sexualidade, 56–76
   abuso e assédio sexual, 59
   desejo sexual, 59–76
   sexo, 58–76
      epidemia de vício, 58
   sexualidade humana, 56–76
silêncio e solidão, 112–127
Síndrome de Down, 245, 247
soberba da vida, 229, 238
soberba do mundo, 238, 239
sociedade, 54–76
sociedade pós-verdade, 82–98
sozinho, 106–127
   isolamento, 109–127
   solidão, 113–127
suicídio social, 42
suposições sobre a realidade. *Consulte* ideias
Supremacia do Ocidente, 66

T

tentação, 85–98, 110–127
   tentação tripla do diabo, 111
tentações, 41–50, 207–217, 238

Índice   **317**

tentações paradigmáticas do mundo, 239
teologia, 53–76, 179–192, 196–217
teoria, 101–127
Teoria do Pressuposto da Verdade, 87–98
  Dr. Timothy Levine, 87–98
Teoria funcional da estratégia do diabo, 217
Teoria funcional de como lutar contra a carne, 217
teorias da conspiração, 80–98
teorias funcionais, 53–76
  teoria funcional da realidade, 59–76
teorias seculares, 42–50
terapia, 104–127
tormento consciente eterno (TCE), 187–192
totalitarismo brando, 255. *Consulte* cultura emergente
transformar a ordem em caos.
  Consulte anticultura
transformar o caos em ordem.
  Consulte vocação humana
transtorno moral radical, 236.
  Consulte moral
três inimigos, 269, 283
  o mundo, a carne, e o diabo, 284
tríade de inimigos de Paulo, 135
  A carne, 135–150
  O diabo, 135–150
  O mundo, 135–150
triunvirato do mundo, da carne e do diabo, 275

U

universalismo cristão da segunda chance, 187
universalismo unitário, 187
utopia
  utopia secular, 27–29

V

valores, 62–76
verdade, 37–50, 51–76, 78–98, 102–127, 146–150
  aniquilar a verdade, 78
  armas da verdade, 37–50
  verdade de Deus, 112
verdadeiro, 53–76
vergonha, 194–217
vias neurais, 119–127.
  Consulte neurobiologia
vício, 152–170, 171–192, 200–217
vício digital, 119
vida eterna, 173–192
violência, 47–50, 60–76
virtudes, 232
visão agostiniana. *Consulte* Santo Agostinho
visão de longo prazo, 214
vocação humana, 61–76
vulnerabilidade, 208

W

Wallace, 82–98
Wells, David - teólogo, 146
Willard, 119–127
Willard, Dallas, 65–76

Y

YouTube, 121

Projetos corporativos e edições personalizadas
dentro da sua estratégia de negócio. Já pensou nisso?

Coordenação de Eventos
Viviane Paiva
viviane@altabooks.com.br

Assistente Comercial
Fillipe Amorim
vendas.corporativas@altabooks.com.br

A Alta Books tem criado experiências incríveis no meio corporativo. Com a crescente implementação da educação corporativa nas empresas, o livro entra como uma importante fonte de conhecimento. Com atendimento personalizado, conseguimos identificar as principais necessidades, e criar uma seleção de livros que podem ser utilizados de diversas maneiras, como por exemplo, para fortalecer relacionamento com suas equipes/ seus clientes. Você já utilizou o livro para alguma ação estratégica na sua empresa?

Entre em contato com nosso time para entender melhor as possibilidades de personalização e incentivo ao desenvolvimento pessoal e profissional.

PUBLIQUE SEU LIVRO

Publique seu livro com a Alta Books. Para mais informações envie um e-mail para: autoria@altabooks.com.br

 /altabooks   /alta-books   /altabooks   /altabooks

CONHEÇA OUTROS LIVROS DA **ALTA BOOKS**

Todas as imagens são meramente ilustrativas.

Este livro foi impresso nas oficinas gráficas da Editora Vozes Ltda.,
Rua Frei Luís, 100 – Petrópolis, RJ.